365日のスープ

365人の「とっておきレシピ」をあつめました

macaroni

Prologue

家事に仕事に育児にと、わたしたちの暮らしは毎日が忙しく、お料理をすることに負担やプレッシャーを感じている方も多いのでは。

いろいろなおかずに彩られた食卓はもちろん魅力的。だけど、ときにはシンプルにパンとスープや、ごはんとスープだけの日があってもいいんじゃない？

そんな想いで「365日のスープ」は生まれました。

企画に共感した365名の人気インスタグラマー・料

理家さんたちが、季節にマッチしたスープのレシピを考案してくれました。

本書は、ライフスタイルメディア「macaroni」で1年間配信した連載企画「365日のパンとスープ」のレシピをまとめた1冊です。365人の「おいしい」がぎゅっとつまっています。

洗い物も最小限で、冷蔵庫の食材整理に最適。栄養もとれ、腹持ちも良い。いいことだらけのスープレシピ、ぜひお試しくださいね。

macaroni

Contents

冬

12月

1月

2月

Column

春

3月

4月

5月

Column

夏

6月

7月

8月

Column

秋

9月

10月

11月

Column

スープのいいところ

1

栄養たっぷり。

加熱すると野菜はカサが減るので、生野菜よりもたっぷり食べられます。スープに溶け出した栄養も逃すことなく取り入れることができちゃいます。スープで胃腸が温まるとカラダ全体も温まります。

2

ほったらかしで作れる。

食材を切って鍋に入れたら、じっくりコトコト煮込むだけで作れるスープ。煮ているあいだはほったらかしで、ほかのおかずを作ったりのんびり過ごしたりしてもOKです。

3

飽きずに毎日食べられる。

食材の組み合わせや味付けの種類がたくさんあるので、自由自在にアレンジできるのもスープのいいところ。本書では365種類の異なるスープを紹介しているので、気分にあわせて好きなレシピを選べます。

4

余ったら別の料理にリメイク!

作った日に食べきれず残ってしまっても大丈夫！カレーやグラタン、パスタなどまったく違うメニューにリメイクしてみましょう。
(おいしいリメイクアイデア»p.230)

いいところがたくさんあるスープ、
あなたならではの楽しみ方で
毎日がちょっぴりラクで素敵に。

スープ作りに必要な道具

包丁とまな板

食材を切ります。

鍋

必ずふたつきのものを用意します。

ミトン

熱くなったふたや鍋を触るときに。

おたま

かき混ぜたり、うつわによそったり。

へら

食材を炒めるときや、スープをかき混ぜるときに。素材はどんなものでもOK。

お気に入りのうつわとスプーン

お気に入りがあると、スープの時間がもっと楽しく。

ポタージュを作るとき

ミキサー、ブレンダー

内蔵のカッターが高速回転し、固形の食材を撹拌できる調理器具。ポタージュ作りには欠かせません。耐熱でない器具を使うときは、少し冷まして粗熱をとってから撹拌しましょう。ミキサーやブレンダーがない場合は、マッシャーやフォーク、ざるを使って食材をつぶしたり、裏ごししたりして作るといいでしょう。

ミキサー

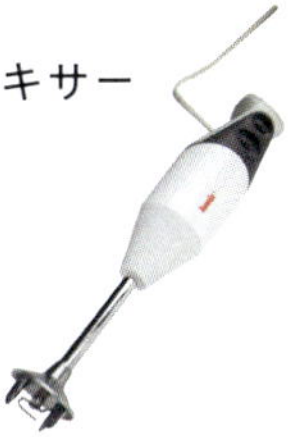

ブレンダー

ない場合は »

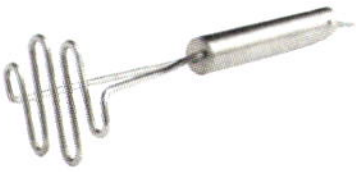

マッシャー

フォーク

ざる

おいしいスープを作るコツ

しっかりふたをして
コトコト弱火で煮る

しっかりふたをして、蒸気も旨みもとじこめましょう。鍋の中の温度を一定に保ってくれるので効率よく加熱でき、ふたをしないで加熱するよりも短時間でスープが完成します。火が強いと焦げたり、吹きこぼれたりしてしまうので煮込むときは必ず弱火に。

具材の大きさを
そろえて切る

具材の大きさがバラバラだと火の通りや味の染み込み方にムラが出てしまいます。できるだけ具材の大きさをそろえて切りましょう。大きさをそろえるだけで、器に盛りつけたときに美しい料理に見える効果も。

葉物野菜は部位に合わせて
加熱時間を調整

葉物野菜は葉の部分と芯の部分で厚みや水分量が異なるため、芯は先に鍋に入れ加熱時間を調整しましょう。

じっくり炒めて、旨みを引き出す

煮込む前に玉ねぎなどを炒めるときは、野菜から出る水分を飛ばしながら甘みがでるまでじっくり炒めましょう。野菜本来の旨みを引き出してから煮込むと、スープがよりおいしくなります（食感を楽しむ葉物野菜や崩れやすいかぼちゃなどはさっと炒めて煮込みます）。

アクはこまめに取り除く

アクとは野菜の“えぐみ”や“渋み”、魚や肉の“臭み”成分のこと。この成分をそのままにしてしまうとスープの風味が損なわれてしまいます。野菜は煮込む前にアク抜きを行い、魚や肉は加熱中にこまめにアクを取り除きましょう。

スープの種類で煮込み方にポイントがあります

和風だしが入ったスープは短時間で煮込む

一般的に和食のだしは「煮立たせない」のが基本。沸騰させてしまうとえぐみや臭みが出てしまうので、必要以上の加熱は避けてさっと火を通しましょう。

ミルク・みそベースのスープは沸騰させない

牛乳や豆乳は沸騰させると分離してしまいます。また、みそベースのスープは沸騰させると香りが飛んでしまうため、いずれも沸騰直前に火を止めましょう。

この本の見方

日付
このスープの日付です。

所要時間
このスープを作るのにかかる時間のめやすです。スープを冷やす時間や粗熱をとる時間、下ごしらえの時間は含みません。

下ごしらえ
このスープを作る前にしておきたい準備です。

作り方
このスープを作る手順です。下ごしらえをしてから調理に取りかかりましょう。

Point
このスープをおいしく作るためのコツやポイントです。

アカウント名・コメント
このスープレシピを考案した方のInstagramのアカウントです。レシピ考案者の思いやメッセージ、作るときのコツなどを紹介しています。

この本の決まりごと

- **火加減**…とくに記載のないときは中火で加熱しましょう。（火加減について » p.37）
- **電子レンジ**…600Wでの加熱が基準です。ほかのワット数で加熱したいときはp.95の変換表を参考にしてください。機種によって加熱具合に差があるため、食材の様子を見ながらお持ちのレンジに合わせて加熱時間を調整しましょう。
- **計量**…大さじは15㎖、小さじは5㎖です。調味料についてひとつまみは親指と人差し指と中指でつまんだ量、少々は小さじ$\frac{1}{4}$〜$\frac{1}{2}$がめやす。
- **にんにく・しょうが**…1片は10gです。チューブを使用するときは大さじ1（15g）がめやす。
- **だし汁**…だし汁のとり方はp.153を参考にしてください。市販の顆粒だしを使用するときは商品パッケージの表示通りに溶かしたものを用意してください。
- **バター**…とくに記載のないときは有塩バターを使用しています。
- **材料について**…野菜を洗う、皮をむく、ヘタを取るなどの工程や、きのこの石づきを取る、根元を切る、軸を除くなどの工程は省略している場合があります。あさりはとくに記載のないときは殻つきのもの、こんにゃくはアク抜き済みのものを使用しています。
- **水・酢水にさらす**…アクを取るために水や酢水にさらしているレシピでは水や酢水は分量に入っていません。p.173を参考に、別途用意してください。また、さらした後はしっかりと水気をきって調理に使いましょう。
- **下ゆで**…下ゆでに使う水や塩は分量に入っていません。たっぷりのお湯を沸かし、下ゆでをしてください。下ゆで後はしっかり水気をきってから調理に使いましょう。
- **よく使う野菜や材料の重さのめやす**

玉ねぎ（1個）…200g
じゃがいも（1個）…150g
にんじん（1本）…150g
トマト（1個）…200g
しめじ（1パック）…100g
えのきだけ（1パック）…100g
まいたけ（1パック）…100g
エリンギ（1パック）…100g
鶏もも肉（1枚）…250g
豆腐（1丁）…300g
トマト缶（1缶）…400g
ツナ缶（1缶）…70g
*季節やレシピ考案者によって異なる場合があります。

冬

12/01

ふわふわ卵のガーリックスープ

材料（2人分）

にんにく…4片
バター…15g
卵…1個
小麦粉…大さじ1½
顆粒コンソメ…小さじ2
水…400mℓ
白ワイン…大さじ1½
タイム…1枝
塩…少々
こしょう…少々
パセリのみじん切り…適量

下ごしらえ

にんにく≫薄切り
卵≫溶く

作り方

① 鍋にバターを溶かし、にんにくを加えて香りが立つまで弱火でじっくり炒める。
② 小麦粉、コンソメを加えて粉っぽさがなくなるまでさらに炒める。
③ ワイン、水を少しずつ加えてダマにならないようにのばし、強火で沸騰させる。
④ 弱中火にし、タイムを加えてふたをし、10分煮込み、タイムを取り出して塩、こしょうで味を調える。
⑤ 強火にし、沸騰したら卵を回し入れる。
⑥ 器に盛り、パセリを散らす。

Point

■にんにくは焦がさないように気をつけながら弱火でじっくりと炒めてください。

@yumiyum100 家族が風邪をひきかけると作るスープ。喉越しがよく、さめにくいので体が温まります。

12/02

かぼちゃのグラデーションポタージュ

材料（2人分）

かぼちゃ…200g
セロリ…½本（50g）
玉ねぎ…¾個（150g）
バター…15g
牛乳…200mℓ
顆粒コンソメ…小さじ1
生クリーム…適量
カレー粉…小さじ1
アーモンド…4粒
カレーソース
　カレー粉…小さじ⅓
　顆粒コンソメ…小さじ⅓
　湯…小さじ1

下ごしらえ

かぼちゃ≫ひと口大に切り、ふんわりラップをかけて電子レンジで3分加熱し、さめたら皮と実に分ける
セロリ、玉ねぎ≫みじん切り
生クリーム≫八分立てにして冷蔵庫で冷やす
アーモンド≫粗く刻む
カレーソース≫混ぜ合わせる

作り方

① 耐熱ボウルに牛乳50mℓ、かぼちゃの皮、カレー粉を入れ、200Wの電子レンジで1分30秒加熱し、ブレンダーで撹拌する。
② 鍋にバターを溶かし、セロリ、玉ねぎを加えて弱火で5分ほど炒め、牛乳150mℓ、かぼちゃの実、コンソメを加え、弱火で5分煮込み、ボウルに移す。
③ ブレンダーで撹拌し、鍋に戻して弱火で温める。
④ 器に③のスープを注ぎ、上から①のスープ、生クリーム、カレーソースをたらし、アーモンドを散らす。

@asatisstaka かぼちゃを使って視覚的にも楽しい満足感のあるスープを作ってみました。

12/03

きのことベーコンのガリバタスープ

15min

材料（2人分）

ガーリックバター…大さじ1
（バター…大さじ1
おろしにんにく…1片分
パセリのみじん切り…少々）
玉ねぎ…½個
ベーコン（ブロック）…50g
えのきだけ…½パック（50g）
しめじ…½パック（50g）
まいたけ…½パック（50g）
水…400㎖
顆粒コンソメ…小さじ2
溶き卵…1個分
パセリのみじん切り…適量

下ごしらえ

きのこ類≫ほぐす
玉ねぎ≫薄切り
ベーコン≫細切り

作り方

① 鍋にガーリックバターを溶かし、玉ねぎ、ベーコンを入れて玉ねぎが透き通るまで中火で炒める。きのこ類を加え、油が回るまで炒める。
② 水、コンソメを加えてひと煮立ちさせ、ふたをして中火で3分煮込む。
③ 火を強め、沸騰したら溶き卵を回し入れ、10秒後に火を止める。
④ 器に盛り、パセリを散らす。

Point

■玉ねぎは焦げないよう混ぜながら炒めてください。
■溶き卵は沸騰してから入れるとふわふわとした食感になります。

@a.jinja ガーリックバターでコクと旨み一発♡お手軽スープは主婦の味方です^^

12/04

ゴルゴンゾーラと生ハムのスープ

材料（2人分）
じゃがいも…1個（150g）
ゴルゴンゾーラ…80g
調製豆乳…400㎖
おろしにんにく…小さじ1/4
塩…少々
こしょう…少々
生ハム…4枚
パセリのみじん切り…適量
粗びき黒こしょう…適量

下ごしらえ
じゃがいも≫皮をむき、ひと口大に切ってラップをかけて電子レンジで3分加熱

作り方
① 鍋にゴルゴンゾーラ、豆乳、にんにくを入れて弱火でとろみがつくまで混ぜながら温める。
② じゃがいもを加え、塩、こしょうで味を調える。
③ 器に盛り、生ハム、パセリ、黒こしょうをトッピングする。

Point
■黒こしょうを多めに入れると味がしまります。

@hime_gohann ゴルゴンゾーラの独特な風味が広がるスープは、一度食べたら癖になるおいしさです。

12/05

ブラウンマッシュルームとかぶのポタージュ

材料（2人分）
ブラウンマッシュルーム…100g
かぶ…1個
玉ねぎ…1/2個（100g）
アーモンドミルク…200㎖
バター…5g
アーモンド…4粒
イタリアンパセリ…適量
水…200㎖
顆粒コンソメ…小さじ2
塩…小さじ1/4
オリーブ油…大さじ1/2

下ごしらえ
かぶ≫葉を切り落とし、皮をむいて薄切り
マッシュルーム、玉ねぎ≫薄切りにし、マッシュルームは6枚をトッピング用に取り分ける
アーモンド≫刻む

作り方
① フライパンにオリーブ油を熱し、トッピング用のマッシュルームを並べ、焼き色がつくまで焼き、取り出す。
② 鍋にバターを溶かし、残りのマッシュルーム、かぶ、玉ねぎを加えてしんなりするまで炒める。
③ 水を加えて中火で5分ほど煮込み、アクを取り、ボウルに移す。
④ ブレンダーでなめらかになるまで撹拌する。鍋に戻し、アーモンドミルク、塩、コンソメを加えて弱火で2分煮込む。
⑤ 器に盛り、アーモンド、イタリアンパセリ、①をトッピングする。

@green_kozu アーモンドミルクを使って、おいしい上に美容やダイエットにもいいスープです。

12/06

たっぷり野菜とソーセージのコンソメスープ

15min

材料（2人分）

ソーセージ（チョリソー）…2本
キャベツ…3枚
にんじん…½本（75g）
玉ねぎ…½個（100g）
えのきだけ…1パック（100g）
ブロッコリー…⅙株
コーン缶…60g
水…400㎖
顆粒コンソメ…小さじ2
しょうゆ…小さじ1
岩塩…少々
サラダ油…小さじ1

下ごしらえ

ソーセージ≫細かく切れ目を入れ、半分に切る
キャベツ、にんじん≫1㎝角に切る
玉ねぎ≫みじん切り
えのき≫1㎝長さに切る
ブロッコリー≫小房に分け、塩水で洗う

作り方

① 鍋に油を熱し、ソーセージに焼き色がつくまで中火で焼き、取り出す。
② ①の鍋に玉ねぎを加え、透き通るまで炒め、キャベツ、にんじん、えのきを加えてしんなりするまで炒める。
③ 水、コンソメ、しょうゆを加えて沸騰したらふたをし、弱火で8分煮込む。
④ ブロッコリー、コーンを加えてふたをし、弱火で3分煮込み、岩塩で味を調える。器に盛り、①をのせる。
※お好みで粗びき黒こしょうを振る。

Point

■粗びき黒こしょうは多めに入れて、スパイスを効かせるのもオススメ！

@samanthaskitchen1010 子どもたちに野菜をたくさん食べてほしくて野菜をたっぷり使ったスープにしました。

12/07

焼き野菜とベーコンのゴロゴロスープ

材料（2人分）
ベーコン（ブロック）…60g
れんこん…30g
かぼちゃ…30g
エリンギ…30g
白菜…50g
えのきだけ…30g
ブイヨン…400mℓ
（水…400mℓ 固形ブイヨン…1個）
塩…少々
こしょう…少々
オリーブ油…大さじ1
パセリのみじん切り…適量

15min

下ごしらえ
ベーコン≫1cm幅の短冊切り
れんこん≫皮をむき、1cm幅に切って酢水にさらす
かぼちゃ≫5cm長さの薄切り
エリンギ≫2等分にして薄切り
えのき≫根元を切り、ほぐす
白菜≫ざく切り

作り方
① フライパンにオリーブ油を熱し、ベーコン、野菜類、エリンギを並べて焼き色がつくまで焼く。
② 鍋にブイヨン、①、えのきを加えてひと煮立ちさせ、塩、こしょうで味を調える。
③ 器に盛り、パセリを散らす。

Point
■かぼちゃ、れんこんは火が通りにくいのでしっかり焼いてください。

@1219_mayo 味付けがシンプルなので、たくさん作ってリメイクして楽しむこともできます。

12/08

金時豆と白いんげん豆のスープ

材料（2人分）
乾燥金時豆…50g
乾燥白いんげん豆…50g
玉ねぎ…1/4個
ソーセージ…3本
牛乳…200mℓ
ブイヨン…200mℓ
（水…200mℓ 固形ブイヨン…1個）
塩…少々
こしょう…少々
にんにくのみじん切り…1片分
オリーブ油…大さじ1/2

20min

下ごしらえ
金時豆、いんげん豆≫たっぷりの水でひと晩戻し、下ゆで
玉ねぎ≫薄切り
ソーセージ≫1cm幅の輪切り

作り方
① 鍋にオリーブ油、にんにくを入れて熱し、香りが立つまで弱火で炒める。玉ねぎ、ソーセージを加え、玉ねぎがしんなりするまで炒める。
② ブイヨン、金時豆、いんげん豆を加えてふたをし、弱火で7〜10分煮込む。
③ 牛乳を加えて塩、こしょうで味を調える。

Point
■にんにくは焦げやすいので、弱火でじっくり炒めてくださいね。
■豆は水煮缶などを使ってもOKです。

@cherymomo お豆が大好きなわが家の定番のスープです。ソーセージを入れてボリュームUP！

12/09

かぼちゃとさつまいものほっこりポタージュ

材料（2人分）

かぼちゃ…150g
さつまいも…100g
玉ねぎ…½個
牛乳…200mℓ
顆粒コンソメ…小さじ1
水…100mℓ
サラダ油…適量
トッピング
　オリーブ油…適量
　牛乳…適量
　パセリのみじん切り…適量

下ごしらえ

かぼちゃ≫皮を除き、ひと口大に切る
さつまいも≫トッピング用に長さ8cmのくし形切りにし、水にさらす（4切れ）。残りは皮を除き、ひと口大に切り、水にさらす
玉ねぎ≫ひと口大に切る

作り方

① フライパンに油を170℃に熱し、トッピング用のさつまいもをきつね色になるまで揚げる。
② 鍋にかぼちゃ、さつまいも、玉ねぎ、水、コンソメを入れてふたをし、中火で5分煮込む。
③ ②の粗熱を取ってフードプロセッサーに入れ、ペースト状にする。
④ 鍋に戻し、牛乳でのばしながら弱火で温める。
⑤ 器に盛り、①、トッピングを飾る。

@migram370919 スープは時季に合わせてたくさんのお野菜を使い、体に優しいものを作っています。

12/10

彩り野菜とトマトのスープ

材料（2人分）

にんじん…¼本
キャベツ…100g
セロリ…50g
ししとうがらし…5本
玉ねぎ…½個（100g）
じゃがいも…1個（150g）
ベーコン（ブロック）…100g
ひよこ豆水煮…25g
にんにくのみじん切り…2片分
オリーブ油…大さじ2
水…180mℓ
白ワイン…20mℓ
顆粒コンソメ…小さじ2
カットトマト缶…1缶
ローリエ…1枚
塩…少々
粗びき黒こしょう…適量

下ごしらえ

にんじん、キャベツ、セロリ、玉ねぎ、じゃがいも、ベーコン≫1cm角に切る
ししとう≫輪切り

作り方

① 鍋にオリーブ油、にんにくを弱火で熱し、香りが立つまで炒める。
② にんじん、キャベツ、セロリ、ししとう、玉ねぎ、じゃがいも、ベーコン、ひよこ豆を加えて玉ねぎが透き通るまで炒める。
③ 水、ワイン、コンソメ、トマト缶、ローリエを加えてひと煮立ちさせ、ふたをして弱火で15分煮込む。ローリエを除き、塩を加えて味を調える。
④ 器に盛り、黒こしょうを振る。

@amikuma1219 わが家で定番のお野菜たっぷりスープ。息子も主人も大好きなレシピです。

12/11

たらことくのこのクリームスープ

材料（2人分）
たらこ…50g
玉ねぎ…½個（100g）
しめじ…½パック（50g）
エリンギ…½パック（50g）
ベーコン…2枚
牛乳…400㎖
顆粒コンソメ…小さじ2
オリーブ油…大さじ½
バター…10g
ローズマリー…適量
粗びき黒こしょう…適量

下ごしらえ
たらこ≫薄皮を取る
玉ねぎ≫薄切り
しめじ≫ほぐす
エリンギ≫3cm長さの短冊切り
ベーコン≫1cm幅に切る

作り方
① 鍋にオリーブ油、ベーコンを入れて脂が出るまで中火で炒める。玉ねぎ、きのこ類を加え、玉ねぎが透き通るまで炒める。
② 牛乳、コンソメを加え、沸騰する直前で弱火にし、3分煮込む。たらこを加えて弱火で2分煮込み、火を止めてバターを入れ溶かす。
③ 器に盛り、ローズマリー、黒こしょうをトッピングする。

Point
■牛乳は熱しすぎると分離しやすくなるので、沸騰しないように温めてくださいね。

@hashimo0115 冬に食べたくなるスープ。朝からこんなスープとパンがあればいいなと思い作りました。

12/12

米粉の野菜ミルクスープ

材料（2人分）
玉ねぎ…½個（100g）
ベーコン（ブロック）…50g
ミックスベジタブル（冷凍）…50g
かぼちゃ…100g
小松菜…⅓束
水…300㎖
米粉…15g
牛乳…100㎖
バター…10g
顆粒コンソメ…小さじ2
塩…少々
こしょう…少々

下ごしらえ
玉ねぎ≫薄切り
ミックスベジタブル≫解凍
ベーコン≫1cm幅の短冊切り
かぼちゃ≫ひと口大に切り、ふんわりラップをかけて電子レンジで3分加熱
小松菜≫3cm長さに切り、ふんわりラップをかけて電子レンジで1分加熱

作り方
① 鍋にバターを溶かし、玉ねぎ、ミックスベジタブルを加えて玉ねぎがしんなりするまで炒める。
② ベーコンを加えてさっと炒めたら水、コンソメを加えてひと煮立ちさせる。
③ 牛乳、米粉を混ぜて②に加え、塩、こしょうで味を調えてとろみがつくまで混ぜながら弱火で煮込む。
④ かぼちゃ、小松菜を加えてひと混ぜする。

Point
■米粉を加えると簡単にとろみのあるスープに仕上がります。

@mita_tomo 忙しいときにも米粉で簡単にとろみをつけられる、野菜もたっぷりのスープです。

12/13

ゆずこしょう香る長ねぎとチキンのスープ

材料（2人分）

鶏ささみ…3本
A 白ワイン…50㎖
A 水…50㎖
A ローリエ…1枚
長ねぎ…2本
えのきだけ…1パック（100g）
水…300㎖
顆粒コンソメ…小さじ2
ゆずこしょう…小さじ1
バター（無塩）…15g
サラダ油…大さじ½
塩…少々

下ごしらえ

ささみ≫筋を取り除いて塩（分量外）を振って10分ほど置き、余分な水分をキッチンペーパーで拭く
ねぎ≫斜め薄切り
えのき≫長さを半分に切る

作り方

① ボウルにささみ、Aを入れてラップをかけ電子レンジで1分30秒加熱する。粗熱が取れたらローリエを除き、ささみはほぐしてゆで汁と分ける。

② 鍋に油を熱し、ねぎを入れてふたをして2〜3分蒸し焼きにする。

③ ふたを開けて弱火にし、水分が飛ぶまでじっくり10分程炒める。

④ えのきを加え、しんなりしたら水、コンソメ、①のゆで汁を加えてひと煮立ちさせ、中火で5分煮込む。

⑤ 火を止め、ゆずこしょう、バター、ささみの⅔量を加えて弱火で温め、塩を加える。

⑥ 器に盛り、残りのささみ、ゆずこしょう（分量外）をトッピングする。

Point

■ ささみは白ワインと水とともに加熱し、そのままさましておくとパサつきのないしっとりとした仕上がりに。ゆで汁もだし汁として活用します。
■ 長ねぎは焦がさないようにじっくり炒めてください。

@miharuhiruma ピリッと効いたゆずこしょうがアクセントのさっぱりしたスープです。

12/14

ほっこりチキンチャウダー

材料（2人分）

鶏もも肉…½枚（125g）
バター…15g
玉ねぎ…¼個
にんじん…½本
じゃがいも…1個（150g）
ブロッコリー…¼株
小麦粉…大さじ1
顆粒コンソメ…小さじ1
牛乳…300㎖
水…100㎖
塩…少々
こしょう…少々
パセリのみじん切り…適量

下ごしらえ

鶏肉、玉ねぎ、にんじん、じゃがいも》2cm角に切り、じゃがいもは水にさらす
ブロッコリー》小房に分け、ラップをかけて電子レンジで1分加熱

作り方

1. 鍋にバターを溶かし、鶏肉を皮目から入れて表面に焼き色がつくまで炒める。
2. 小麦粉を加えて、粉気がなくなるまで混ぜ、水50㎖、コンソメを加えてふたをし、弱火で3分煮込む。
3. 残りの水、玉ねぎ、にんじん、じゃがいもを加えてひと煮立ちさせ、ふたをして弱火で5分煮込む。
4. 牛乳を加え、塩、こしょうで味を調え、ブロッコリーを加える。
5. 器に盛り、パセリを散らす。

Point

■牛乳は熱しすぎると分離しやすくなるので、弱火で沸騰しないように温めてくださいね。

@honeycafe8 家族みんなが好きなクリームスープをベースに、しっかり野菜をとれるように作りました^^

12/15

根菜たっぷりトマトポトフ

材料（2人分）

れんこん…100g
にんじん…½本
じゃがいも…1個（150g）
玉ねぎ…½個
ベーコン（ブロック）…100g
カットトマト缶…½缶（200g）
水…200㎖
ローリエ…1枚
顆粒コンソメ…少々
塩…少々
こしょう…少々
イタリアンパセリ…適量

下ごしらえ

れんこん》輪切りにし、酢水にさらす
にんじん、じゃがいも》乱切りにし、じゃがいもは水にさらす
玉ねぎ》にんじんやじゃがいもと同じ大きさに切る
ベーコン》拍子木切り

作り方

1. 鍋に野菜、ベーコン、水を入れてひと煮立ちさせ、コンソメ、カットトマト、ローリエを加えてふたをし、中火で5分煮込む。
2. アクを取り、ふたをして弱火で5分煮込み、塩、こしょうで味を調え、ローリエを取り除く。
3. 器に盛り、イタリアンパセリをトッピングする。

@mikasko アクはよく取り除いてくださいね。

12/16

コーンミルクスープ

材料（2人分）

玉ねぎ…½個（100g）
にんじん…½本（75g）
塩…適量
こしょう…少々
コーンクリーム缶…200g
コーン缶…100g
水…100mℓ
牛乳…100mℓ
顆粒コンソメ…大さじ1
バター…10g
溶き卵…1個分
パセリのみじん切り…適量

下ごしらえ

玉ねぎ、にんじん≫粗みじん切り

作り方

① 鍋にバターを溶かし、玉ねぎ、にんじん、塩少々、こしょうを入れてしんなりするまで炒める。
② 水、コンソメを加えてひと煮立ちさせ、ふたをして中火で5分ほど煮込む。
③ 火を弱め、コーンクリーム、コーンを加えて混ぜながら弱火で3分煮込む。
④ 牛乳を加えて弱火で温め、塩少々を振り、溶き卵を流し入れ、ふわっとしたら火を止める。
⑤ 器に盛り、パセリを散らす。

@petit_bonheur22 クリームコーンに粒コーン、お野菜も入れた食べごたえのあるスープです。

12/17

きのこと玉ねぎのミルクポタージュ

材料（2人分）

まいたけ…1パック
しいたけ…4枚
ブラウンマッシュルーム…5個
玉ねぎ…¼個
にんにくのみじん切り…1片分
酒…小さじ2
顆粒コンソメ…小さじ2
水…250mℓ
牛乳…80mℓ
生クリーム…70mℓ
バター…5g
サラダ油…小さじ1
塩…適量
こしょう…少々

下ごしらえ

まいたけ≫ほぐす
しいたけ、マッシュルーム≫薄切り
玉ねぎ≫薄切り

作り方

① 鍋にバター、油を入れて熱し、バターが溶けたらにんにく、塩少々を加えて香りが立つまで炒める。
② 玉ねぎを加えて透き通るまで炒め、きのこ類を加えてしんなりするまで炒める。
③ 酒を加えてアルコールを飛ばし、水、コンソメを加えてひと煮立ちさせる。ふたをし、中火で5分煮込んでアクを取り、ボウルに移す。
④ ブレンダーでなめらかになるまで撹拌し、鍋に戻して牛乳、生クリーム、塩、こしょうで味を調え、弱火で温める。
※お好みで生クリーム、ピンクペッパーを飾る。

@ico705 きのこは体にもいいので、子どもたちにたくさん食べさせたくて入れてみました。

25min

12/18

冬野菜のクラムチャウダー風スープ

材料（2人分）

あさり…150g
ベーコン(ブロック)…25g
れんこん…50g
にんじん…25g
かぼちゃ…50g
玉ねぎ…50g
水…100mℓ
牛乳…100mℓ
小麦粉…大さじ2
顆粒コンソメ…小さじ1
塩…少々
こしょう…少々
バター…15g

下ごしらえ

あさり≫砂抜きをしてよく洗う
にんじん、玉ねぎ、ベーコン≫さいの目切り
かぼちゃ≫2cm角に切る
れんこん≫5mm厚さの半月切りにし、酢水にさらす

作り方

① フライパンに水、あさりを入れてあさりの口が開くまで蒸す。あさりを除き、蒸し汁は取りおく。
② 鍋にバターを溶かし、ベーコンを入れて脂が出たら玉ねぎを加えて透き通るまで炒める。
③ 火を止め、小麦粉を加えて粉気がなくなるまでなじませ、少しずつあさりの蒸し汁を加えて混ぜ合わせ、れんこん、にんじん、かぼちゃを加える。
④ 牛乳、コンソメを加えてふたをし、弱中火で15分煮込む。
⑤ ①のあさりを加え、塩、こしょうで味を調える。

Point
■あさりの蒸し汁は、ダマにならないように少しずつ入れてください。

@t_chanmai 食べた瞬間子どもたちがほっとできるスープを作りました。

70min

12/19

ジューシー塩豚と豆のスープ

材料（2人分）

豚ロース肉(ブロック)…200g
乾燥白花豆…150g
顆粒コンソメ…小さじ2
ハーブソルト…小さじ2
水…600mℓ
塩・こしょう…少々
粗びき黒こしょう…少々
タイム…適量

下ごしらえ

豚肉≫ハーブソルトを全体に振り、キッチンペーパー、ラップで包み、ひと晩冷蔵庫で寝かせる
白花豆≫たっぷりの水を張ったボウルに入れてひと晩浸し、5分下ゆで

作り方

① 鍋に豚肉、白花豆、水、コンソメを入れてひと煮立ちさせ、ふたをして弱火で1時間煮込む。塩、こしょうで味を調える。
② 豚肉を取り出して食べやすく切って器に盛り、①のスープを注いで黒こしょう、タイムを飾る。

Point
■豚肉の塩加減で味が変わるので、薄味で煮て、最後にお好みで味を調えてください。

@yacoco01 優しい味わいの白花豆をことこと煮込むのがポイント！豆好きさんにぜひ。

12/20

かきの酒粕チャウダー

材料（2人分）
かき（加熱用）…100g
さつまいも…½本（100g）
玉ねぎ…½個（100g）
にんじん…½本
大根…120g
酒粕…大さじ3
水…300mℓ
牛乳…100mℓ
顆粒コンソメ…小さじ1
バター…10g
塩…小さじ½
小ねぎ…1本

下ごしらえ
酒粕≫小さくちぎり、同じ重さのぬるま湯（分量外）と混ぜ合わせる
玉ねぎ≫1cm角に切る
さつまいも、にんじん、大根≫3mm厚さのいちょう切り
小ねぎ≫斜め細切り

作り方
① 鍋にバターを溶かし、さつまいも、玉ねぎ、にんじん、大根を入れて炒める。
② 水、コンソメを加えてひと煮立ちさせる。アクを除き、ふたをして中火で5分煮込む。
③ 酒粕を溶き入れ、かき、塩を加えてふたをし、中火で5分煮込む。火を弱めて牛乳を加える。
④ 器に盛り、小ねぎを飾る。

Point
■かきと酒粕を加えたら、煮込みすぎないようにしてください。

@panta_rhei.h かきに根菜、酒粕と、ひと皿で栄養たっぷり！芯から体を温めてくれます♪

12/21

おみそ香るまったり豆乳ミネストローネ

材料（2人分）
玉ねぎ…⅛個（25g）
にんじん…10g
かぼちゃ…20g
セロリ…5g
しいたけ…2枚
にんにくのみじん切り…1片分
しょうがのみじん切り…1片分
無調整豆乳…150mℓ
水…250mℓ
合わせみそ…大さじ1½
塩…少々
オリーブ油…小さじ1
パセリのみじん切り…適量

下ごしらえ
玉ねぎ、にんじん、かぼちゃ、セロリ≫5mm角に切る
しいたけ≫薄切り

作り方
① 鍋にオリーブ油、にんにく、しょうがを入れて弱火で熱し、香りが立つまで炒める。
② 玉ねぎを加えて透明になるまで炒め、しいたけ、セロリ、にんじん、かぼちゃの順に加えて炒める。
③ 塩を加えてふたをし、弱中火で5分蒸し焼きにする。
④ 水を加えてひと煮立ちさせ、火を弱めて豆乳を加え、みそを溶き入れる。
⑤ 器に盛り、パセリを散らす。

@yumipo.a お家で仕込むほどおみそ好きな私。腸内環境も整えてくれるので朝から元気になれます！

12/22

紫キャベツのポタージュ

15min

材料（2人分）

紫キャベツ…100g
玉ねぎ…1個（200g）
水…250㎖
牛乳…150㎖
顆粒コンソメ…小さじ2
バター…10g
トッピング
- 生クリーム…適量
- オリーブ油…適量
- パプリカパウダー…適量
- ピンクペッパー…適量

下ごしらえ

紫キャベツ≫太めのせん切り
玉ねぎ≫薄切り

作り方

① 鍋にバターを溶かし、玉ねぎを入れてしんなりするまで弱火で炒める。
② 紫キャベツを加えてしんなりするまで炒め、水、コンソメを加えてひと煮立ちさせる。ふたをし、中火で5分煮込み、ボウルに移す。
③ ブレンダーでなめらかになるまで撹拌し、鍋に戻す。牛乳を加えて弱火で温める。
④ 器に盛り、生クリーム、オリーブ油、パプリカパウダー、ピンクペッパーをトッピングする。

Point

- 玉ねぎは焦げないように、弱火でじっくり炒めてください。
- 牛乳を熱しすぎると分離しやすくなるので、弱火で沸騰しないように温めてください。

@hattuaaan 可愛いスープが作りたくて紫、白、黄色とカラフルに。子どもたちにも人気のスープです。

12/23

にんじんとしょうがのスープ

20min

材料（2人分）

にんじん…1本（150g）
玉ねぎ…½個（100g）
しょうがのすりおろし…1片分
オレンジの搾り汁…大さじ2
塩…小さじ¼
水…400㎖
オリーブ油…大さじ½
生クリーム…適量
イタリアンパセリのみじん切り…適量
アーモンド…適量

下ごしらえ

にんじん、玉ねぎ≫1㎝厚さのいちょう切り

作り方

① 鍋にオリーブ油を熱し、にんじん、玉ねぎ、塩ひとつまみ（分量外）を入れて油が回るまで炒める。
② 水200㎖を加えてひと煮立ちさせ、ふたをして弱火で10分煮込む。
③ ボウルに移し、ブレンダーでなめらかになるまで撹拌し、鍋に戻し入れて残りの水、しょうが、塩を加える。
④ オレンジの搾り汁を加えて弱火で1分温める。
⑤ 器に盛り、生クリーム、イタリアンパセリ、刻んだアーモンドをトッピングする。

Point

- オレンジの搾り汁を入れることで、爽やかな風味が出ます。

@lindyiso しょうがを入れることで体が芯から温まるので、寒い季節にはぜひ作りたいスープです。

12/24

チーズがとろける具だくさんミネストローネ

30min

材料（2人分）

ベーコン…2枚
セロリ…40g
にんじん…50g
ブラウンマッシュルーム…3個
玉ねぎ…¼個
紫いも…50g
ミックスビーンズ水煮…50g
にんにくのみじん切り…1片分
オリーブ油…大さじ1
A
- カットトマト缶…½缶
- 水…200mℓ
- ローリエ…1枚
- ドライトマト…3個
- 顆粒コンソメ…小さじ1

牛乳…小さじ2
ピザ用チーズ…40g
粉チーズ…適量
粗びき黒こしょう…適量

下ごしらえ

ベーコン»1cm幅に切る
セロリ、にんじん、マッシュルーム、玉ねぎ»1cm角に切る
紫いも»さいの目切り
ドライトマト»みじん切り

作り方

① 鍋にオリーブ油、にんにくを入れて熱し、香りが立つまで炒める。ベーコン、セロリ、にんじん、マッシュルーム、玉ねぎを加えて油が回るまで炒める。
② 紫いも、ミックスビーンズ、Aを加えてひと煮立ちさせ、ふたをして弱火で20分煮込んでローリエを取り出す。
③ 耐熱容器に牛乳、ピザ用チーズを入れてラップをかけ電子レンジで20秒加熱する。
④ 器に②を盛り、③をのせて粉チーズ、黒こしょうを振る。

Point

■ベーコンやドライトマトに塩気があるので、塩は加えなくてもおいしく仕上がります。

@misareon 野菜がたっぷりとれて、食べごたえのあるスープにしました。

12/25

ごろっと野菜とチキンの豆乳スープ

材料（2人分）

鶏もも肉…1枚（250g）
さつまいも…½本（150g）
じゃがいも…1個（200g）
玉ねぎ…½個（100g）
しめじ…¼パック（25g）
にんじん…½本
ブロッコリー…¼株
水…150㎖
調製豆乳…250㎖
顆粒コンソメ…大さじ½
めんつゆ（3倍濃縮）…大さじ1
塩・こしょう…少々
オリーブ油…大さじ1

下ごしらえ

鶏もも肉≫ひと口大に切る
さつまいも、じゃがいも≫ひと口大に切り、水にさらす
玉ねぎ≫6等分のくし形切り
しめじ≫ほぐす
にんじん≫ひと口大に切る
ブロッコリー≫小房に分ける

作り方

① 鍋にオリーブ油を熱し、鶏肉を入れて焼き色がつくまで炒め、取り出す。
② 同じ鍋にさつまいも、じゃがいも、玉ねぎ、しめじ、にんじんを加えて玉ねぎが透き通るまで炒める。
③ 鶏肉を戻し入れ、水、コンソメを加えて5分中火で煮込む。
④ 火を弱め、豆乳、めんつゆ、ブロッコリーを加えてふたをし、弱火で5分煮込み、塩、こしょうで味を調える。

@m.yuka0721 たくさんの野菜を入れ、子どもから大人までおいしく食べられるようにと作りました。

12/26

ジンジャークラムチャウダー

材料（2人分）

あさり…200g
玉ねぎ…½個（100g）
セロリ…½本
ホワイトマッシュルーム…4個
ベーコン…2枚
しょうが…1片
オリーブ油…大さじ1
牛乳…300㎖
小麦粉…大さじ2
バター…20g
粗びき黒こしょう…適量
パセリのみじん切り…適量

下ごしらえ

あさり≫砂抜きをしてよく洗う
玉ねぎ≫みじん切り
セロリ、マッシュルーム≫薄切り
ベーコン≫5㎜幅に切る
しょうが≫半量をみじん切りに、残りをすりおろす

作り方

① 鍋にオリーブ油を熱し、ベーコンを入れて脂が出るまで炒める。
② みじん切りにしたしょうが、玉ねぎ、セロリ、マッシュルームを加えて水分が出るまで炒める。
③ あさりを加えてふたをし、弱火にして3分蒸し、あさりだけ取り出す。
④ 同じ鍋にバターを加えて全体になじませ、小麦粉を加えて粉気がなくなるまで混ぜ合わせる。
⑤ 牛乳を3回ほど分けて入れ、③のあさり、すりおろしたしょうがを加える。
⑥ 器に盛り、黒こしょう、パセリをトッピングする。

@kojimegumi 野菜はしっかり炒めて、野菜の水分であさりを蒸してください。

12/27

グリーンカレースープ

材料（2人分）

鶏むね肉…150g
なす…½本
赤パプリカ…½個
しめじ…½パック（50g）
にんにくのみじん切り…1片分
しょうがのみじん切り…1片分
グリーンカレーペースト…40g
鶏ガラスープ…200㎖
（水…200㎖
鶏ガラスープの素…小さじ2）
A ココナッツミルク…200㎖
ナンプラー…大さじ½
赤唐辛子…1本
砂糖…小さじ2
バジル…適量
サラダ油…大さじ1

下ごしらえ

鶏肉≫ひと口大に切る
なす≫1cm厚さの輪切り
パプリカ≫1cm幅の細切り
しめじ≫ほぐす
赤唐辛子≫種を除く

作り方

① 鍋に油、にんにく、しょうがを入れて熱し、香りが立つまで弱火で炒める。
② グリーンカレーペーストを加えて弱火で焦がさないように炒める。
③ 鶏肉を加えて中火で表面に火が通るまで炒める。
④ なす、しめじを加えて軽く炒め、スープを加えてひと煮立ちさせる。
⑤ パプリカ、Aを加えてふたをし、弱中火で5分煮込む。
⑥ 器に盛り、バジル（分量外）を添える。

@yui__meshi グリーンカレーペーストを炒めることによって全体に味がなじみやすくなります。

12/28

にんじんと玉ねぎのポタージュ

材料（2人分）

にんじん…1本
玉ねぎ…½個（100g）
牛乳…400㎖
オリーブ油…大さじ2
顆粒コンソメ…小さじ2
塩…少々
こしょう…少々
生クリーム…適量
ローストくるみ…5g
タイム…適量

下ごしらえ

にんじん≫薄い半月切り
玉ねぎ≫繊維を断つように薄切り

作り方

① 鍋にオリーブ油、にんじん、玉ねぎを入れてしんなりするまで炒め、ボウルに移す。
② 牛乳200㎖を加えてブレンダーでなめらかになるまで撹拌する。
③ 鍋に戻し入れ、残りの牛乳、コンソメ、塩、こしょうを加えて弱火で温める。
④ 器に盛り、生クリーム、タイム、砕いたくるみをトッピングする。

Point

■玉ねぎは繊維の向きと垂直方向に切ることで、やわらかな口当たりになります。
■牛乳を熱しすぎると分離しやすくなるので、弱火で沸騰しないように温めてくださいね。

@ruriscooking 料理教室でも好評だったポタージュ。ローストナッツとタイムを加えてワンランクUP！

12/29

かきと白菜の豆乳クリームスープ

材料（2人分）

かき（加熱用）…100g
白菜…100g
ベーコン（ブロック）…30g
水…200㎖
オリーブ油…大さじ½
調製豆乳…150㎖
生クリーム…50㎖
顆粒コンソメ…小さじ2
粗びき黒こしょう…適量

下ごしらえ

かき≫塩（分量外）をまぶし、やさしくもみ洗いし、水で汚れを落とし、ざるに上げる
白菜≫葉はざく切りにし、芯は繊維に沿って5㎜の細切り
ベーコン≫1㎝幅に切る

作り方

① 鍋にオリーブ油を熱し、ベーコンを入れて脂が出るまで炒める。
② 水を加えてひと煮立ちさせ、白菜を加えてやわらかくなるまで中火で3分ほど煮込む。
③ かきを加えてひと煮立ちさせ、中火で3分ほど煮込む。
④ 豆乳、生クリーム、コンソメ、黒こしょうを加えて沸騰しないよう弱火で温める。
※お好みでオリーブ油、チャービルをトッピングする。

Point
■かきがかたくなってしまうので、加熱しすぎないでください。

@nena.rio.obento 旨みたっぷり！旬のかきを使って、ヘルシーだけどコクがあるスープに仕上げました！

12/30

スパイシーしょうがカレースープ

材料（2人分）

ソーセージ…4本
じゃがいも…1個（150g）
玉ねぎ…½個（100g）
にんじん…½本
しめじ…⅓パック（35g）
カレー粉…小さじ1
オリーブ油…小さじ1
水…400㎖
顆粒コンソメ…大さじ1
おろししょうが…小さじ2
塩…少々
こしょう…少々
トッピング
　豆苗…10g
　オリーブ油…適量

下ごしらえ

ソーセージ≫斜め半分に切る
じゃがいも、にんじん≫2㎝幅の乱切り
玉ねぎ≫薄切り
しめじ≫ほぐす
豆苗≫根元を切る

作り方

① 鍋にオリーブ油を熱し、ソーセージ、じゃがいも、玉ねぎ、にんじん、しめじを入れて玉ねぎが透き通るまで炒める。
② カレー粉、しょうがを加えてしょうがの香りが立つまで炒める。
③ 水、コンソメを加えてひと煮立ちさせてアクを除く。ふたをして中火で10分煮て塩、こしょうで味を調える。
④ 器に盛り、豆苗、オリーブ油をトッピングする。

@hanatoneko ソーセージとカレーで、短時間でもコクのある味わいに。たっぷり野菜で召し上がれ！

12/31

きのこのトマトみそスープ

材料（2人分）

しめじ…1/3パック（35g）
まいたけ…1/3パック（35g）
ホールトマト缶
…1/4缶（100g）
だし汁…400mℓ
合わせみそ…大さじ2
オリーブ油…大さじ1
粉チーズ…適量

下ごしらえ

きのこ類≫ほぐす

作り方

1. 鍋にオリーブ油を熱し、きのこ類、ホールトマトを入れて、トマトをつぶしながら炒める。
2. きのこ類がしんなりしたらだし汁を加えてひと煮立ちさせる。火を弱めてみそを溶き入れる。
3. 器に盛り、粉チーズを振る。

Point

■みそは熱しすぎると風味が飛んでしまうので、加えるときは火を弱めてくださいね。

@kiyomi_aoyama 食欲のない日や栄養が足りてないなって日は具だくさんスープで決まりです♪

知っておくとちょっと便利！

料理のきほん

スープ作りのときだけでなく、普段から役立つ食材の選び方や
火加減、食材の切り方をまとめました。

〈新鮮な食材を選ぼう〉

おいしい料理を作るには、新鮮な食材選びが大切です。
新鮮な食材を見極めるポイントを知っておきましょう。

野菜

葉物（ほうれん草、キャベツ、レタス、白菜など）

色が濃く、葉先がピンと伸びた、ツヤのあるものを選びましょう。

実野菜（トマト、なすなど）

色が濃く、実にハリとツヤがあるものを選びましょう。ヘタがついている場合はヘタもピンとしているものが○。

根菜（いも類、ごぼう、にんじんなど）

表面にハリがあるものを選びます。大きすぎるものは、中がスカスカで味がよくないこともあるので、適度な大きさで形がよいものを選びましょう。

肉

鶏肉

毛穴が盛り上がり、肉の色が鮮やかで透明感のあるものを選びます。牛肉・豚肉と比べて鶏肉は水分量が多く、傷みやすいので早めに調理しましょう。

豚肉

表面がみずみずしく淡いピンク色で弾力があり、脂肪が白くてドリップの出ていないものを選びます。

牛肉

肉の色が鮮やかでドリップの出ていないものを選びます。

魚介

魚

目が透明で光っているものを選びましょう。目が白く濁っていたり、赤くなっていたりするものは鮮度が落ちている可能性が。また、お腹がピンと張っていて弾力のあるものを選んで。

〈火加減〉

どんなときにどの火加減で加熱したらよいかまとめました。

とろ火

スープを長時間煮込む。

弱火

具材に火入れを行いながら
スープを煮込む。

弱中火

短時間でスープを煮込む・
乳製品が入ったスープを
沸騰直前まで温める。

中火

基本の火力。

強火

スープをひと煮立ちさせる・
具材を炒める。

※ホーロー鍋を使用する場合、
強火にしてしまうと破損や変
色につながる恐れがあるため、
火力の調整に十分気をつけて
ください。

〈食材の切り方辞典〉

切り方がひと目でわかるように、主要な切り方をまとめました。

薄切り

細切り

小口切り

輪切り

みじん切り

くし形切り

半月切り

いちょう切り

角切り・
さいの目切り

短冊切り

01/01

大根とかぶの酒粕スープ

材料（2人分）

大根…5㎝
かぶ…1個
A
にんじん…⅓本
ソーセージ…4本
B
大根…200g
かぶ…2個
うす口しょうゆ…少々
塩…少々
だし汁…500㎖
小ねぎの小口切り…適量
ゆずの皮のせん切り…適量

白みそペースト（作りやすい分量）
白みそ…大さじ4
酒粕…150g
酒…大さじ3
砂糖…小さじ1
水…大さじ2

ゆずソース
ゆずこしょう…大さじ1
砂糖…小さじ1
うす口しょうゆ…小さじ½
オリーブ油…大さじ2

下ごしらえ

Aの大根、にんじん≫5㎜幅の細切り
Aのかぶ≫皮をむき茎を少し残したまま、小さめのくし形切り
Aの材料≫すべて下ゆで
Bの大根、かぶ≫薄切り
白みそペーストの酒≫煮きる
ゆずソース≫すべて混ぜ合わせる

作り方

① 白みそペーストの材料を、ブレンダーでペースト状になるまで混ぜる。
② 鍋にだし汁、Bを入れ、弱火で10～12分、アクを取りながら煮る。ボウルに移し、ブレンダーでなめらかになるまで撹拌する。
③ 鍋に戻してAを加え、しょうゆと塩で味を調える。白みそペースト大さじ2を加え、煮溶かす。
④ 器に盛り、ゆずの皮、小ねぎを散らし、ゆずソースを添える。

@maronmagic 紅白でハレの空気感を。白みそペーストは鍋にも◎。冬のおいしさを閉じ込めました。

01/02

大根とビーツの紅白和風ポタージュ

30min

材料（2人分）

玉ねぎ…⅓個
大根…200g
ビーツ缶の汁…大さじ½
調製豆乳…100㎖
水…100㎖
塩麹…大さじ½
白みそ…小さじ1
甘酒…大さじ1
顆粒コンソメ…小さじ½
サラダ油…小さじ1
塩…少々
ピンクペッパー…適量

下ごしらえ

玉ねぎ》薄切り
大根》厚めに皮をむき、乱切り

作り方

① 鍋に油を熱し、玉ねぎがしんなりするまで弱中火で炒める。
② 大根、水、コンソメを加えてひと煮立ちさせ、ふたをして中火で15分煮込む。
③ ボウルなどに移し、ブレンダーでなめらかになるまで撹拌する。
④ 鍋に戻し入れ、塩麹、みそ、甘酒、豆乳を加えて沸騰しないように温め、塩で味を調える。
⑤ ④の半量をボウルに移し、ビーツ缶の汁を加える。器に④の残りと交互に流し入れて、ピンクペッパーを散らす。

Point

■豆乳は熱しすぎると分離しやすくなるので、弱火で沸騰しないように温めてくださいね。

@toitoitoi_ring お正月をイメージして和の食材をたっぷり使った体にも心にも幸せを届けるスープです。

01/03

手羽元と大根のほっこり白みそスープ

15min

材料（2人分）

鶏手羽元…4本
大根…200g
しいたけ…2枚
しょうが…½片
だし汁…400㎖
酒…大さじ1
うす口しょうゆ…小さじ½
白みそ…大さじ1
塩・こしょう…少々
オリーブ油…大さじ½
バター…5g
大根の葉…適量

下ごしらえ

手羽元》塩、こしょうを振る
大根》大きめの乱切りに、葉はサッとゆで、小口切り
しいたけ》大きい場合は2等分に
しょうが》薄切り

作り方

① 鍋にオリーブ油を熱し、手羽元を入れて表面に焼き色がつくまで焼く。
② ①を取り出し、大根、しいたけを加えて大根の表面が透き通るまで炒める。
③ 手羽元を戻し入れ、だし汁、酒、しょうゆを加え、ひと煮立ちさせてアクを除き、ふたをして中火で5分煮込む。
④ 火を弱めてみそを溶き入れ、しょうがを加える。
⑤ 器に盛り、大根の葉、バターをトッピングする。

Point

■みそは熱しすぎると風味が飛んでしまうので、火を弱めてから加えてください。

@riarimama 手に入りやすい材料で体の中から温まり、パンにもご飯にも合うことを考えました。

01/04

大根と小松菜のグリーンポタージュ

材料（2人分）

大根…200g
玉ねぎ…½個（100g）
小松菜…½束
しょうが…1片
水…100㎖
牛乳…100㎖
しょうゆ…小さじ½
固形ブイヨン…1個
塩…ひとつまみ
こしょう…少々
バター…5g
トッピング
れんこん…20g
ベーコン…1枚
小松菜の茎…1本分
粗びき黒こしょう…適量
オリーブ油…適量

下ごしらえ

大根≫1㎝厚さのいちょう切り
玉ねぎ、しょうが≫薄切り
小松菜≫ざく切りにして下ゆでする。トッピング用に茎1本分を刻む
れんこん≫薄切りにして酢水にさらす
ベーコン≫半分に切る

作り方

① 天板にアルミホイルを敷き、ベーコン、れんこんを並べてオーブントースターで5～7分焼く。
② 鍋にバターを溶かし、玉ねぎを入れてしんなりするまで炒める。大根、小松菜、しょうが、水を加えてふたをし、中火で10分煮込み、ボウルに移す。
③ ブレンダーで撹拌し、鍋に戻す。
④ ブイヨン、塩、こしょう、牛乳を加えてふたをし、弱火で5分煮込む。
⑤ 火を止め、しょうゆを加えて味を調える。
⑥ 器に盛りトッピングを飾る。

Point

■れんこんは薄くオリーブ油を塗っておくとカリッと焼き上がります。

@usacofu.kitchen 年末年始で疲れた胃を労るような、お腹にもお財布にも優しいレシピを意識しました。

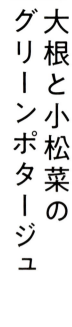

01/05

白ねぎとベーコンのポタージュ

材料（2人分）
長ねぎ…2本
ベーコン…2枚
水…200㎖
調製豆乳…200㎖
顆粒コンソメ…小さじ1 ½
オリーブ油…大さじ½
トッピング
─オリーブ油…適量
─粗びき黒こしょう…適量

下ごしらえ
ねぎ≫小口切り
ベーコン≫5㎜幅に切る

作り方
1. 鍋にオリーブ油を熱し、ベーコンを入れて脂が出るまで焦がさないように弱中火で炒める。
2. ねぎを加えてしんなりするまで炒め、水、コンソメを加えてひと煮立ちさせ、ふたをして弱火で5分煮込む。
3. ボウルに移し、ブレンダーでねぎの形がなくなるまで撹拌する。※ベーコンの形は少し残っても大丈夫。
4. 豆乳を加えて弱火で温め、器に盛り、オリーブ油、黒こしょうをトッピングする。

Point
■豆乳を牛乳にかえてもおいしく作れます。

@naomiiii61 ねぎが苦手な子どもたちにもこれは大好評♡カプチーノみたいな口当たりもポイントです。

01/06

切り干し大根の具だくさんトマトスープ

材料（2人分）
切り干し大根…15g
ミックスビーンズ水煮…35g
ツナ缶…½缶（35g）
カットトマト缶
…½缶（200g）
おろししょうが…1片分
水…200㎖
顆粒コンソメ…小さじ1
塩…少々
こしょう…少々
パセリのみじん切り…適量

下ごしらえ
切り干し大根≫サッと洗い、食べやすい長さに切る

作り方
1. 鍋に水100㎖を入れ、切り干し大根を加えて、5分置いて戻す。
2. ミックスビーンズ、ツナ、カットトマト、しょうが、残りの水、コンソメを加えてふたをし、弱中火で8～10分煮込む。
3. 塩、こしょうで味を調えて器に盛り、パセリを散らす。

Point
■切り干し大根の戻し汁を使うことによって、旨みが増します。

@cocoa_coconon 忙しい日でも簡単にサッと作れて栄養も満点なスープです！

01/07

かぼちゃのカレーココナッツスープ

25min

材料（2人分）

かぼちゃ…200g
ベーコン（ブロック）…80g
しめじ…1パック（100g）
玉ねぎ…½個（100g）
カレー粉…小さじ1
クミン…少々
顆粒コンソメ…小さじ1½
水…300㎖
ココナッツミルク…100㎖
おろしにんにく…小さじ½
ローリエ…1枚
バター…15g

下ごしらえ

かぼちゃ》皮つきのままひと口大に切る
ベーコン》7〜8㎜厚さの短冊切り
しめじ》ほぐす
玉ねぎ》1㎝幅に切る

作り方

1. 鍋にバターを溶かし、にんにくを入れて香りが立つまで炒める。
2. 玉ねぎを加えて透き通るまで炒め、しめじ、ベーコンを加えてしめじがしんなりしてきたらかぼちゃを加え、油が回るまで炒める。
3. カレー粉、クミンを加えて全体になじませ、水、コンソメを加えてひと煮立ちさせる。ローリエを加えてふたをし、中火で10分煮込む。
4. ボウルにスープを少量取り、ココナッツミルクとなじませ、鍋に加えて弱火で5分煮込み、ローリエを取り出す。

Point
■ココナッツミルクの代わりに豆乳で作ると、やさしい味わいに。

@megumaru925 ココナッツミルクは少量のスープを最初に混ぜることによって、全体になじみやすくなります。

01/08

かぶと大根の白みそポタージュ

20min

材料（2人分）

かぶ…2個
大根…100g
玉ねぎ…¼個
バター…5g
オリーブ油…大さじ½
だし汁…300㎖
牛乳…100㎖
白みそ…大さじ1½
塩…少々
こしょう…少々
トッピング
かぶの葉…適量
オリーブ油…適量

下ごしらえ

かぶ、大根》2㎝厚さのいちょう切り
かぶの葉》粗く刻み、塩水（分量外）でゆでる
玉ねぎ》薄切り

作り方

1. 鍋にバター、オリーブ油を熱し、玉ねぎを入れてあめ色になるまで炒める。
2. かぶ、大根を加えて油が回るまで炒め、だし汁を加えてひと煮立ちさせてアクを除く。ふたを少しずらし、弱火で10分煮込み、ボウルに移す。
3. ブレンダーでなめらかになるまで撹拌して鍋に戻し、牛乳、みそを加えて沸騰しないように弱火で温め、塩、こしょうで味を調える。
4. 器に盛り、かぶの葉、オリーブ油をトッピングする。

@fujifab12 玉ねぎが色づくまでしっかり炒めるのがポイント！野菜だけでも十分コクが出ます。

01/09

にんじんのクリームスープ

🕒20min

材料（2人分）

にんじん…1本
玉ねぎ…½個（100g）
バター…15g
塩…ひとつまみ
水…100㎖
顆粒コンソメ…小さじ2
牛乳…100㎖
生クリーム…50㎖
トッピング
—にんじん…適量
—ディル…適量
—生クリーム（六分立て）…適量
—粗びき黒こしょう…適量

下ごしらえ

にんじん≫いちょう切り
玉ねぎ≫横に薄切り
トッピングのにんじん≫細い部分を5㎝長さのにんじん形と薄く輪切りにし、ラップをかけて電子レンジで1分加熱

作り方

① 鍋にバターを溶かし、にんじん、玉ねぎ、塩を入れて玉ねぎがしんなりするまで中火で炒める。
② 水、コンソメを加えてひと煮立ちさせ、ふたをして弱火で5分煮込んでボウルに移す。
③ ブレンダーでなめらかになるまで撹拌して鍋に戻し、牛乳、生クリームを加えて弱火で温める。
④ 器に盛り、生クリーム、にんじん、ディル、黒こしょうをトッピングする。

@moomoomama0502 積極的に摂取したいにんじんをお子様でも食べやすくなるようクリーミーに仕上げました。

01/10

じゃがいもとベーコンのマカロニスープ

🕒30min

材料（2人分）

じゃがいも…2個
ベーコン（ブロック）…30g
玉ねぎ…1個
マカロニ…50g
牛乳…500㎖
塩…少々
こしょう…少々
バター…10g
トッピング
—粉チーズ…適量
—パセリのみじん切り…適量
—粗びき黒こしょう…適量

下ごしらえ

じゃがいも≫皮ごと5〜10分蒸し、皮をむく
ベーコン≫1㎝厚さの短冊切り
玉ねぎ≫薄切り

作り方

① 鍋にベーコンを入れて熱し、脂が出るまで炒める。玉ねぎを加えて透き通るまで炒める。
② 牛乳200㎖、バター、じゃがいもを加え、じゃがいもをつぶしながら煮込む。
③ 残りの牛乳、マカロニを加えてふたをし、弱火で10分煮込み、塩、こしょうを振る。
④ 器に盛り、粉チーズ、パセリ、黒こしょうをトッピングする。

Point
■牛乳は熱しすぎると分離しやすくなるので、弱火で沸騰しないように温めてくださいね。

@mari.asakanon 娘たちの好きなモノをたくさん入れてコトコト。お腹いっぱい食べられるスープです^^

01/11

冬野菜のふわふわ卵スープ

20min

材料（2人分）
大根…2cm
にんじん…1/3本
ミニトマト…4個
ブロッコリー…1/4株
ベーコン…1枚
溶き卵…2個分
にんにくのみじん切り…1/2片分
顆粒コンソメ…小さじ2
塩麹…小さじ1/2
塩…小さじ1/4
粗びき黒こしょう…適量
オリーブ油…大さじ1
水…400mℓ
パセリのみじん切り…適量

下ごしらえ
大根、にんじん》さいの目切り
ミニトマト》半分に切る
ブロッコリー》小房に分ける
ベーコン》1cm幅に切る

作り方
① 鍋にオリーブ油、にんにくを熱し、香りが立つまで弱火で炒める。
② ベーコン、大根、にんじんを加えて大根の表面が透き通るまで中火で炒める。
③ 水、コンソメを加えてひと煮立ちさせ、ふたをして弱中火で5分煮る。
④ ミニトマト、ブロッコリーを加えて中火で3分煮る。
⑤ 塩、塩麹、黒こしょうを加えて味を調える。火を強め、沸騰したところに溶き卵を外側から細く流し入れる。
⑥ 器に盛り、パセリを散らす。

@rosekitty_cl 冷蔵庫の常備野菜でできる、娘が大好きなふわふわ卵のスープ。塩麹がポイントです。

01/12

ブルーベリーのデザートスープ

15min

材料（2人分）
ブルーベリー（冷凍）…200g
水…300mℓ
砂糖…大さじ3
水溶きコーンスターチ
（水…大さじ1
コーンスターチ…大さじ1）
生クリーム…適量

作り方
① 鍋に水、砂糖を入れて火にかけ、砂糖が溶けたらブルーベリーを加えてひと煮立ちさせ、弱火にして、アクを取りながら5分煮込んでボウルに移す。
② ブレンダーでなめらかになるまで撹拌し、鍋に戻して弱火にかけ、水溶きコーンスターチを加えてとろみをつける。
③ 器に盛り、生クリームをかける。

Point
■ブレンダーで撹拌したあと泡立ちますが、コーンスターチを加えて混ぜている間になじみます。

@amehtm 甘くて優しい気持ちになれるスープです。冷やして食べてもおいしいですよ。

01/13

和風カレースープ

20min

材料（2人分）

鶏ひき肉…100g
じゃがいも（メークイン）…1個（150g）
にんじん…½本
玉ねぎ…½個
だし汁…400㎖
うす口しょうゆ…大さじ1
みりん…大さじ1
酒…大さじ1
塩…少々
カレー粉…小さじ1
水溶き片栗粉（水大さじ1＋片栗粉大さじ1）
サラダ油…大さじ½
パセリのみじん切り…適量

下ごしらえ

じゃがいも≫縦半分に切って5㎜幅の斜め薄切り
にんじん≫5㎜厚さの輪切り
玉ねぎ≫4等分のくし形切り

作り方

1. 鍋に油を熱し、ひき肉を入れてそぼろ状になるまで炒める。
2. じゃがいも、にんじん、玉ねぎを加えて玉ねぎが透き通るまで炒める。
3. だし汁を加えてひと煮立ちさせ、アクを除いて、酒、みりん、塩、しょうゆを加える。
4. ふたをして弱火で5分煮込み、カレー粉を加えてふたをし、弱火で5分煮込む。
5. 水溶き片栗粉でとろみをつけ、器に盛りパセリを散らす。

@mari_kitchen カレールーではなく、カレー粉を使用することで透き通ったスープに仕上がります。

01/14

にんじんとしょうがのぽかぽか豆乳スープ

15min

材料（2人分）

にんじん…2本
玉ねぎ…½個
しょうが…1片
水…100㎖
調製豆乳…100㎖
顆粒コンソメ…小さじ2
オリーブ油…大さじ1
塩…少々

下ごしらえ

にんじん≫薄い半月切り
玉ねぎ≫薄切り
しょうが≫せん切り

作り方

1. 鍋にオリーブ油を熱し、玉ねぎを入れて透き通るまで炒める。
2. にんじんを加えて油が回ったら、水、コンソメを加えて、にんじんがやわらかくなるまで中火で5分煮込み、ボウルに移す。
3. ブレンダーでなめらかになるまで撹拌し、鍋に戻す。
4. 豆乳を加えて沸騰しないように弱火で温め、塩で味を調える。
5. 器に盛り、しょうがをトッピングする。

Point

■玉ねぎ、にんじんをじっくり炒めると甘みが増します。

@from3965 家にいつもある食材で、パパッと手軽に作ることができるあったかスープです。

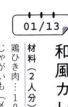

01/15

根菜と豆のスパイシーカレースープ

20min

材料（2人分）

- ごぼう…10cm
- ベーコン…2枚
- しめじ…½パック（50g）
- A
  - れんこん…50g
  - さつまいも…5cm
  - にんじん…¼本
  - ミックスビーンズ水煮…50g
- 鶏ガラスープ…200mℓ
  （水…200mℓ
  鶏ガラスープの素…小さじ2）
- 調製豆乳…200mℓ
- 合わせみそ…小さじ2
- しょうがのみじん切り…1片分
- クミンシード…小さじ½
- カレー粉…大さじ½
- ガラムマサラ…小さじ¼
- ローリエ…1枚
- 塩…少々
- オリーブ油…大さじ1
- トッピング
  - レモンの薄切り…適量
  - ローズマリー…適量
  - 粗びき黒こしょう…適量

下ごしらえ

野菜、ベーコン≫1cm角に切る。ごぼう、さつまいも、れんこんは水にさらす。

しめじ≫ほぐす

作り方

①鍋にオリーブ油、しょうが、クミンシードを入れて弱火で香りが立つまで炒める。ごぼうを加えて弱中火で1～2分サッと炒める。

②Aを加えて油が回るまで炒める。

③カレー粉、ガラムマサラを入れて粉気がなくなるまで炒め合わせる。

④スープ、ローリエを加えてひと煮立ちさせ、ふたをして弱火で5分ほど煮込む。

⑤みそを溶き入れて、豆乳、塩を加えひと混ぜし、ローリエを取り除く。

⑥器に盛り、レモン、ローズマリー、黒こしょうをトッピングする。

@yosshii0805 しょうがで体を温め、根菜をよく噛むことで頭も目覚めさせたいという思いで作りました。

01/16

白菜と豚肉の豆乳ごまスープ

材料（2人分）

豚バラ肉（薄切り）…50g
白菜…2枚
長ねぎ…1/3本
まいたけ…1/4パック（25g）
水…200mℓ
鶏ガラスープの素…小さじ2
白すりごま…大さじ1 1/2
無調整豆乳…200mℓ
ごま油…大さじ1/2

下ごしらえ

豚肉≫ひと口大に切る
白菜≫ざく切り
ねぎ≫斜め薄切り
まいたけ≫ほぐす

作り方

① 鍋にごま油を熱し、豚肉、白菜、ねぎ、まいたけを入れてしんなりするまで炒める。
② 水を加えてひと煮立ちさせ、ふたをして中火で7～8分煮込む。
③ スープの素を加えて火を弱め、すりごま、豆乳を加えて温める。
※お好みで白いりごまをトッピングする。

Point
■白菜は長めに煮込むことでとろとろに仕上がります。

@haya.nana 家族みんなでほっこり温まるような優しいスープを作りました♪

01/17

十六穀米入りミネストローネ

材料（2人分）

玉ねぎ…1/2個
にんじん…1/3本
大根…100g
ベーコン…2枚
カットトマト缶…1/2缶（200g）
水…200mℓ
十六穀米…大さじ2
顆粒コンソメ…小さじ1
塩…小さじ1/4
ローリエ…1枚
オリーブ油…小さじ1
パセリのみじん切り…適量

下ごしらえ

野菜≫1cmの角切り
ベーコン≫1cm幅の短冊切り

作り方

① 鍋にオリーブ油を熱し、ベーコンを入れて脂が出るまで炒める。
② 玉ねぎ、にんじん、大根を加えて玉ねぎが透き通るまで炒める。水、カットトマト、コンソメ、ローリエ、十六穀米を加えてときどき混ぜながら弱中火で20分煮込む。
③ 火を止めてそのまま10分置き、再度温め、塩を加え、ローリエを取り除く。
④ 器に盛り、パセリを散らす。

@ikemama 十六穀米が鍋に張り付かないように、ときどきかき混ぜてください。

01/18

にんにくと桜えびのクリームスープ

材料（2人分）
かぶ…2個
セロリ…¼本
玉ねぎ…½個
にんにく…6片
ベーコン…1枚
桜えび…適量
オリーブ油…大さじ2
水…100㎖
A 調製豆乳…300㎖
A 固形ブイヨン…1個
A 粉チーズ…大さじ1½
塩・こしょう…少々
ブールマニエ（混ぜる）
　バター（常温）…15g
　小麦粉…大さじ1
長ねぎの小口切り…適量

下ごしらえ
かぶ≫6等分にしてラップをかけ電子レンジで50秒加熱
セロリ≫5㎜幅に切る
玉ねぎ≫1㎝角に切る
ベーコン≫3㎜幅の細切り

作り方
①鍋にオリーブ油、にんにくを入れ、焦げないように弱火でじっくり火を通し、取り出す。
②同じ鍋にベーコン、玉ねぎ、セロリ、塩、こしょうを入れて玉ねぎが透き通るまで炒める。
③桜えび10g、水を加えてひと煮立ちさせ、ふたをして弱火で5分煮込む。
④かぶ、①のにんにく、Aを加えて沸騰直前まで温め、ブールマニエを少しずつ溶き入れる。
⑤器に盛り、桜えび、ねぎをトッピングする。

@muccinpurin かぶとにんにくでほっこり温まるスープにしました。桜えびの旨みがポイント♪

01/19

ほうれん草のサグカレースープ

材料（2人分）
ラム肉（薄切り）…100g
ほうれん草…1束
玉ねぎ…½個
トマト…1個
にんにくのみじん切り…1片分
しょうがのみじん切り…1片分
バター（無塩）…15g
水…200㎖
A クミン（ホール）…大さじ1
A ローリエ…1枚
A カルダモン（ホール）…1個
B 塩…小さじ1
B クミンパウダー…小さじ2
B コリアンダーパウダー…小さじ1
B カイエンペッパー…小さじ½
B ターメリック…小さじ1
B ガラムマサラ…小さじ1

下ごしらえ
ラム肉≫食べやすく切る
ほうれん草≫塩と重曹（分量外）を入れた湯で下ゆで、水にとって絞り、5㎝長さに切る
玉ねぎ≫薄切り
トマト≫さいの目切り

作り方
①フードプロセッサーにほうれん草を入れ、ペースト状にする。
②鍋でAを香りが立つまで煎る。
③しょうが、にんにく、玉ねぎ、バターを加えて玉ねぎが少し色づくまで炒める。
④ラム肉を加えて中火で5分炒める。トマト、Bを加えて全体になじませ、水を加える。ひと煮立ちさせ、ふたをして弱中火で5分煮込み、①を加えて温める。
※お好みで生クリームを飾る。

@tomoky_take 代謝を促して体を温めてくれるスパイスカレーは、夏だけでなく冬にもオススメです！

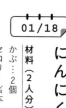

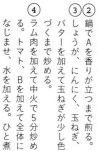

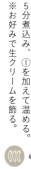

01/20

肉巻きカリフラワーのスープ

材料（2人分）

豚ロース肉（薄切り）…4枚
カリフラワー…1/4株
玉ねぎ…1/8個
ベーコン（ブロック）…30g
水…400mℓ
ローズマリー…適量
オリーブ油…大さじ1
顆粒コンソメ…大さじ1
塩…適量

下ごしらえ

豚肉≫塩少々で下味をつける
カリフラワー≫2分ゆで、小房に分けて大きなものを2個取り分け、残りは刻む
玉ねぎ≫薄切り
ベーコン≫1cm幅の短冊切り

作り方

① 豚肉を十字に置いて大きいカリフラワーを巻き、隙間がないように包む。
② 鍋にオリーブ油を熱し、①を入れて全体に焼き色がつくまで焼き、取り出す。
③ 同じ鍋にベーコン、玉ねぎ、刻んだカリフラワーを入れて、玉ねぎが透き通るまで炒める。
④ 水、ローズマリーを加えてひと煮立ちさせ、コンソメ、塩少々を加え、ふたをして中火で3分煮込む。
⑤ 器に盛り、②の肉巻きカリフラワーを半分に切ってトッピングする。

@bijou7231 食べ盛りの娘にがっつりスープ。カリフラワーのホクホク感と豚肉がポイント。

01/21

手羽先のトマト煮込みスープ

材料（2人分）

鶏手羽先…4本
トマトソース缶…200mℓ
玉ねぎ…1/2個（100g）
にんにく…1片
水…200mℓ
顆粒コンソメ…小さじ2
塩…少々
こしょう…少々
オリーブ油…大さじ1
パセリのみじん切り…適量
粗びき黒こしょう…適量

下ごしらえ

玉ねぎ≫薄切り
にんにく≫つぶす

作り方

① 鍋にオリーブ油、にんにくを入れて香りが立つまで弱火で炒める。
② 玉ねぎを加えてしんなりするまで炒め、手羽先を加える。手羽先の表面に焼き色がついたら、水、トマトソース、コンソメを加えてひと煮立ちさせ、ふたをして弱火で20分煮込む。
③ 塩、こしょうで味を調えて器に盛り、パセリと粗びき黒こしょうをトッピングする。

Point
■にんにくは焦げやすいので弱火で炒めてください。

@maru_528 手羽先とトマトソース缶で煮込むだけの簡単スープです。ぜひお試しを！

01/22

ホワイトマッシュルームとクリームチーズのスープ

材料（2人分）

ホワイトマッシュルーム…4個
玉ねぎ…½個
顆粒コンソメ…大さじ½
水…200㎖
クリームチーズ…45g
牛乳…200㎖
塩…少々
バター…15g
粗びき黒こしょう…適量
ピンクペッパー…適量

下ごしらえ

マッシュルーム≫3㎜厚さの薄切り
玉ねぎ≫みじん切り

作り方

① 鍋にバターを溶かし、玉ねぎを入れてしんなりするまで炒める。
② マッシュルームを加えてさらにしんなりするまで炒め、水、コンソメを加えてひと煮立ちさせる。ふたをして中火で10分煮込みボウルに移す。
③ ブレンダーでなめらかになるまで撹拌し、鍋に戻してクリームチーズ、牛乳、塩を加え、弱火で温める。
④ 器に盛り、黒こしょう、ピンクペッパーをトッピングする。

Point
■玉ねぎは焦げないように炒めてください。

@ayaka_t0911 香りの良いマッシュルーム♩クリームチーズを加えてまろやかに仕立てました。

01/23

にんじんの塩麹ポタージュ

材料（2人分）

にんじん…2本
塩麹…60g
水…200㎖
牛乳…200㎖
鶏ガラスープの素…少々
トッピング
生クリーム…適量
パプリカパウダー…適量
ドライパセリ…適量

下ごしらえ

にんじん≫さいの目切りにして、塩麹と保存袋に入れ冷蔵庫でひと晩漬け込む

作り方

① 鍋に水、漬け込んだにんじんを塩麹ごと入れてひと煮立ちさせ、ふたをして中火で5分煮込みボウルに移す。
② ブレンダーでなめらかになるまで撹拌し、鍋に戻して牛乳、スープの素を加えて弱火で温める。
③ 器に盛り、生クリーム、パプリカパウダー、パセリをトッピングする。

@ryosayu 家にある材料で簡単に作れて、おいしいと思うスープを目指しました。

01/24

豚肉と大根の豆乳キムチスープ

材料（2人分）

豚ロース肉（しゃぶしゃぶ用）…100g
大根…25g
玉ねぎ…1/8個（25g）
じゃがいも…1/2個（80g）
白菜キムチ…100g
調製豆乳…200ml
水…200ml
顆粒コンソメ…小さじ2
生クリーム…適量

下ごしらえ

豚肉≫ひと口大に切る
玉ねぎ≫薄切り
じゃがいも、大根≫5mm角のさいの目切り

作り方

① 鍋に大根、じゃがいも、玉ねぎ、水を入れてひと煮立ちさせ、ふたをして中火で5分煮込む。
② 豚肉、コンソメを加え、ふたをして中火で5分煮込む。
③ 火を弱め、豆乳、キムチを加えて温める。
④ 器に盛り、生クリームをたらす。

Point
■豆乳は熱しすぎると分離しやすくなるので、弱火で沸騰しないように温めてください。

@t_akiko1102 よく食べる子どもたち。メインおかず以外にも食べごたえのある一品として考えたスープです。

01/25

カリフラワーとガーリックの豆乳ポタージュ

材料（2人分）

カリフラワー…1/3株（150g）
玉ねぎ…1/4個
にんにく…1片
オリーブ油…大さじ1
顆粒コンソメ…小さじ1
バター…8g
水…200ml
白みそ…小さじ1
調製豆乳…200ml
塩・こしょう…少々
ドライパセリ…適量

下ごしらえ

カリフラワー≫小房に分ける
玉ねぎ、にんにく≫薄切り

作り方

① 鍋にオリーブ油、にんにくを入れてきつね色になるまで炒め、取り出す。
② 同じ鍋にカリフラワー、玉ねぎを加えてしんなりするまで炒める。
③ コンソメ、バター、水を加えてひと煮立ちさせ、ふたをして中火で7分煮込み、ボウルに移す。
④ ブレンダーでなめらかになるまで撹拌して鍋に戻し、みそ、豆乳、塩、こしょうを加えて弱火で温める。
⑤ 器に盛り、①のにんにく、パセリをトッピングする。

Point
■にんにくは焦げやすいので、油が冷たい状態から炒めてください。

@caramelmilk.mie シンプルなのにクセになる！わが家の定番冬スープです。

01/26

厚切りベーコンとかぼちゃのスープ

20min

材料（2人分）

ベーコン（ブロック）…50g
かぼちゃ…200g
玉ねぎ…¼個
にんじん…½本
ブロッコリー…¼株
小麦粉…大さじ½
バター…10g
牛乳…150㎖
水…150㎖
顆粒コンソメ…小さじ2
ドライパセリ…適量

下ごしらえ

ベーコン≫7㎜厚さの色紙切り
かぼちゃ≫ひと口大に切り、ラップをかけて電子レンジで5分加熱し、半量は皮を除く
玉ねぎ≫1㎝幅のくし形切り
にんじん≫1㎝厚さの輪切り
ブロッコリー≫小房に分ける

作り方

① 皮をむいたかぼちゃをフードプロセッサーに入れ、ペースト状にする。
② 鍋にベーコンを並べて火にかけ、焼き色がつくまで焼き、取り出す。
③ 同じ鍋にバターを溶かし、玉ねぎを加えて透き通るまで炒め、にんじん、ブロッコリーを加えて油が回るまで炒める。
④ 小麦粉を加えてなじませ、コンソメ、水を加えてひと煮立ちさせ、ふたをして中火で10分煮込む。皮つきのかぼちゃを加える。
⑤ ①、牛乳を加えて弱火で温める。
⑥ 器に盛り、②をのせ、パセリを散らす。

@asako_nishi 野菜がたっぷりとれて温まるスープです。かぼちゃが甘いので子どもも喜んでくれます。

01/27

クミン香るカリフラワーのポタージュ

20min

材料（2人分）

カリフラワー…¼株
玉ねぎ…¼個
水…150㎖
調製豆乳…250㎖
顆粒コンソメ…小さじ2
カレー粉…小さじ¼
バター…10g
トッピング
アーモンド…4粒
クミンシード…小さじ1

下ごしらえ

カリフラワー≫小房に分ける
玉ねぎ≫薄切り
アーモンド≫粗く刻む
クミン≫香りが立つまで煎る

作り方

① 鍋にバターを溶かし、玉ねぎを加えて透き通るまで炒める。
② カリフラワーを加えてバターがなじむまで炒め、水を加えてひと煮立ちさせ、ふたをして中火で5分煮込む。コンソメ、カレー粉を加えてボウルに移す。
③ ブレンダーでなめらかになるまで撹拌し、豆乳を加えて再度撹拌し、鍋に戻して弱火で温める。
④ 器に盛り、アーモンド、クミンをトッピングする。

@mii_kitchen 豆乳は熱しすぎると分離しやすくなるので、弱火で沸騰しないように温めてくださいね。

01/28

鶏だんごと温泉卵の塩麹トマトスープ

20min

材料（2人分）

カットトマト缶…½缶
しめじ…½パック（50g）
塩麹…小さじ2
水…200㎖
ローリエ…1枚
鶏だんご
鶏ひき肉…150g
塩麹…小さじ2
おろししょうが…1片分
玉ねぎのみじん切り…¼個分
片栗粉…大さじ½
トッピング
温泉卵…2個
粗びき黒こしょう…適量
ドライパセリ…適量
オリーブ油…適量

下ごしらえ

しめじ≫ほぐす

作り方

① ボウルに鶏だんごのひき肉、塩麹を入れて粘りが出るまで混ぜ、しょうが、玉ねぎ、片栗粉を加えて混ぜ合わせ、ひと口大に丸める。
② 鍋に水を入れて沸騰させ、①の鶏だんごを入れて表面がかたまるまでゆでる。
③ しめじ、カットトマト、塩麹、ローリエを加えてひと煮立ちさせる。ふたをして弱火で5分煮込み、ローリエを取り除く。
④ 器に盛り、温泉卵、黒こしょう、オリーブ油、パセリをトッピングする。

@__mamigram___ 鶏ひき肉はしっかりと粘りが出るまで練ることでふっくらと仕上がります。

01/29

スパイスたっぷりクラムチャウダー

20min

材料（2人分）

あさり…200g
白ワイン…50㎖
じゃがいも…1個
にんじん…½本
玉ねぎ…½個
ベーコン（ブロック）…50g
小麦粉…大さじ2
バター…10g
水…200㎖
A 顆粒コンソメ…小さじ1
A シナモン・ナツメグ…少々
A ローリエ…1枚
牛乳…200㎖
塩・こしょう…少々
パセリのみじん切り…適量

下ごしらえ

あさり≫砂抜きをしてよく洗う
じゃがいも、にんじん、玉ねぎ、ベーコン≫1cm角に切り、じゃがいもは水にさらす

作り方

① 鍋にバターを溶かし、ベーコンを入れて脂が出るまで炒める。
② じゃがいも、にんじん、玉ねぎを加えて玉ねぎが半透明になるまで炒める。
③ 小麦粉を加えて、粉気がなくなるまでなじませ、あさり、ワインを加えてふたをし、中火であさりの口が開くまで5分ほど蒸す。
④ Aを加えてひと煮立ちさせ、野菜がやわらかくなるまで中火で5分煮込む。
⑤ 牛乳、塩、こしょうを加えて弱火で温める。
⑥ 器に盛り、パセリを散らす。

@ktokuko スープ大好き家族です。スパイスたっぷりがポイントです。

01/30

かぼちゃとにんじんのチーズポタージュ

20min

材料（2人分）

かぼちゃ…100g
にんじん…50g
バター…10g
牛乳…250㎖
プロセスチーズ（キャンディータイプ）…10個
顆粒コンソメ…小さじ2
塩…少々
こしょう…少々
チャービル…適量

下ごしらえ

かぼちゃ≫皮をむき1cm厚さのひと口大に切る
にんじん≫薄切り

作り方

① 耐熱容器にかぼちゃ、にんじん、バター、牛乳100㎖を入れ、ラップをして電子レンジで8分加熱する。
② ブレンダーでなめらかになるまで撹拌し、チーズ、コンソメ、残りの牛乳を加え、電子レンジで3分加熱し、塩、こしょうで味を調える。
③ 器に盛り、チャービルを添える。

@xoxo_peko ミキサーを使うときは粗熱を取ってから撹拌してください。

01/31

野菜たっぷりバーニャカウダスープ

20min

材料（2人分）

にんにく…5片
じゃがいも…½個
アンチョビペースト…小さじ2
オリーブ油…大さじ2
牛乳…200㎖
水…100㎖
塩…ひとつまみ
A ─牛乳…50㎖
　 ─水…50㎖

トッピング
紫キャベツ…15g
ラディッシュ…2個
パプリカ（赤・黄）…各¼個
セロリ…⅕本

ドレッシング
レモン汁…大さじ1
はちみつ…小さじ1
オリーブ油…大さじ1½
塩…ひとつまみ
粗びき黒こしょう…適量

下ごしらえ

にんにく》縦半分に切り、芽を取る
じゃがいも》さいの目切りにして水と耐熱ボウルに入れ、ラップをかけ電子レンジで3分加熱
トッピングの野菜》ラディッシュ以外はひと口大に切る

作り方

1. ボウルにドレッシングの材料をよく混ぜ、トッピング用の野菜とあえる。
2. 小鍋にA、にんにくを入れて弱火にかける。沸騰したら7～8分ゆで、にんにくをざるに上げて軽く水ですすぐ。
3. 鍋にオリーブ油とアンチョビを入れ、アンチョビを溶かすように弱火で30秒ほど加熱する。②のにんにく、じゃがいも、水を加えてさっと炒める。ボウルに移し、ブレンダーで撹拌し、牛乳を加えてなめらかになるまでさらに撹拌する。鍋に戻し、弱火で沸騰しないように温め、塩で味を調える。
4. 器に盛り、①をトッピングする。
※お好みでオリーブ油やすりおろしたレモンの皮を飾る。

@mayumillion バーニャカウダの特徴を残し、飲みやすいスープにアレンジ♪ご馳走感☆彩りを工夫♪

Column

濃厚クリーミー！

おいしいポタージュが作りたい！

この本にはたくさんのポタージュレシピが登場します。
きほんの作り方や、コツをおさえておくとよりスムーズに、
おいしいポタージュが楽しめます。

〈ポタージュ作りのコツ〉

1 野菜のアクをしっかり除く

材料を水にさらしたり下ゆでしたりするなどして、野菜のアクをしっかり除きましょう。アクを取ると仕上がりがきれいになるだけでなく、野菜のエグみも取れておいしいポタージュになります。

2 玉ねぎを加え旨みをプラス

玉ねぎを入れることにより、スープの旨みや甘みがグンと引き立ちます。玉ねぎはどんな野菜とも相性がいいので、どの食材でポタージュを作ろうか迷ったときは「玉ねぎ＋好きな食材」で作ってみてください。

3 牛乳&豆乳を加えたら沸騰させない

食材を撹拌してペースト状にしたあとに、牛乳や豆乳などのミルクを加えてのばすのが基本のレシピ。ミルクを加えてから沸騰させると分離してしまうので火加減に注意しましょう。

4 仕上げに生クリームやパセリを

器にポタージュをよそったら仕上げに生クリームを回しかけたり、パセリをトッピングしたりするだけで一気に華やかに仕上がります。生クリームがない場合はコーヒーフレッシュをかけてもOK。

〈きほんのポタージュの作り方〉

1

材料を加熱する。

ポタージュの材料を炒めたり煮たりして、十分に加熱する。

2

撹拌してペースト状にする。

ボウルに材料を移し、だし汁や水を加えてブレンダーやミキサーで撹拌する。じゃがいもやかぼちゃなど、いも類のポタージュの場合はマッシャーやフォークでつぶしても0K。

3

ミルクを加えて温める。

お好みのミルク（牛乳や豆乳、生クリームなど）を加えて鍋で温め、味を調えて完成。

02/01

塊肉のシンプルポトフ

材料（2人分）

豚バラ肉（ブロック）…200g
にんじん…1本
玉ねぎ…1個
じゃがいも…2個
水…400㎖
ローリエ…2枚
顆粒コンソメ…小さじ2
塩…少々
こしょう…少々
粗びき黒こしょう…適量

下ごしらえ

豚肉≫半分に切る
にんじん≫縦半分、横2等分に切る
玉ねぎ≫4等分のくし形切り
じゃがいも≫縦半分に切って水にさらす

作り方

① 鍋に水、コンソメ、ローリエ、野菜、豚肉を入れてひと煮立ちさせ、ふたをして弱火で30分煮込む。
② 塩、こしょうで味を調えて器に盛り、黒こしょうを振る。

Point

■弱火でじっくり煮込むことで、やわらかく仕上がります。

@yucali.m 双子の子どもたちに野菜のおいしさを感じてほしくて作った、シンプルなポトフです。

02/02

きのことチーズのミルクポタージュ

25min

材料（2人分）

ベーコン（ブロック）…60g
玉ねぎ…½個
しめじ…½パック（100g）
ホワイトマッシュルーム…50g
まいたけ…½パック（50g）
牛乳…200㎖
水…200㎖
クリームチーズ…50g
バター…20g
顆粒コンソメ…小さじ2
塩…少々
パセリのみじん切り…適量
粗びき黒こしょう…適量

下ごしらえ

ベーコン》1㎝角のさいの目切り
玉ねぎ》粗みじん切り
きのこ類》粗みじん切り

作り方

① 鍋にバターを溶かし、ベーコンを加えて焼き色がつくまで炒め、取り出す。
② 同じ鍋で玉ねぎを加えてしんなりするまで炒め、きのこ類を加えてバターがなじむまで炒める。
③ 牛乳、水、コンソメを加えて沸騰直前まで温め、ふたをして弱火で5分煮込み、ボウルに移す。
④ クリームチーズを加え、ブレンダーできのこの粒が少し残る程度まで撹拌して鍋に戻し、塩を加える。
⑤ 器に盛り、①、黒こしょう、パセリをトッピングする。

@shizuka_1204 チーズのコクときのこの旨みがとってもおいしいスープです。

02/03

たっぷり野菜のコンソメチーズスープ

25min

材料（2人分）

A
じゃがいも…1個
にんじん…⅓本
れんこん…40g
玉ねぎ…¼個
しめじ…¼パック（25g）
ベーコン（ブロック）…50g

B
キャベツ…20g
ブロッコリー…⅙株（30g）
ミニトマト…3個

おろしにんにく…1片分
水…400㎖
顆粒コンソメ…小さじ2
塩…少々
オリーブ油…大さじ1
トッピング
ピザ用チーズ…適量
粗びき黒こしょう…適量

下ごしらえ

じゃがいも、にんじん、れんこん、玉ねぎ、ベーコン》さいの目切り。れんこんは酢水に、じゃがいもは水にさらす
しめじ》ほぐす
キャベツ》1㎝角に切る
ブロッコリー》小房に分ける
ミニトマト》半分に切る

作り方

① 鍋にオリーブ油、にんにくを入れて火にかけ、香りが立つまで炒める。
② Aを加えて油が回るまで炒める。
③ 水、コンソメを加えてひと煮立ちさせ、アクを取り、ふたをして中火で10分煮込む。
④ Bを加え、ふたをして中火で5分煮込み、塩で味を調える。
⑤ 器に盛り、チーズ、黒こしょうをトッピングする。

@mipochiko 家にある野菜をたっぷり。娘の栄養、ママの体型にも優しく野菜がたくさん入ってます！

02/04

ほうれん草のチーズポタージュ

20min

材料（2人分）
ほうれん草…130g
玉ねぎ…1/4個
じゃがいも…1個
水…150ml
顆粒コンソメ…小さじ2
牛乳…250ml
塩・こしょう…少々
粉チーズ…大さじ1
バター…10g
トッピング
　生クリーム…適量
　ピザ用チーズ…適量
　パセリのみじん切り…適量

下ごしらえ
ほうれん草≫たっぷりの熱湯で1分塩ゆでして水気を絞り、4cm長さに切る
玉ねぎ、じゃがいも≫薄切り
ピザ用チーズ≫クッキングシートを敷いた皿に、大さじ1ずつ、離して置き、電子レンジで1分半〜2分加熱

作り方
① 鍋にバターを溶かし、玉ねぎとじゃがいもを入れて弱火で炒める。
② 玉ねぎが半透明になったら、水、コンソメを加えて、じゃがいもがやわらかくなるまでふたをして弱火で8〜10分ほど煮てボウルに移す。
③ ほうれん草、牛乳100mlを加えて、ブレンダーで撹拌し、鍋に戻す。
④ 残りの牛乳を加えて弱火で温め、塩、こしょうで味を調え、粉チーズを加えて軽く混ぜ合わせる。
⑤ 器に盛り、トッピングを飾る。

@mao_2mama 粉チーズを入れるとまろやかになり、ほうれん草嫌いな息子も喜んで食べてくれました。

02/05

アボカドの豆乳ポタージュ

20min

材料（2人分）
アボカド…1個
調製豆乳…400ml
絹ごし豆腐…50g
玉ねぎ…1/2個
顆粒コンソメ…小さじ2
塩…少々
こしょう…少々
オリーブ油…小さじ1
トッピング
　ベーコン…1枚
　粉チーズ…適量
　パセリのみじん切り…適量

下ごしらえ
アボカド≫種を除き、ひと口大に
豆腐≫手でひと口大に
玉ねぎ≫薄切り
ベーコン≫細切り

作り方
① フライパンにベーコンを入れ、カリカリになるまで炒める。
② 鍋にオリーブ油を熱し、玉ねぎを入れてしんなりするまで炒める。
③ 豆乳200ml、アボカド、豆腐、コンソメを加えて中火で混ぜながら3分ほど煮込んでボウルに移す。
④ 残りの豆乳を加えてブレンダーでなめらかになるまで撹拌し、鍋に戻す。
⑤ 弱火で温め、塩、こしょうで味を調える。
⑥ 器に盛り、ベーコン、粉チーズ、パセリをトッピングする。

Point
■豆乳は熱しすぎると分離するので沸騰させないでください。

@myc106 綺麗な色のスープにしたくてアボカドを使いました。豆腐を加えて、より満足度もUP♡

35min

02/06

野菜たっぷりの参鶏湯《サムゲタン》風スープ

材料（2人分）

鶏手羽元…4本
A
- 大根…5cm
- れんこん…50g
- 白菜…1枚
- しいたけ…2枚

きくらげ（乾燥）…5g
緑豆春雨…30g
もち麦…大さじ1
しょうがのみじん切り…1片分
にんにくのみじん切り…1片分
昆布だし汁…500mℓ
塩…少々
しょうゆ…小さじ1
ごま油…大さじ½
トッピング
- 菜の花…20g
- クコの実…適量

下ごしらえ

手羽元≫フォークで皮に穴をあける
大根≫5mm厚さのいちょう切り
しいたけ≫薄切り
れんこん≫5mm厚さの輪切りにし、酢水にさらす
白菜≫ひと口大に切る
きくらげ、春雨、クコの実≫水で戻し、春雨は10cm長さに切る
菜の花≫サッとゆでる

作り方

① 鍋にごま油、しょうが、にんにくを入れて熱し、香りが立つまで炒める。
② Aを加えて油が回るまで炒め、きくらげ、もち麦、手羽元、だし汁を加えてひと煮立ちさせ、ふたをして弱中火で20分煮込む。
③ 春雨、塩、しょうゆを加えて春雨に火が通るまで煮込む。
④ 器に盛り、トッピングをする。

@miyaashi_ カラダがポカポカ温かくなるように、お野菜としょうがたっぷりのスープです！

20min

02/07

おからでふわふわ豆乳スープ

材料（2人分）

ベーコン（ブロック）…50g
白菜…2枚
おから…50g
A
- 白だし…大さじ1½
- 塩麹…小さじ1
- 調製豆乳…200mℓ

水…200mℓ
粗びき黒こしょう…少々
サラダ油…大さじ½
トッピング
- 粉チーズ…適量
- おから…適量
- 粗びき黒こしょう…適量

下ごしらえ

ベーコン≫5mm幅の細切り
白菜≫ざく切り
おから50g≫耐熱容器に広げ、ラップをせずに電子レンジで3分加熱

作り方

① トッピング用のおから、粉チーズを混ぜ、オーブントースターで焼き色がつくまで2〜3分様子を見ながら加熱する。
② 鍋に油を熱し、ベーコンを加えて弱火で脂が出るまで炒める。
③ 白菜の芯の部分を加え、油が回るまで炒め、葉の部分も加えてサッと炒める。
④ 水を加えてふたをし、弱中火で5分煮込む。
⑤ A、おからを加えて弱火で混ぜながら温め、こしょうを加える。
⑥ 器に盛り、①、こしょうをトッピングする。

@chihiyof パン好きなのでパンと相性抜群のクリーミーなスープを、おからでギルトフリー仕様にしました♫

02/08

豚バラと白菜のジンジャースープ

材料（2人分）

豚バラ肉（薄切り）…100g
白菜…$\frac{1}{4}$株
しょうが…$\frac{1}{2}$片
塩…少々

A
- 酒…大さじ1
- めんつゆ（ストレート）…大さじ1
- 鶏ガラスープの素…小さじ2
- 粗びき黒こしょう…少々

水…400mℓ
小ねぎの小口切り…適量
ごま油…適量

下ごしらえ

豚肉≫5cm幅に切り、塩を振ってもみ込み3時間置く
白菜≫5cm幅に切る
しょうが≫せん切り

作り方

① 鍋に白菜を敷き詰め、豚肉をのせ、しょうがをのせる。
② A、水を加えて中火で10分煮込む。
③ 器に盛り、小ねぎ、ごま油をトッピングする。

Point

■肉に塩をもみ込んでいるので、めんつゆの量は加減して味を調整してください。

@sora.ben 時間がないときでも簡単に作れてお腹も満足！冷えて帰ってきた体も温まるスープです。

02/09

にんじんのアーモンドミルクポタージュ

材料（2人分）

にんじん…1本
玉ねぎ…40g
セロリの葉…5g
アーモンドミルク（無糖）…90㎖
砂糖…小さじ1
塩…少々
水…300㎖
固形ブイヨン…1個
アーモンド…4個

下ごしらえ

にんじん≫縦半分にして薄切り
玉ねぎ≫薄切り
アーモンド≫フライパンで煎る

作り方

① 鍋ににんじん、玉ねぎ、セロリの葉、水を入れて中火で加熱する。沸騰したら弱火にし、20～40分煮込む。
② アクを取り、野菜がやわらかくなったら火を止めてボウルに移し、ブレンダーでなめらかになるまで撹拌する。
③ 鍋に戻し、ブイヨンを加え、アーモンドミルク、塩、砂糖を加えて弱火で温める。
④ 器に盛り、アーモンドを飾る。

Point
■アーモンドミルクを入れたら沸騰させないでください。

@maru_0826 乳アレルギーだった息子も飲めるものを。アーモンドミルクで栄養満点に仕上げました♪

02/10

冬の関西風粕汁

材料（2人分）

豚バラ肉（薄切り）…50g
ごぼう…1/3本（30g）
大根…1/8本（100g）
にんじん…1/3本（75本）
しいたけ…2枚
長ねぎ…1/2本（40g）
ちくわ…1本
こんにゃく…50g
油揚げ…1/2枚
サラダ油…小さじ1
だし汁…400㎖
合わせみそ…大さじ1
酒粕…30g

下ごしらえ

豚肉≫食べやすい大きさに切る
ごぼう≫ささがきに
大根、にんじん≫いちょう切り
しいたけ≫半分に切る
ねぎ、ちくわ≫ぶつ切り
こんにゃく≫ちぎり、下ゆでする
油揚げ≫油抜きし、短冊切り

作り方

① 鍋に油を中火で熱し、豚肉を炒め、火が通ったら残りの具材とだし汁を入れる。アクを取りながら、中火で10分ほど煮込む。
② 火が通ったら火を止め、みそ、酒粕を溶かし入れて弱火で5～10分煮込む。
※お好みで小ねぎを散らす。

Point
■さといも、白菜、かぶなどの冬野菜にアレンジしても美味です。
■豚肉ではなく鮭で作ることもできます。

@haragurotei 関西の冬といえば粕汁。体も温まり具材もたくさん入っているので一杯で栄養がとれます。

02/11

にんじんの塩麹エスニックポタージュ

材料（2人分）

にんじん…150g
じゃがいも…30g
玉ねぎ…60g
おろししょうが…小さじ1
バター…10g
クミン…小さじ1
塩麹…大さじ1
水…230mℓ
ココナッツミルク…170mℓ

下ごしらえ

にんじん、じゃがいも»皮をむき、5mm厚さの半月切り
玉ねぎ»薄切り

作り方

① 鍋にバター、にんじん、玉ねぎ、じゃがいも、しょうがを入れ、中火で炒める。
② しんなりしてきたら弱火にし、クミン、塩麹を加えて全体になじませる。
③ 水を加えてふたをし、弱火で5〜10分ほど煮込む。
④ 野菜に火が通ったら、ボウルに移し、ブレンダーでなめらかになるまで撹拌する。
⑤ 鍋に戻し、ココナッツミルクを加え、弱火で温める。

Point
■塩麹が焦げないように気をつけてください。
■クミンは香りがなじむ程度に炒めてください。

@yukari__noko 塩麹が野菜の旨みを引き出し、エスニック感がクセになる、無添加で体に優しいスープです。

02/12

あさりと根菜のチャウダー

材料（2人分）

玉ねぎ…¼個
さつまいも…¼本（60g）
かぶ…½個
長いも…60g
にんじん…40g
ベーコン…2枚
にんにくのみじん切り…1片分
しょうがのみじん切り…1片分
バター…10g
小麦粉…大さじ1
牛乳…300mℓ
水…100mℓ
顆粒コンソメ…小さじ2
あさり水煮缶…大さじ2
あさり水煮缶汁…大さじ2
塩・こしょう…少々
トッピング
―かぶの葉・れんこん…適量

下ごしらえ

野菜»すべて1cm角に切る
ベーコン»1cmの色紙切り
トッピング»かぶの葉はみじん切りにしてオリーブ油少々（分量外）で炒め、れんこんは薄切りにして油で揚げる

作り方

① 鍋にバター、にんにく、しょうがを入れて弱火で熱し、香りが立ったらベーコンを加えて中火で炒める。
② 野菜をすべて加えて中火で5分ほど炒め、小麦粉を振り入れて粉気がなくなるまで炒める。
③ 水、牛乳、コンソメ、あさり、あさりの缶汁を加えて弱火でときどきかき混ぜながら加熱する。野菜に火が通ったら、塩、こしょうで味を調える。
④ 器に盛り、トッピングをする。

@new.sa.08.07 あさりは缶詰でOK。苦手な野菜もたくさん食べられる具だくさんなおかずスープです。

02/13

ゴロゴロ野菜のトマトジンジャースープ

材料（2人分）

じゃがいも…2個（150g）
にんじん…½本
キャベツ…120g
ソーセージ…4本
カットトマト缶…½缶（200g）
水…300㎖
顆粒コンソメ…小さじ1
塩…少々
こしょう…少々
おろししょうが…小さじ1
パセリのみじん切り…適量

下ごしらえ

じゃがいも≫皮をむき、乱切りにして水にさらす
にんじん≫乱切り
キャベツ≫ざく切り
ソーセージ≫斜めに切り込みを入れる

作り方

① 鍋にじゃがいも、にんじん、キャベツ、ソーセージ、水を入れて中火でひと煮立ちさせ、コンソメ、カットトマトを加えて混ぜ、ふたをして中火で10分煮込む。
② アクを取り、塩、こしょう、しょうがを加えて混ぜ合わせる。
③ 器に盛り、パセリを散らす。

Point

■しょうがの分量はお好みで加減してください。

@ai2769 しょうがの効いたスープで体の中からポカポカです♪しょうが好きさんはたくさん入れてください。

02/14

ロール白菜のクリームスープ

材料（2人分）

白菜…2枚
鶏ひき肉…70g
れんこん…30g
しいたけ…1枚
水…100㎖
牛乳…300㎖
顆粒コンソメ…小さじ1
塩・こしょう…適量
トッピング
　ドライパセリ…適量
　ピンクペッパー…適量

下ごしらえ

白菜≫熱湯でゆでる
れんこん、しいたけ≫みじん切り

作り方

① ボウルにひき肉、れんこん、しいたけ、塩少々、こしょう少々を入れて混ぜ合わせる。
② ①の半量をゆでた白菜の上にのせて手前から包み、途中で両端を折り込みながら巻く。同じものをもう1個作る。
③ 鍋に②、水を入れてふたをして中火で5分ほど蒸し煮にする。
④ 牛乳、コンソメ、塩少々、こしょう少々を加えて沸騰しないように弱火で温める。
⑤ 器に盛り、パセリ、ピンクペッパーをトッピングする。

Point

■白菜は大きめの葉を使用してください。
■牛乳は煮立たせないように気をつけましょう。

@k.brocante 義母との何気ない会話から生まれたわが家の定番スープ、優しい味です。

02/15

具だくさんの栄養満点スープ

材料（2人分）

玉ねぎ…½個（100g）
ベーコン…2枚
れんこん…4cm
ごぼう…5cm
大根…5cm
A にんじん…5cm
セロリ…5cm
しめじ…⅓パック（30g）
こんにゃく…⅓枚
大豆水煮…大さじ3
ソーセージ…2本
白ワイン…30mℓ
水…400mℓ
昆布…5cm
鶏ガラスープの素…大さじ1
塩・こしょう…少々
オリーブ油…大さじ2
粉チーズ…適量
パセリのみじん切り…適量

下ごしらえ

玉ねぎ、ベーコン、A≫さいの目切り
ソーセージ≫斜めに切り込みを入れる

作り方

① 鍋にオリーブ油を熱し、玉ねぎ、ベーコンを入れて玉ねぎがしんなりするまで炒める。
② Aと大豆を加えてサッと炒め、全体に油が回ったら昆布、ワインを加えてふたをし、弱火で8分煮込む。
③ 水を加えて沸騰直前まで温め、昆布を取り出す。
④ スープの素を加えてアクを除き、弱火で10分煮込み、塩、こしょうで味を調える。
⑤ ソーセージを加えて中火で3分ほど煮込んだら器に盛り、粉チーズ、パセリを散らす。

@4kaochan 野菜不足の解消と、冷蔵庫に半端に余った野菜も使えるので、一石二鳥ですね。

02/16

かぶの豆乳ポタージュ

材料（2人分）

かぶ…2個
玉ねぎ…¼個
豆乳…150mℓ
塩麹…大さじ1
塩…少々
水…100mℓ
オリーブ油…大さじ½
トッピング
ベーコン…½枚
オリーブ油…小さじ1

下ごしらえ

かぶ≫皮をむき、4等分に、葉は3cm幅に切る
玉ねぎ≫薄切り
ベーコン≫1cm幅の短冊切り

作り方

① フライパンにベーコンを入れ、カリカリになるまで炒める。
② 鍋にオリーブ油を熱し、玉ねぎを加えてしんなりするまで炒める。かぶ、かぶの葉を加えて油が回るまで炒め、塩麹、水を加えてひと煮立ちさせる。
③ アクを取り、ふたをして弱火で15分煮込み、ボウルに移す。
④ ブレンダーでなめらかになるまで撹拌し、鍋に戻して豆乳、塩を加えて弱火で温める。
⑤ 器に盛り、①、オリーブ油をトッピングする。

@chappi_and_chata 豆乳は熱しすぎると分離しやすくなるので、弱火で沸騰しないように温めてくださいね。

02/17

牛肉のメープル煮込みスープ

40min

材料（2人分）

牛肉（ブロック）…400g
玉ねぎ…1個
にんじん…½本
セロリ…1本
赤パプリカ…¼個
ミニトマト…2個
牛乳…100mℓ
塩・こしょう…少々
水…500mℓ
ローリエ…1枚
メープルシロップ…大さじ2

トッピング
メープルシロップ…適量
粒マスタード…適量
パセリのみじん切り…適量

下ごしらえ

玉ねぎ≫6等分のくし形切り
にんじん≫乱切り
セロリ、パプリカ≫1cm幅の細切り
牛肉≫塩（分量外）を全体にまぶして20分ほど置き、キッチンペーパーで水分を拭く。

作り方

① 鍋に牛肉、水を入れ、弱火で温める。ミニトマト以外の野菜、ローリエ、メープルシロップを加えてふたをし、アクを取りながら弱火で15分ほど煮る。
② 火を止め、ふたをしたまま余熱で15分置く。ミニトマト、牛乳、塩、こしょうを加えて5分ほど弱火で温める。
③ 肉を取り出し、好みの厚さに切ったら、器に盛り、メープルシロップ、粒マスタード、パセリをトッピングする。

@gucci_fuufu 余熱でじっくり火を通すことによって、レアでやわらかく仕上がります。

02/18

ベーコンとしいたけのポタージュ

15min

材料（2人分）

ベーコン…2枚
玉ねぎ…½個
しいたけ…6枚（100g）
水…200mℓ
固形ブイヨン…1個
牛乳…200mℓ
塩…少々
オリーブ油…大さじ1

トッピング
粗びき黒こしょう…少々
オリーブ油…適量

下ごしらえ

ベーコン≫1cm幅に切る
玉ねぎ≫薄切り
しいたけ≫薄切りにする。トッピング用に4枚取り分けて焼き目がつくまで焼く

作り方

① 鍋にオリーブ油を熱し、ベーコン、玉ねぎを入れて炒め、しいたけを加えて弱火でじっくり炒める。
② 水、ブイヨンを加えて、弱火で6〜7分煮込んで、ボウルに移す。
③ ブレンダーで撹拌し、鍋に戻す。
④ 牛乳を加え、塩で味を調えて、弱火で温める。
⑤ 器に盛り、焼いたしいたけ、黒こしょう、オリーブ油をトッピングする。

Point
■撹拌具合によって舌触りが変わるので、お好みに合わせて調節してくださいね♪

@yukazou1974 ベーコンの塩気としいたけの旨みがたっぷり詰まった一品です。

02/19

ごぼうのコンソメミルクスープ

材料（2人分）
ごぼう…1本
水…200㎖
牛乳…250㎖
合わせみそ…小さじ1
めんつゆ（3倍濃縮）…小さじ1
生クリーム…50㎖
顆粒コンソメ…小さじ2
塩…少々
こしょう…少々

下ごしらえ
ごぼう»ささがきにし、水にさらす。トッピング用に少量を素揚げ

作り方
① 鍋に水、ごぼうを入れて3分ほど中火でゆで、ボウルに移す。牛乳を加え、ブレンダーでなめらかになるまで撹拌して鍋に戻す。
② みそ、めんつゆを混ぜながら加え、生クリーム、コンソメ、塩、こしょうを入れて弱火で温める。
③ 器に盛り、素揚げしたごぼうをトッピングする。

@645shinty 腸活のため、健康にもお肌にもいいごぼうを簡単に摂取できるスープです♪

02/20

ソーセージとキャベツのミルクスープ

材料（2人分）
キャベツ…100g
ソーセージ…4本
牛乳…400㎖
顆粒コンソメ…小さじ2
こしょう…少々
サラダ油…小さじ1
粗びき黒こしょう…適量

下ごしらえ
キャベツ»ざく切り

作り方
① 鍋に油を熱し、ソーセージを加えてサッと炒める。
② キャベツを加えて油が回るまで炒め、牛乳を注いで弱火で温める。
③ コンソメ、こしょうで味を調えて器に盛り、黒こしょうを振る。

@euglena_12 牛乳は沸騰させると分離してしまうので弱火で温めてくださいね。

02/21

カレー風味のクラムチャウダー

材料（2人分）

玉ねぎ…½個
じゃがいも…½個
ベーコン…1枚
バター…10g
小麦粉…大さじ½
水…100㎖
あさり水煮缶
…1缶（130g）
A 顆粒コンソメ…小さじ2
カレー粉…小さじ½
牛乳…200㎖
塩…少々
こしょう…少々
粉チーズ…適量
パセリのみじん切り…適量

下ごしらえ

玉ねぎ、じゃがいも » さいの目切りにし、じゃがいもは水にさらす
ベーコン » 1cm幅に切る

作り方

① 鍋にバターを溶かし、ベーコン、玉ねぎ、じゃがいもを入れて玉ねぎが透き通るまで炒める。
② 火を弱め、小麦粉を加えて粉気がなくなるまで炒める。
③ 水を加えて混ぜながら弱火で7分ほど煮込み、Aを加えてひと煮する。
④ 塩、こしょうで味を調えて器に盛り、粉チーズ、パセリを散らす。

@xaya106x 寒くなると食べたくなるクラムチャウダー。カレー風味にすることで食欲も増します。

02/22

ほうれん草とブロッコリーのグリーンスープ

材料（2人分）

ほうれん草…150g
ブロッコリー…150g
玉ねぎ…½個
じゃがいも…½個（100g）
固形ブイヨン…1個
水…250㎖
牛乳…100㎖
生クリーム…50㎖
塩…少々
こしょう…少々
バター…20g
トッピング
くるみの粗みじん切り…適量
ピンクペッパー…適量
オリーブ油…少々

下ごしらえ

ほうれん草 » 下ゆで後、ざく切り
ブロッコリー » 小房に分け、茎は皮をむいて短冊切り。ラップをかけて電子レンジで2分加熱し、トッピング用に小房2つを取り分け刻む。
玉ねぎ、じゃがいも » 薄切り

作り方

① 鍋にバターを溶かし、玉ねぎ、じゃがいもを炒める。透き通ってきたら、ほうれん草とブロッコリーを加えてさらに炒める。
② 水、ブイヨンを加えて煮立ったら弱火にし、ふたをして10分ほど煮てボウルに移す。
③ ブレンダーでなめらかになるまで撹拌し、鍋に戻して牛乳、生クリームを加えて弱火で温め、塩、こしょうで味を調える。
④ 器に盛り、トッピングをする。

@shizuko0026 緑の野菜をたっぷり使ってます。くるみと刻んだブロッコリーがアクセントになってます。

02/23

豆腐のコンソメポタージュ

15min

材料（2人分）

絹ごし豆腐…200g
牛乳…200mℓ
顆粒コンソメ…小さじ1
塩…小さじ¼
片栗粉…大さじ½
ナツメグ…少々
根菜チップス
ごぼう…30g
れんこん…30g
にんじん…30g
トッピング
ベーコン…1枚
パセリのみじん切り…適量
粗びき黒こしょう…適量
オリーブ油…少々

下ごしらえ

ベーコン≫半分に切り、クッキングシートでふんわり包んで、電子レンジで1〜2分加熱

根菜チップス≫薄く切り、ごぼうはサッと水に放し、水気を拭く。すべてにオリーブ油適量（分量外）をからめて、クッキングシートを敷いた皿の上に重ならないよう並べ、レンジで2〜3分加熱

作り方

① ボウルに豆腐を入れ、泡立て器でなめらかになるまで混ぜ合わせる。
② 牛乳、コンソメ、塩、片栗粉、ナツメグを加えてさらに混ぜ合わせる。
③ 鍋に移し、弱火で温める。
④ 器に盛り、ベーコンと根菜チップス、パセリを浮かべ、黒こしょうを振り、オリーブ油をかける。

Point

■根菜チップスはパリっとした食感が足りないようであれば、レンジの加熱の時間を30秒ずつ追加してみてください。

@miyaco4 歯ごたえのよい野菜チップスがポイント。サッとできてしっかり栄養がとれるスープです。

02/24

たっぷりきのこのクリームスープ

材料（2人分）

ベーコン（ブロック）…50g
玉ねぎ…½個（100g）
マッシュルーム…50g
しいたけ…2枚
まいたけ…50g
しめじ…50g
塩…少々
こしょう…少々
水…100mℓ
顆粒コンソメ…小さじ2
牛乳…300mℓ
粉チーズ…大さじ1
バター…10g
オリーブ油…大さじ1
パセリのみじん切り…適量

下ごしらえ

ベーコン≫薄切り
玉ねぎ、マッシュルーム、しいたけ≫薄切り
まいたけ、しめじ≫ほぐす

作り方

① 鍋にオリーブ油を熱し、ベーコン、玉ねぎを入れてよく炒める。
② 玉ねぎが透き通ったら、マッシュルーム、しいたけ、しめじ、まいたけを加えて炒め、塩、こしょう、バターを加える。
③ きのこがしんなりしたら、水、コンソメを加えて、2〜3分中火で煮る。
④ 牛乳を加えて、沸騰直前で火を止めて粉チーズを振る。
⑤ 器に盛り、パセリを散らす。

Point
■4種類のきのこで、旨みがたっぷりな仕上がりに♪

@xoxo_manami_125 きのこが大好き！！具だくさんできのこの旨みたっぷりスープにしました！！

02/25

白玉あずきの甘酒スープ

材料（2人分）

絹ごし豆腐…70g
白玉粉…60g
A 甘酒…200mℓ
A 牛乳…200mℓ
ゆであずき缶…80g
トッピング
きなこ…適量
おかき…適量

下ごしらえ

おかき≫小さく砕く

作り方

① ボウルに豆腐、白玉粉を入れて、耳たぶくらいのかたさになるまでこねて、ひと口大に丸め、人差し指で真ん中を少しくぼませる。
② 鍋にたっぷりの湯を沸かし、①をそっと入れ、浮き上がってくるまで2〜3分ゆでて、冷水に取る。
③ 鍋にAを入れて温め、沸騰直前に②を加える。
④ 器に盛り、きなこ、おかきをトッピングする。

Point
■白玉は真ん中をくぼませることで、火の通りがよくなりますよ。
■牛乳は熱しすぎると分離しやすくなるので、弱火で沸騰しないように温めてください。

@jasminet1023 寒い日にほっこりできる、甘酒のスープ。アクセントにおかきをトッピングしました♪

02/26

大根と玉ねぎのポタージュ

材料（2人分）
大根…100g
玉ねぎ…½個
米…大さじ1
水…150㎖
牛乳…100㎖
顆粒コンソメ…小さじ2
バター…10g
トッピング
オリーブ油…適量
ベーコン…½枚
粗びき黒こしょう…適量

下ごしらえ
大根≫5㎜厚さのいちょう切り
玉ねぎ≫薄切り
ベーコン≫粗みじん切り

作り方
① フライパンを熱し、ベーコンをカリカリになるまで炒める。
② 鍋に大根、かぶるくらいの水（分量外）、米を入れてひと煮立ちさせ、ふたをして弱火で5分煮込む。ゆで汁に入れたまま粗熱を取り、ざるに上げてサッと洗う。
③ 鍋にバターを溶かし、玉ねぎを加えてしんなりするまで炒める。
④ ②を加えてサッと炒め、水、コンソメを加えてひと煮立ちさせる。ふたをして弱火で5分煮込み、ボウルに移す。
⑤ ブレンダーでなめらかになるまで撹拌し、鍋に戻して牛乳を加え、弱火でとろみがつくまで煮込む。
⑥ 器に盛り、オリーブ油、ベーコン、黒こしょうをトッピングする。

@mi_ka1212 お米を加えることでアク抜きができ、湯止めをすることにより大根が甘くなりますよ！

02/27

根菜のクリームスープ みそコンソメ仕立て

材料（2人分）
ベーコン…50g
さといも…80g
ごぼう…½本
A れんこん…60g
大根…2㎝（100g）
にんじん…½本
マッシュルーム…2個
小麦粉…大さじ1 ½
牛乳…250㎖
水…150㎖
顆粒コンソメ…小さじ1
合わせみそ…大さじ½
バター…20g

下ごしらえ
ベーコン≫1㎝幅に切る
さといも≫皮をむき、半分に切って下ゆで
ごぼう≫1㎝厚さの斜め切り
れんこん≫5㎜厚さの半月切りにして、酢水にさらす
大根≫5㎜厚さのいちょう切り
にんじん≫5㎜厚さの半月切り
マッシュルーム≫4等分に

作り方
① 鍋にバターを溶かし、Aを入れて炒め合わせる。
② 小麦粉を少しずつ加えて、ダマにならないよう炒め合わせる。
③ 牛乳、水、コンソメを加え、みそを溶きのばしながら加えて、野菜がやわらかくなるまで弱火で8分ほど煮る。
※お好みで切ったゆでいんげんや七味唐辛子を飾る。

Point
■小麦粉は茶こしでまぶすとダマになりにくくなります。

@ringobbling 根菜は体に優しいお野菜。心も体も温めてくれる、寒い季節にはぴったりのスープです。

02/28

クリーミー豆乳豚汁

材料（2人分）

豚バラ肉（薄切り）…150g
白菜…1枚
にんじん…¼本
さつまいも…¼本
玉ねぎ…¼個
だし汁…300㎖
調製豆乳…100㎖
合わせみそ…大さじ2
サラダ油…大さじ½
かつお粉…大さじ½

下ごしらえ

豚肉≫食べやすい大きさに切る
白菜≫縦半分にし、せん切り
にんじん、さつまいも≫5㎜厚さのいちょう切り
玉ねぎ≫5㎜厚さの薄切り

作り方

① 鍋に油を熱し、豚肉を炒める。にんじん、玉ねぎを加えて油が回るまで炒める。
② だし汁を加えてひと煮立ちさせ、アクを取る。ふたをして中火で10分ほど煮込む。
③ 白菜、さつまいもを加えてふたをし、中火で5分煮込み、全体に火が通ったら火を弱め、豆乳、みそを加え、最後にかつお粉を加えて混ぜる。

Point

■豆乳は熱しすぎると分離しやすくなるので、弱火で沸騰しないように温めてください。

@aoooowii.m 一皿でたっぷりと、おいしくお野菜がとれるように考えました。

Column

印象が大きく変わる！

ミルクスープの世界

ミルクベースのスープには牛乳を使用することが多いですが、
スープの種類や食材によっては牛乳よりも相性のよいミルクがあります。

牛乳

ミルクスープといえば牛乳。手に入りやすく、コクも出しやすい材料です。豆乳や生クリームのスープレシピを牛乳に置き換えてもOK。

豆乳

身近で手に入り栄養価の高い豆乳。牛乳よりも淡白な仕上がりになるので、食材の旨みを活かしたいときにおすすめです。料理に使用するときは、基本的に無調整豆乳を選びましょう。

生クリーム

牛乳と合わせて使用することの多い生クリーム。投入すると少量でもクリーミーで濃厚な味わいに。魚介や肉を使ったスープに使用すると、具材によく絡んで食べごたえのあるスープに仕上がります。

アーモンドミルク

アーモンドと水を撹拌し、濾してできた液体。香ばしい味わいが特徴で、かぼちゃやにんじんなどの甘みのある野菜との相性がよいです。

ココナッツミルク

甘みが強く、濃厚な味わいが特徴。エスニック系のスープによく使用され、スパイスを少量加えるだけで本格的な仕上がりになります。

春

03/01

ゆり根と大豆ときなこのスープ

材料（2人分）
ゆり根…75g
玉ねぎ…75g
大豆水煮…75g
サラダ油…大さじ½
水…150㎖
牛乳…200㎖
固形ブイヨン…1個
塩・こしょう…少々
トッピング
―生クリーム…適量
きなこ…適量

下ごしらえ
ゆり根»おがくずを水で洗い流し、根を切り、1枚ずつはがして粗みじん切り
玉ねぎ»みじん切り

作り方
① 鍋に油を熱し、玉ねぎがしんなりするまで炒める。
② ゆり根の半量、大豆、水を加えて煮立たせ、ふたをして中火で10分煮込み、ボウルに移す。
③ ブレンダーでなめらかになるまで撹拌して鍋に戻す。牛乳、残りのゆり根、ブイヨンを加えて弱火で沸騰直前まで温め、塩、こしょうで味を調える。
④ 器に盛り、生クリームときなこをトッピングする。

Point
■ゆり根の食感を楽しむため、半量は撹拌せずにあとから加えてください。

@ma_me_jam ホクホク食感がたまらないゆり根、お正月だけではもったいない！

03/02

はまぐりの白みそクリームスープ

材料（2人分）
はまぐり…4個
玉ねぎ…½個（100g）
にんじん…¼本
オリーブ油…大さじ1
白ワイン…大さじ2
水…100㎖
牛乳…300㎖
白みそ…大さじ1
塩…少々
こしょう…少々
イタリアンパセリのみじん切り…適量

下ごしらえ
はまぐり»砂抜きをしてよく洗う
玉ねぎ、にんじん»みじん切り

作り方
① 鍋にオリーブ油を熱し、玉ねぎ、にんじんを炒める。はまぐり、白ワイン、水を加えてふたをし、中火で5~8分煮る。
② はまぐりの口が開いたら、牛乳、白みそを加えて弱火で温め、塩、こしょうで味を調える。
③ 器に盛り、パセリを散らす。

@moaiskitchen 牛乳は熱しすぎると分離しやすくなるので、弱火で沸騰しないように温めてくださいね。

03/03

鶏肉と甘栗のトマトスープ

25min

材料（2人分）

鶏もも肉…160g
小麦粉…適量
玉ねぎ…¼個
にんにく…2片
オリーブ油…大さじ1
カットトマト缶
…½缶（200g）
水…200㎖
顆粒コンソメ…小さじ2
塩…ひとつまみ
甘栗（市販品）…50g
生クリーム…大さじ1
ブロッコリー…¼株
粗びき黒こしょう…少々

下ごしらえ

鶏もも肉≫ひと口大に切り、小麦粉を薄くまぶす
玉ねぎ、にんにく≫みじん切り
ブロッコリー≫小房に分けて塩ゆで

作り方

① 鍋にオリーブ油、にんにく、玉ねぎを入れて玉ねぎが透き通るまで中火で炒める。
② 鶏肉を加えて両面を焼き、カットトマト、水、塩、コンソメを加えて弱中火で15分ほど煮込む。
③ 火を弱め、甘栗、生クリームを入れて温める。
④ 器に盛り、ブロッコリーをのせ、黒こしょうを振る。

@noriko_omoto 赤いスープが可愛くてちょっとしたおもてなしにもぴったり！甘栗がポイントです。

03/04

ほうれん草と玉ねぎのポタージュ

20min

材料（2人分）
ほうれん草…100g
玉ねぎ…40g
バター…10g
水…100mℓ
顆粒コンソメ…小さじ½
牛乳…150mℓ
粗びき黒こしょう…適量

下ごしらえ
ほうれん草》下ゆでし、水気を絞って4cm長さに切る
玉ねぎ》横に薄切り

作り方
① 鍋にバターを溶かし、玉ねぎを炒めてしんなりしてきたらほうれん草を加え、サッと炒める。
② 水、コンソメを加えひと煮立ちさせて火を止め、ボウルに移す。
③ 牛乳を加えてブレンダーでなめらかになるまで撹拌し、鍋に戻して弱火で温める。
④ 器に盛り、黒こしょうを振る。
※お好みでくるみを粗く刻んでトッピングする。

Point
■牛乳は熱しすぎると分離しやすくなるので、弱火で沸騰しないように温めてください。

@su_a_sa_ ミキサーを使う場合は粗熱を取ってから撹拌してください。

03/05

ピーナッツとミルクのポタージュ

20min

材料（2人分）
さつまいも…½本
玉ねぎ…¼個
にんにくのみじん切り…½片分
水…150mℓ
A
牛乳…250mℓ
塩麹…小さじ1
ピーナッツバター（無塩無糖）…大さじ2
塩・こしょう…少々
オリーブ油…大さじ1
トッピング
ピーナッツ…適量
ピンクペッパー…適量

下ごしらえ
さつまいも》皮をむいて1cm厚さの輪切りにし、10分ほどゆでる
玉ねぎ》薄切り

作り方
① 鍋にオリーブ油を熱し、にんにくを入れて炒め、香りが立ったら玉ねぎを入れてうっすらあめ色になるまで炒める。
② さつまいも、水を加えて、ひと煮立ちさせてふたをし、弱火で10分煮てボウルに移す。
③ ブレンダーでなめらかになるまで撹拌して鍋に戻し、Aを加えて混ぜ合わせ、弱火で温め、塩、こしょうで味を調える。
④ 器に盛り、刻んだピーナッツとピンクペッパーを散らす。

Point
■さつまいもは低温で時間をかけてゆっくり加熱すると甘みが増します。煮ているときに焦げそうな場合や撹拌しづらい場合は水を足してください。

@sairi_table 大好きなナッツとさつまいも。栄養価も高くおいしいものでお腹も心も笑顔になりたくて。

03/06

じゃがいもとアスパラの豆乳みそスープ

20min

材料（2人分）

玉ねぎ…1個
ベーコン…2枚
じゃがいも…2個
グリーンアスパラガス…4本
だし汁…300㎖
無調整豆乳…100㎖
合わせみそ…小さじ2
塩…少々
バター…10g

下ごしらえ

玉ねぎ》半分にして薄切り
ベーコン》5㎜幅に切る
じゃがいも》さいの目切り
アスパラ》根元を切り落とし、下から3㎝ほどピーラーでむいて2㎝幅の斜め切り

作り方

① 鍋にバターを溶かし、玉ねぎ、ベーコンを入れて、玉ねぎがしんなりするまで中火で炒める。
② じゃがいもを加え、油が回ったらだし汁を加え、やわらかくなるまで、ふたをして弱火で8分ほど煮る。
③ アスパラを加えて軽く煮たら、みそを溶かし入れ、豆乳を加える。弱火で温めながら、塩で味を調える。
※お好みで粗びき黒こしょうを散らす。

Point
■アスパラは煮すぎると色や食感が悪くなってしまうので、最後にサッと煮てください。

@kazu_deli_1111 家にある道具と手軽に手に入る食材で作ったスープ。豆乳仕立てでヘルシーにしました。

03/07

かぼちゃとチーズのみそ汁

10min

材料（2人分）

かぼちゃ…150g
玉ねぎ…½個
水…400㎖
固形コンソメ…1個
合わせみそ…大さじ1½
ピザ用チーズ…適量
小ねぎの小口切り…適量

下ごしらえ

かぼちゃ》皮つきのままひと口大に6等分に切り、ラップをかけて電子レンジで3分加熱
玉ねぎ》薄切り

作り方

① 鍋に、かぼちゃ、玉ねぎ、水、コンソメを入れて、野菜がやわらかくなるまで弱火で5分ほど煮る。
② みそを溶き入れ、チーズを上に置くようにそっと加えてふたをし、チーズが溶けるまで3〜4分蒸す。
③ 器に盛り、小ねぎを散らす。

Point
■チーズを鍋に入れるときは、表面にそっと置いて、かき混ぜないようにしてください。
■器に盛るときは、チーズが崩れないように、ゆっくりすくってくださいね。

@cpp.minian いつものみそ汁をアレンジして洋風スープに！かぼちゃとチーズがベストマッチです^^

03/08

あさりと春キャベツのちゃんぽん風スープ

15min

材料（2人分）

あさり…100g
春キャベツ…3枚
にんじん…⅓本
玉ねぎ…¼個
しめじ…30g
鶏ガラスープ…250㎖
（水…250㎖
鶏ガラスープの素…小さじ1）
オイスターソース…小さじ½
合わせみそ…小さじ½
サラダ油…大さじ1
牛乳…150㎖
A
おろしにんにく…少々
塩…小さじ⅓
ゆずこしょう…少々

下ごしらえ

あさり » 砂抜きをしてよく洗う
キャベツ » ひと口大のざく切り
にんじん » 半月切り
玉ねぎ » 薄切り
しめじ » ほぐす

作り方

① 鍋に油を熱し、キャベツ、にんじん、玉ねぎ、しめじを入れて中火で2〜3分炒める。
② あさり、スープ、オイスターソースを加えてふたをし、中火で5分煮る。
③ Aを加え、みそを溶きながら加えて弱火で5分煮る。
※お好みで粗びき黒こしょうを振る。

@uranohatakede_pochiganaku ゆずこしょうの風味がクセになるスープです。

03/09

春キャベツと花椒香る肉だんごのスープ

20min

材料（2人分）

肉だんご
豚ひき肉…100g
絹ごし豆腐…100g
長ねぎ…15cm（20g）
にんじん…⅓本
塩…小さじ1
片栗粉…大さじ1
花椒…小さじ½
鶏ガラスープ…400㎖
（水…400㎖
鶏ガラスープの素…大さじ½）
春キャベツ…⅛玉
塩…少々

下ごしらえ

豆腐 » キッチンペーパーで包み、電子レンジで2分加熱し、水切り
ねぎ、にんじん » みじん切り
キャベツ » 1cm幅に切る

作り方

① ボウルに豚ひき肉、塩を入れて練る。片栗粉を加えてさらに練り、豆腐、花椒を加えて混ぜ合わせる。
② ねぎ、にんじんを加えてさらに混ぜ、⅛量ずつ丸める。
③ 鍋に鶏ガラスープを入れて煮立て、②を加えて浮いたら取り出す。
④ キャベツを加え、サッと煮て塩を加える。
⑤ 器に盛り、③の肉だんごをのせる。

Point
■肉だんごを丸めるときは、手に油をつけると作りやすいです。

@mikason925 一皿で肉も野菜も豆腐も食べられる、具だくさんで何度食べても飽きないスープです。

03/10

野菜ときのこのコーンクリームスープ

15min

材料（2人分）

玉ねぎ…½個（100g）
にんじん…½本
じゃがいも…1個
ソーセージ…2本
しめじ…½パック
バター…15g
コーンクリーム缶…250g
牛乳…100㎖
水…50㎖
顆粒コンソメ…大さじ½
ドライパセリ…適量

下ごしらえ

玉ねぎ、にんじん、じゃがいも»7～8㎜の角切り
ソーセージ»小口切り
しめじ»ほぐす

作り方

① 鍋にバターを溶かし、玉ねぎ、にんじん、じゃがいも、ソーセージ、しめじを入れて炒める。
② 野菜がしんなりしたら、牛乳、水、コーンクリーム、コンソメを加えて弱中火で5分ほど煮る。
③ 器に盛り、パセリを散らす。

@momomo_417 具材はお好みでアレンジしてみてくださいね。

03/11

新玉ねぎの冷製ポタージュ

35min

材料（2人分）

新玉ねぎ…1個
顆粒コンソメ…小さじ2
水…200㎖
アーモンドプードル…大さじ1
牛乳…100㎖
塩…少々
こしょう…少々
トッピング
カシューナッツ…適量
オリーブ油…適量
粗びき黒こしょう…適量

下ごしらえ

玉ねぎ»薄切り
カシューナッツ»細かく刻む

作り方

① 鍋に玉ねぎ、水、コンソメを入れて火にかけ、ひと煮立ちさせてアクを除き、ふたをして弱火で15～20分煮る。
② アーモンドプードルを加えて混ぜ、火を止めてボウルに移す。
③ ブレンダーでなめらかになるまで撹拌して鍋に戻し、牛乳を加えて弱火で温め、塩、こしょうで味を調える。
④ 粗熱を取り、冷蔵庫で冷やす。
⑤ 器に盛り、カシューナッツ、オリーブ油、黒こしょうをトッピングする。

Point

■牛乳は熱しすぎると分離しやすくなるので、弱火で沸騰しないように温めてくださいね。

@puruberry 旬の食材のおいしさをそのままスープにしました。

03/12

あさりと春キャベツの豆乳スープ

20min

材料（2人分）
あさり…200g
春キャベツ…4枚
玉ねぎ…½個（100g）
ベーコン…2枚
おろしにんにく…小さじ½
無調整豆乳…200mℓ
酒…大さじ1
顆粒コンソメ…大さじ½
水…200mℓ
バター…10g
小麦粉…大さじ1
塩…少々
こしょう…少々

下ごしらえ
あさり》砂抜きをしてよく洗う
キャベツ》ひと口大にちぎり、芯は斜め薄切り
玉ねぎ》薄切り
ベーコン》1cm幅に切る

作り方
1. 鍋にバター、にんにくを入れて中火で熱し、玉ねぎを加えて炒める。しんなりしてきたらベーコン、あさりを加えて炒め、小麦粉を振り入れ、粉気がなくなるまで炒める。
2. 酒、コンソメ、水を加えて混ぜ、沸騰したらふたをして弱火で2分蒸し煮にする。
3. あさりの口が開いたらふたを開けてキャベツ、豆乳を加えて煮る。
4. キャベツがしんなりしたら塩、こしょうで味を調える。

@riritantan 健康のために飲んでいる豆乳。子どもたちは飲まないので飲みやすくスープにしました。

03/13

春菊と鶏つくねの中華スープ

15min

材料（2人分）
鶏つくね
　鶏むね肉…200g
　玉ねぎ…½個（100g）
　青じそのみじん切り…5枚分
　おろししょうが…小さじ1
　塩・黒こしょう…少々
　片栗粉…大さじ1
　ごま油…小さじ1
しいたけ…2枚
長ねぎ…1本
春菊…50g
水…400mℓ
鶏ガラスープの素…大さじ1
酒…大さじ1
A みりん…小さじ2
　しょうゆ…小さじ1
　粗びき黒こしょう…少々
ラー油…小さじ1
白いりごま…適量

下ごしらえ
鶏肉、玉ねぎ》2cmの角切り
長ねぎ》1cm幅の斜め切り
しいたけ》薄切り
春菊》3cm長さに切る

作り方
1. フードプロセッサーに鶏つくねの材料を入れ、なめらかになるまで撹拌する。
2. 鍋にしいたけと長ねぎ、水を入れて火にかけ、沸騰させる。
3. ①をスプーン2つで団子の形に整え、②にそっと入れ、ふたをして弱中火で5分ほど煮る。
4. 混ぜ合わせたAを加え、混ぜる。春菊を加えて1分ほど煮て、火を止めて、ラー油を回し入れる。
5. 器に盛り、ごまを振る。

@yuyumumu_316 春菊は煮すぎると色が悪くなりやすく、風味が落ちやすいので、火を止める直前に入れます。

03/14

まるっと玉ねぎのコンソメスープ

材料（2人分）

玉ねぎ…2個
ベーコン…2枚
水…400㎖
顆粒コンソメ…小さじ1
トッピング
ガーリックバター…適量
フライドオニオン…適量
粗びき黒こしょう…適量
パセリのみじん切り…適量

下ごしらえ

ベーコン≫1cm幅に切る

作り方

①玉ねぎは上下を切り落とし、根の部分に十字に切り込みを入れる。耐熱容器に入れてラップをかけ、電子レンジで6分加熱する。
②鍋にベーコンを入れて炒め、①、コンソメ、水を加えてふたをし、弱火で10分煮込む。
③器に盛り、ガーリックバター、パセリ、黒こしょう、フライドオニオンをトッピングする。

Point

■玉ねぎの大きさに合わせて電子レンジの加熱時間は調整してください。
■ガーリックバターを添えることでパンと相性の良い仕上がりになります。

@naos70 玉ねぎがたくさんとれたので…！以前作ったことのあるこのスープを作りました。

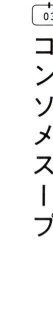

03/15

あさりたっぷりクラムチャウダー

材料（2人分）
- あさり…200g
- じゃがいも…1個
- にんじん…½本
- 玉ねぎ…¼個
- しめじ…½パック（50g）
- ソーセージ…2本
- バター…20g
- 白ワイン…大さじ2
- 水…200mℓ
- 牛乳…200mℓ
- 小麦粉…大さじ1
- 塩・こしょう…少々
- パセリのみじん切り…適量

下ごしらえ
- あさり》砂抜きをしてよく洗う
- じゃがいも、にんじん》1cmの角切り
- 玉ねぎ》薄切り
- しめじ》ほぐす
- ソーセージ》6mm幅に切る

作り方
1. 鍋にワインと水、あさりを入れて熱し、煮立ったらふたをして蒸し煮にする。あさりの口が開いたらざるに上げ、煮汁は取っておく。
2. きれいにした鍋にバターを溶かし、じゃがいも、にんじん、玉ねぎ、しめじ、ソーセージの順に入れて中火でよく炒める。小麦粉を全体に振り入れて、粉気がなくなるまで炒める。
3. あさりの煮汁を加えて煮立たせ、アクを取ってふたをし、弱火で5～6分ほど煮る。
4. 牛乳、あさりを加えて温め、塩、こしょうで味を調える。
5. 器に盛り、パセリを散らす。

@miirururu 簡単で、なおかつ子どもも食べやすく栄養のあるものをと思って作っています。

03/16

かぶとレモンの豆乳ポタージュ

材料（2人分）
- かぶ…3個（250g）
- 玉ねぎ…½個（100g）
- 水…200mℓ
- 塩…小さじ¼
- 白みそ…大さじ1
- 無調整豆乳…150mℓ
- レモン汁…小さじ1
- バター…10g
- トッピング
  - かぶの葉…適量
  - レモンの皮…適量

下ごしらえ
- かぶ》縦半分に切って薄切り。葉はトッピング用に塩少々（分量外）を加えた湯でサッとゆで、小口切り
- 玉ねぎ》薄切り
- レモンの皮》白い部分を除き、薄切り

作り方
1. 鍋にバターを溶かし、玉ねぎを入れて中火で炒め、しんなりしたらかぶを入れて軽く炒め合わせる。
2. 水、塩を加えて沸騰したらふたをし、弱中火で10分煮込む。野菜がやわらかくなったら火を止めて、白みそを溶かし入れ、ボウルに移す。
3. ブレンダーでなめらかになるまで撹拌し、鍋に戻して豆乳、レモン汁を加えて弱火で温める。
4. 器に盛り、かぶの葉とレモンの皮をトッピングする。

Point
■レモンの代わりにゆずなどの柑橘類を使ってもおいしいです。

@aoimokenpi レモンがアクセントになった爽やかなポタージュです。家族や友人にも大好評♪

03/17

あさり入りミネストローネスープ

30min

材料（2人分）

あさり…200g
玉ねぎ…1/4個
にんじん…1/4本
セロリ…1/4本
じゃがいも…50g
ベーコン…2枚
大豆水煮缶…1/2缶（70g）
にんにくのみじん切り…1片分
トマトジュース…180mℓ
固形コンソメ…1個
塩・こしょう…少々
サラダ油…大さじ1
粉チーズ…適量
パセリのみじん切り…適量

下ごしらえ

あさり≫砂抜きをし、水200mℓ（分量外）で煮る。殻から身を出し、煮汁を取っておく
玉ねぎ、にんじん、セロリ、じゃがいも≫1cmの角切り
ベーコン≫1cm幅に切る

作り方

① 鍋に油を熱し、にんにくを入れて香りが出るまで炒め、玉ねぎを炒める。半透明になってきたら、ベーコン、にんじん、セロリ、じゃがいもを加えてさらに炒める。
② 大豆水煮、あさりの煮汁、トマトジュースを加えてふたをして弱火で20分ほど煮込む。
③ あさりの身を加え、コンソメ、塩、こしょうで味を調える。
④ 器に盛り、粉チーズとパセリを散らす。

@maki00516 子どもが小さな頃からスープがあれば安心という気持ちで作っています。

03/18

春菊のポタージュ

20min

材料（2人分）

春菊ペースト
春菊…1/2束
アーモンド…4粒
粉チーズ…大さじ1
水…50mℓ
じゃがいも…1個
玉ねぎ…1/2個（100g）
バター…5g
牛乳…50mℓ
水…300mℓ
顆粒コンソメ…小さじ2
塩・こしょう…少々
ローリエ…1枚
生クリーム…大さじ2

下ごしらえ

春菊≫サッと塩ゆでし、水にさらし3cm長さに切る
じゃがいも≫薄切りにし、水にさらす
玉ねぎ≫薄切り

作り方

① フードプロセッサーに、春菊ペーストの材料を入れてペースト状になるまで撹拌する。トッピング用に大さじ1ほど取りおく。
② 鍋にバターを溶かし、じゃがいも、玉ねぎを中火で炒める。玉ねぎが透明になったら、水、コンソメ、ローリエを加えて、じゃがいもがやわらかくなるまでふたをして弱火で10分煮る。
③ ローリエを除き、ボウルに移してブレンダーで撹拌する。
④ 鍋に戻し、牛乳を加えて温め、生クリーム、①のペーストを加え、塩、こしょうで味を調える。
⑤ 器に盛り、トッピング用の春菊ペーストをたらす。

@hana.hana.bee 苦手という方が多い春菊。だれでもおいしく召しあがれるようにと考えました。

03/19

芽キャベツとじゃがいものトロッとスープ

20min

材料（2人分）
芽キャベツ…6個
じゃがいも…1個
玉ねぎ…½個
ベーコン（ブロック）（100g）…70g
おろしにんにく…小さじ1
顆粒コンソメ…大さじ½
水…400mℓ
オリーブ油…大さじ½
塩…少々
粗びき黒こしょう…少々

下ごしらえ
芽キャベツ≫半分に切る
じゃがいも≫5㎜角に切る
玉ねぎ≫薄切り
ベーコン≫1㎝角の棒状に切る

作り方
① 鍋にオリーブ油、にんにくを入れて弱火で熱する。にんにくの香りがしてきたらベーコンを加え、表面に焼き色がついたら玉ねぎ、じゃがいも、芽キャベツを加えてさらに炒める。
② コンソメ、水を加えてふたをして中火で8分煮込む。塩、黒こしょうで味を調える。

Point
■じゃがいもは火が入りやすくなるように、小さめに切ってください。

@4diamond15 肌寒い朝、温かいスープで元気いっぱい一日を過ごしてほしいという思いを込めて。

03/20

丸ごとトマトと豆乳チャウダー

30min

材料（2人分）
トマト…2個
A
じゃがいも…½個
玉ねぎ…½個
にんじん…¼本
しめじ…10g
キャベツ…30g
シーフードミックス…70g
砂糖…小さじ1
無調整豆乳…450mℓ
顆粒コンソメ…小さじ1
小麦粉…大さじ2
塩・こしょう…少々
バター…10g
B
みりん…小さじ1
白みそ…小さじ1
トッピング
オリーブ油…小さじ1
ベーコン…2枚
パセリのみじん切り…適量

下ごしらえ
A≫1㎝角に切る
しめじ≫ほぐす
キャベツ≫ざく切り
シーフードミックス≫解凍
ベーコン≫1㎝幅に切り、耐熱皿にキッチンペーパーを敷いて並べ、電子レンジで1分20秒加熱
B≫混ぜ合わせ、レンジで10秒加熱

作り方
① トマトは湯むき後、砂糖をかける。
② ボウルにAとしめじを入れてラップをかけ、レンジで2分加熱する。
③ 鍋にバターを溶かし、②、シーフードミックス、キャベツを入れて炒める。
④ 小麦粉を加えて混ぜ合わせ、コンソメ、豆乳を加えて煮て、B、塩、こしょうで味を調える。
⑤ 器に④、①、トッピングを盛りつける。

@mr06home 丸ごとトマトを使うことでボリュームUP！野菜がたっぷり食べられます。

03/21

ツナとじゃがいものクリームスープ

20min

材料（2人分）

じゃがいも…2個
玉ねぎ…½個（100g）
ツナ缶…1缶
牛乳…400mℓ
生クリーム…100mℓ
バター…10g
固形ブイヨン…1個
塩…少々
こしょう…少々
パセリのみじん切り…適量

下ごしらえ

じゃがいも≫薄切り
玉ねぎ≫さいの目切り

作り方

① 鍋にバターを溶かし、玉ねぎが透き通るまで炒め、じゃがいもを加えてさらに炒める。
② 牛乳、ブイヨンを加え、弱火で5分ほど煮込む。
③ ツナ、生クリームを加えて弱火で5分煮込み、塩、こしょうで味を調える。
④ 器に盛り、パセリを散らす。

Point

- 加熱時間はじゃがいもの火の通りをみて、調整してください。
- 生クリームを加えたあとは沸騰させないように、火加減を調整してください。
- じゃがいもはしっかり炒めてください。

@kinacooorn 普段家にあるもので簡単においしいスープを作ることを目標にしました！

03/22

さといものポタージュスープ

20min

材料（2人分）

さといも…200g
長ねぎ…½本
玉ねぎ…¼個
水…100mℓ
牛乳…250mℓ
固形コンソメ…1個
合わせみそ…大さじ1
みりん…大さじ1
塩…少々
こしょう…少々
サラダ油…小さじ1

下ごしらえ

さといも≫皮をむいて大きいものは半分に切り、熱湯でゆでる
長ねぎ、玉ねぎ≫薄切り

作り方

① フライパンに油を熱し、長ねぎ、玉ねぎ、塩、こしょうを加えてしんなりするまで炒める。
② ボウルに①、さといも、水を入れてブレンダーでなめらかになるまで撹拌する。
③ 鍋に②、牛乳、コンソメ、みりんで溶いたみそを加えて弱火で温める。
※お好みでオリーブ油、フライドオニオンをトッピングする。

@natsu4659 さといもの種類や量によって撹拌してもかたければ、水や牛乳で調整してください。

03/23

ミニハンバーグのまんぷくトマトスープ

20min

材料（2人分）

ミニハンバーグ
- あいびき肉…100g
- 玉ねぎのみじん切り…1/4個分
- 卵…1/2個
- パン粉…大さじ1
- 牛乳…大さじ1/2
- 塩…少々
- こしょう…少々

- 玉ねぎ…1/4個
- にんじん…1/4本
- セロリ…1/2本
- しめじ…1/2パック
- カットトマト缶…1/2缶
- 水…400mℓ
- ショートパスタ（フジッリ）…200g
- ローリエ…1枚
- オリーブ油…大さじ2
- 固形コンソメ…1個

A
- ぽん酢しょうゆ…小さじ1
- トマトケチャップ…大さじ1

- 塩・こしょう…少々

下ごしらえ

パン粉≫牛乳に浸す
玉ねぎ、にんじん、セロリ≫1cm角に切る
しめじ≫ほぐす

作り方

① ボウルにミニハンバーグの材料を入れてもみ込み、1/4量ずつを小判形にする。

② 鍋にオリーブ油大さじ1を中火で熱し、①を両面焼いて取り出す。

③ 残りのオリーブ油を足して、野菜すべてとしめじを炒め、カットトマト、水、ショートパスタ、ローリエ、②のハンバーグ、Aを加えてふたをし、弱火で10〜15分ほど煮込む。
※お好みで粉チーズ、パセリ、オリーブ油をトッピングする。

@cao_life スープで栄養をたくさんとりたいと思って考えました。

03/24

小松菜と豆乳のグリーンスープ

20min

材料（2人分）

玉ねぎ…½個（100g）
小松菜…1束（180g）
バター…20g
無調整豆乳…240㎖
水…120g
塩…少々
こしょう…少々
固形コンソメ…1個
生クリーム…適量

下ごしらえ

玉ねぎ》薄切り
小松菜》3㎝長さのざく切り

作り方

① 鍋にバターを溶かし、玉ねぎを入れて炒める。しんなりしたら小松菜、塩、こしょうを加えて炒める。
② 豆乳、水を加えて弱火で温めたらボウルに移し、ブレンダーでなめらかになるまで撹拌する。
③ 鍋に戻し、コンソメを加えて温める。
④ 器に盛り、生クリームをたらす。

Point
■豆乳を入れたら沸騰させないようにしてください。

@okudaira.m 忙しいときでも簡単に作れる、体に優しい料理を食べてください。

03/25

芽キャベツとコーンのミルクスープ

20min

材料（2人分）

芽キャベツ…4個
玉ねぎ…½個（100g）
じゃがいも…1個
ソーセージ…4本
コーン缶…1缶
水…300㎖
固形コンソメ…1個
牛乳…100㎖
塩…少々
こしょう…少々
バター…15g

下ごしらえ

芽キャベツ》半分に切る
玉ねぎ》1㎝の角切り
じゃがいも》1㎝の角切りにし、水にさらす
ソーセージ》3等分にする

作り方

① 鍋にバターを溶かし、芽キャベツの断面を下にして入れ、弱中火で軽く焼き目をつける。
② 玉ねぎを加えて軽く炒め、じゃがいも、ソーセージ、コーンを加えて全体を混ぜながら炒め合わせる。
③ 玉ねぎが透き通ってきたら、水、コンソメを加え、ひと煮立ちしたら弱火で8分煮る。
④ 牛乳を加えて温め、塩、こしょうで味を調える。

Point
■芽キャベツは焦がしすぎないようにしてくださいね。

@comugi.bento 洋風の具だくさんスープは子どもたちの人気メニュー。野菜が苦手な息子もこれは完食です♡

03/26

手羽中とたっぷり野菜の中華スープ

材料（2人分）

鶏手羽中…4本
大根…80g
にんじん…30g
玉ねぎ…50g
しめじ…50g
長ねぎ…50g
しょうがのみじん切り…½片分
乾燥わかめ…2g
鶏ガラスープ…400㎖
（水…400㎖
鶏ガラスープの素…大さじ½）
酒…大さじ1
しょうゆ…小さじ1
ごま油…小さじ2
塩…少々
こしょう…少々
水溶き片栗粉
（水…大さじ1
片栗粉…大さじ½）

下ごしらえ

大根、にんじん≫いちょう切り
玉ねぎ≫薄切り
しめじ≫ほぐす
長ねぎ≫5㎜幅の斜め切り
わかめ≫水で戻す

作り方

①鍋にごま油小さじ1を熱し、手羽中の皮目にこんがり焼き色をつけるように焼き、取り出す。
②残りのごま油、しょうがを入れて炒め、香りが立ったら、大根、にんじん、玉ねぎ、しめじを炒め合わせて①を加え、スープ、酒、しょうゆを加え、煮立たせてアクを取り、弱中火で10分ほど煮込む。
③長ねぎ、わかめを加えてサッと煮て、塩、こしょうで味を調える。
④火を弱め、水溶き片栗粉を加えてひと煮立ちさせ、とろみをつける。
※お好みで粗びき黒こしょう、ラー油をかける。

Point

■手羽中は焼き色をつけて焼くと、香ばしい仕上がりになります。
■水溶き片栗粉を加えてとろみをつけるときは、ダマにならないように一度火を止めるか弱めてかき混ぜながら入れます。

@n.harapeko 鶏肉の旨みや野菜の甘みが凝縮された一杯で栄養満点なスープに仕上げました。

03/27

白菜のミルクスープ

20min

材料（2人分）

白菜…200g
玉ねぎ…½個
しめじ…½パック（100g）
ベーコン（ブロック）（50g）…50g
バター…10g
サラダ油…小さじ1
小麦粉…大さじ1
鶏ガラスープの素…小さじ1
牛乳…300mℓ
水…100mℓ
塩・こしょう…少々

下ごしらえ

白菜≫ざく切り
玉ねぎ≫薄切り
しめじ≫ほぐす
ベーコン≫1cm幅に切る

作り方

① 鍋にバター、油を熱し、玉ねぎ、ベーコンを入れて弱中火で炒める。玉ねぎが透き通ったらしめじを加え、全体に油が回ったら小麦粉を振り入れなじませる。

② 牛乳を少しずつ加えてダマにならないように混ぜ合わせる。水を加え、ひと煮立ちさせる。

③ 白菜、塩、こしょう、スープの素を加えて、ふたをして10分ほど弱火で煮る。
※お好みで粉チーズ、粗びき黒こしょう、パセリを散らす。

Point
■鶏ガラスープの素をコンソメにかえてもおいしいですよ。

@kyooon0506 簡単おいしいわが家の大人気スープです。

03/28

にぎやか具だくさんなかぼちゃのスープ

20min

材料（2人分）

鶏ささみ…2本
玉ねぎ…1個
エリンギ…1本
マッシュルーム…1パック
かぼちゃ…¼個
にんじん…½本
ブロッコリー…½株
水…300mℓ
牛乳…100mℓ
バター…10g
固形コンソメ…1個
塩…少々
こしょう…少々

下ごしらえ

鶏ささみ≫ひと口大に切る
玉ねぎ、エリンギ、マッシュルーム≫3mm角に切る
かぼちゃ≫皮をむいて角切り
にんじん≫いちょう切り
ブロッコリー≫小房に分け、3分ほどゆでる

作り方

① 鍋にバターを入れて中火で熱し、玉ねぎ、にんじんを加えて炒める。エリンギ、マッシュルーム、鶏ささみ、かぼちゃを加えてさらに炒める。

② 水を加えて中火で沸騰させ、ふたをして10分煮込む。

③ 弱火にして牛乳、塩、こしょう、コンソメを加えて味を調える。

④ 器に盛り、ブロッコリーを飾る。

Point
■牛乳を入れたあとは、煮立たせないようにしてください。

@puramudaria 簡単で栄養満点！とてもおいしいので、ぜひたくさんの方に作っていただきたいです。

レタスとベーコンのペッパースープ

10min

材料（2人分）

レタス…10枚
ミニトマト…10個
ベーコン（ブロック）…90g
塩…ひとつまみ
顆粒コンソメ…小さじ1
水…400㎖
粗びき黒こしょう…適量

下ごしらえ

レタス»食べやすい大きさに手でちぎる
ミニトマト»半分に切る
ベーコン»拍子木切り

作り方

① 鍋にベーコンを入れて中火で熱し、焼き色がつくまで炒める。
② 水、コンソメ、塩を加えて沸騰させ、ミニトマトを加えて5秒後に火を止め、レタスを加える。
③ 器に盛り、黒こしょうを振る。

Point

■レタスはシャキシャキの食感を残すため、火を止めてから入れてください。
■黒こしょうはひき立てが香りよく、おいしいです。

@utsuwatomoritsuke 忙しい日はとにかく簡単に。ブラックペッパーで体温上げましょ♪

20min

03/30

ブロッコリーのポタージュ

材料（2人分）

ブロッコリー…½株
玉ねぎ…½個（100g）
コンソメスープ…100mℓ
（水…100mℓ
顆粒コンソメ…小さじ1）
無調整豆乳…200mℓ
塩…少々
生クリーム…50mℓ
バター…5g

トッピング
ベーコン…1枚
オリーブ油…小さじ1
フライドオニオン…適量
粗びき黒こしょう…少々

下ごしらえ

ブロッコリー≫小房に分け、茎は2〜3mm厚さの輪切り
玉ねぎ≫薄切り
ベーコン≫1cmの角切りにして、オリーブ油でカリカリに炒める

作り方

1. 耐熱容器にブロッコリーを入れ、少量の水（分量外）をかけて、ふんわりとラップをし、電子レンジで2分加熱する。
2. 鍋にバターを溶かし、玉ねぎを入れて中火で3分ほど炒める。①、スープを入れて軽く混ぜ合わせ、ボウルに移す。
3. ブレンダーでなめらかになるまで撹拌し、鍋に戻して豆乳、塩を加え、弱火で3分ほど煮る。生クリームを加えてさらに5分煮る。
4. 器に盛り、トッピングをする。

@take1935 この調理法はわが家の定番。いろんな野菜でおいしいポタージュが作れます。

20min

03/31

酒粕とかぶの豆乳スープ

材料（2人分）

かぶ…2個
水…100mℓ
無調整豆乳…400mℓ
酒粕…大さじ1
固形コンソメ…1個
塩…少々
粗びき黒こしょう…少々

下ごしらえ

かぶ≫薄切り。葉はみじん切り
酒粕≫ちぎってボウルに入れ、少量の水（分量外）を加えて5〜10分置いてやわらかくする

作り方

1. 鍋に水を入れて沸騰させ、かぶを入れてやわらかくなるまで煮込み、ボウルに移す。
2. ブレンダーでなめらかになるまで撹拌し、鍋に戻す。
3. 酒粕、コンソメを加えて煮立たせ、酒粕のアルコール分を適度に飛ばす。豆乳を加えて弱火にし、塩で味を調える。
4. 器に盛ってかぶの葉を飾り、黒こしょうを振る。

@utosh 豆乳を加えてからは、沸騰させないようにしてください。

Column

知っておくとちょっと便利！

電子レンジのいろいろ

電子レンジはさまざまな場面で活躍する大切な道具のひとつです。
もっと便利に使うために知っておきたいことをまとめました。

電子レンジのいいところ

時短

火の通りづらい根菜などの野菜は、事前に電子レンジで加熱しておくことで手間が減り圧倒的に時短に繋がります。また、お鍋でゆでるよりも栄養が残りやすいのもいいところ。

同時調理ができる

電子レンジで加熱している時間は手が空くので、その間に食材を切ったり、炒めたり、別の作業をすることができます。

洗い物が減る

電子レンジ加熱には耐熱皿や耐熱ボウルとラップさえあればOK。ゆでるときに使う鍋やざるなどの調理器具を洗う手間を減らすことができます。

電子レンジを使うときの注意

卵など殻付きの食品の加熱

殻や膜のある食品は破裂する可能性があります。生卵を加熱する場合は、必ず割りほぐしてから。ゆで卵、目玉焼きなども破裂の可能性があるため、あらかじめ楊枝などで黄身に数ヶ所穴を開けておくと安全です。

液体の加熱

液体を加熱すると突沸《とっぷつ》現象が起こる可能性があります。加熱の設定時間は短めにし、口が広い容器に入れて、様子を見ながら加熱しましょう。加熱後はすぐ取り出さずに少し時間を置き、火傷に注意して扱ってください。

使用する容器、器具について

レンジ調理に使用する容器や器具は、耐熱であることはもちろん電子レンジ使用がOKなものを選び、使用上の注意をしっかりと読んでから使いましょう。

電子レンジNG× アルミホイル、金属、耐熱でないラップや容器など

ラップをかける？かけない？

ラップをかける

食材の水分を保ちたいときは、ラップをかけて加熱しましょう。ラップは鍋のふたと同じように温度を上がりやすくし、水分の蒸発を防ぐ働きを持っています。また、電子レンジ内へのにおい移りや、汚れを防ぐ役目も担っています。

ラップをかけない

水分を飛ばしたほうがよい揚げ物や焼き魚などはラップをかけないほうがおいしく食べられます。ラップをかけると水分を飛ばすことができずべちゃべちゃした食感に。

ワット数変換表

200W	500W	600W	700W	1000W
3倍	1.2倍	基準	0.9倍	0.6倍
30秒	12秒	10秒	9秒	6秒
60秒	24秒	20秒	18秒	12秒
90秒	36秒	30秒	27秒	18秒
120秒	48秒	40秒	36秒	24秒
150秒	60秒	50秒	45秒	30秒
3分	1分10秒	1分	54秒	36秒
4分30秒	1分50秒	1分30秒	1分20秒	54秒
6分	2分20秒	2分	1分50秒	1分10秒
9分	3分40秒	3分	2分40秒	1分50秒
12分	4分50秒	4分	3分40秒	2分20秒
15分	6分	5分	4分30秒	3分
18分	7分10秒	6分	5分20秒	3分40秒

変換した加熱時間はあくまで目安です。実際の食材の様子を見ながら、お持ちの電子レンジに合わせて微調整をしてください。

04/01

ブロッコリーとかぼちゃのみそクリームスープ

20min

材料（2人分）

ブロッコリー…¼株
かぼちゃ…¼個
玉ねぎ…¼個
ベーコン…2枚
顆粒コンソメ…小さじ1
水…200ml
牛乳…200ml
合わせみそ…小さじ2
塩…少々
こしょう…少々
バター…10g

下ごしらえ

ブロッコリー»小房に分けて熱湯でゆでる
かぼちゃ»ひと口大に切る
玉ねぎ»薄切り
ベーコン»1cm幅に切る

作り方

① 鍋にバターを溶かし、中火で玉ねぎを炒める。
② 玉ねぎが透き通ったらベーコン、かぼちゃを加えて炒める。コンソメ、水を加え、沸騰したらふたをして弱火で10分煮る。
③ かぼちゃに火が通ったら牛乳を加え、みそ、塩、こしょうを加えて沸騰直前まで温める。
④ 器に盛り、ブロッコリーをのせる。

@hitominmin61 優しい味のスープは朝ごはんにぴったり♪子どもも大人も大好きなスープです(^^)

04/02

グリーンピースのクリーミーすりながし汁

20min

材料（2人分）

グリーンピース…150g
だし汁…300ml
生クリーム…50ml
うす口しょうゆ…小さじ1
塩…少々
小ねぎ（5cm長さ）…適量

下ごしらえ

グリーンピース»熱湯400ml＋塩小さじ2（分量外）に入れて2分下ゆで

作り方

① 鍋にだし汁、グリーンピースを入れてひと煮立ちさせ、ボウルに移す。
② ブレンダーでなめらかになるまで撹拌し、鍋に戻してしょうゆ、塩、生クリームを加えて弱火で温める。
③ 器に盛り、小ねぎを飾る。

Point
■生クリームは熱しすぎると分離しやすくなるので、沸騰しないように温めてください。

@8989anko2 昔、息子の離乳食としても作ったスープです。このスープを食べると当時を思い出します。

04/03

あさりとじゃがいものチャウダー

20min

材料（2人分）

あさり水煮缶…1缶
ベーコン（ブロック）…80g
じゃがいも…1個
玉ねぎ…1個
小麦粉…大さじ2
水…120㎖
顆粒コンソメ…大さじ1
塩…少々
こしょう…少々
牛乳…250㎖
バター…20g
トッピング
―粉チーズ…適量
―パセリのみじん切り…適量

下ごしらえ

ベーコン≫2㎝角に切る
じゃがいも、玉ねぎ≫1㎝角に切る
あさり水煮缶≫身と缶汁に分ける

作り方

① 鍋にバターを溶かし、ベーコンを入れて炒める。
② 焼き色がついたらじゃがいも、玉ねぎを加え、やわらかくなるまで炒め、小麦粉を振り入れて、手早く炒める。
③ 水、コンソメ、塩、こしょう、あさりの缶汁を加えて弱火で10分ほど煮る。
④ あさり、牛乳を加えて弱火で温める。
⑤ 器に盛り、粉チーズ、パセリを散らす。

Point

■具材はバターで炒めるときにしっかり火を通すのがポイントです。

@fukokitchen にんじん嫌いな子どもたちのためににんじん抜きチャウダーを作りました。決め手は粉チーズ！

04/04

手羽中と菜の花のコンソメスープ

材料（2人分）
鶏手羽中…6本
菜の花…4本
大根…150g
長ねぎ…½本
固形コンソメ…1個
水…400mℓ
塩…適量
こしょう…適量
オリーブ油…大さじ1

下ごしらえ
手羽中 » 骨の両側に切り込みを入れて塩、こしょうを振る
菜の花 » 根元を切る
大根 » 拍子木切り
ねぎ » 幅3cmの斜め切り

作り方
① 鍋にオリーブ油を中火で熱し、手羽中の皮目を下にして並べ入れて焼く。
② 両面に焼き色がついたらコンソメ、水を加え、沸騰したら菜の花をサッとゆでて取り出す。
③ アクを取り、大根、ねぎを加えてふたをして弱火で10分煮込む。
④ 菜の花を戻し入れて、塩、こしょうで味を調える。

Point
■菜の花は最初にサッと湯通ししたら一度取り出し、最後に合わせると、きれいな色が保て、食感もよくなります。

@yaya_gohan 新入生や新社会人の方の疲れが見える春。このスープで元気にという想いで作りました。

04/05

コンビーフと春野菜のミルクスープ

材料（2人分）
コンビーフ…1缶（100g）
春キャベツ…2枚
新じゃがいも…1個
ブラウンマッシュルーム…3個
スナップえんどう…4本
菜の花…30g
水…100mℓ
牛乳…250mℓ
だしの素…小さじ1
生クリーム…50mℓ
塩・こしょう…少々
バター…10g

下ごしらえ
キャベツ » 手でちぎる
じゃがいも » 1cm角に切り、水にさらす
マッシュルーム » 薄切り
スナップえんどう » 筋を取ってラップをかけ電子レンジで20〜30秒加熱
菜の花 » ラップをかけ、レンジで20〜30秒加熱

作り方
① 鍋にバター5gを溶かし、マッシュルームを入れて1分ほど中火で炒める。キャベツを加えてさらに1分炒め、取り出す。
② 同じ鍋に残りのバターを溶かし、じゃがいもを入れて透き通るまで炒める。水を加えて、4分ほど弱中火で煮込み、①を戻し入れて、さらに1分煮込む。
③ 牛乳、だしの素を加え、コンビーフをフォークでほぐしながら加える。
④ ひと煮立ちしたら、生クリームを加えて塩、こしょうで味を調える。スナップえんどう、菜の花を加え、サッと煮る。

@manyu79 コンビーフと春野菜で作る簡単スープ。旬の野菜を使えばバリエーションが広がります。

04/06

さつまいもの豆乳クラムチャウダー

20min

材料（2人分）

あさり…200g
酒…50㎖
ベーコン…3枚
玉ねぎ…½個
A さつまいも…小1本（150g）
にんじん…½本
ブラウンマッシュルーム…4個
小麦粉…大さじ2
水…150㎖
固形コンソメ…½個
無調整豆乳…200㎖
塩・こしょう…少々
バター…10g

下ごしらえ

あさり》砂抜きし、酒とともに鍋に入れて、あさりの口が開くまで加熱。殻から身を取り出し、煮汁は取っておく
A》1㎝角のさいの目切り
マッシュルーム》4等分に切る

作り方

① 鍋にバターを溶かし、A、ブラウンマッシュルームを入れて中火で炒める。
② 小麦粉を振り入れ、粉気がなくなるまでさらに炒める。
③ あさりの煮汁、水、コンソメを加え、具材がやわらかくなるまで弱火で10分煮る。
④ あさりの身と豆乳を加えて温め、塩、こしょうで味を調える。
※お好みでドライパセリを飾る。

Point
■さつまいもは、煮崩れを防ぐため皮をむかずに使います。

@ringo__321 具材を小さめにそろえて切ることで、見た目カラフル＆子どもにも食べやすいスープです♪

04/07

えびとトマトの濃厚クリームスープ

15min

材料（2人分）

無頭えび…150g
ベーコン…2枚
玉ねぎ…½個
カットトマト缶…150g
牛乳…150㎖
生クリーム…50㎖
固形コンソメ…1個
オリーブ油…大さじ1
塩…少々
こしょう…少々
イタリアンパセリ…適量

下ごしらえ

えび》尻尾を残して殻をむき、背ワタを除いて片栗粉少々（分量外）でもみ洗いし、洗って水気を拭く
ベーコン》5㎜幅の細切り
玉ねぎ》粗みじん切り

作り方

① 鍋にオリーブ油を中火で熱し、玉ねぎ、ベーコンを入れて炒める。
② えびを加えて色が変わるまで炒める。
③ カットトマト、牛乳、コンソメを加えて弱火で温め、生クリームを加える。塩、こしょうで味を調える。
④ 器に盛り、イタリアンパセリを飾る。

Point
■牛乳を加えたら、沸騰させないように気をつけてください。

@monchicchi2003 えびとトマトが好きな息子のために時間のない日も満腹になるようなスープを作ってみました。

04/08

豆乳マカロニグラタンスープ

材料（2人分）

じゃがいも…1個（150g）
玉ねぎ…¼個
しめじ…¼パック（25g）
ベーコン…2枚
マカロニ…20g
調製豆乳…300㎖
顆粒コンソメ…小さじ2
塩…少々
ピザ用チーズ…20g
粗びき黒こしょう…適量
オリーブ油…大さじ½

下ごしらえ

じゃがいも≫皮をむき、乱切り
玉ねぎ≫薄切り
しめじ≫ほぐす
ベーコン≫1㎝幅に切る

作り方

1. 鍋にオリーブ油を熱し、じゃがいも、玉ねぎ、しめじ、ベーコンを入れて玉ねぎが透き通るまで中火で炒める。
2. 豆乳、マカロニを加えてひと煮立ちしたら塩、コンソメを加える。
3. ふたをして、マカロニの表示時間より1分短く煮込む。
4. 耐熱容器に移し、チーズをのせてオーブントースターで3分焼き、黒こしょうを振る。

Point

■豆乳でマカロニを煮込むときは吹きこぼれやすいので、火加減に注意してください。

@ayupipii マカロニは別ゆでしない時短メニューにしました。心も体も温まります♡

04/09

かぼちゃときのこのミルクスープ

材料（2人分）

かぼちゃ…250g
鶏もも肉…½枚（125g）
玉ねぎ…½個（100g）
にんじん…⅓本（125g）
しめじ…½パック（50g）
牛乳…400mℓ
合わせみそ…小さじ1
バター…15g
小麦粉…大さじ1
顆粒コンソメ…大さじ½
塩…少々

下ごしらえ

かぼちゃ≫乱切り
鶏肉≫3cm角に切る
玉ねぎ≫1cm幅のくし形切り
にんじん≫トッピング用に3cmほどは飾り切りしてゆで、残りは乱切り
しめじ≫ほぐす

作り方

① かぼちゃは耐熱容器に入れ、ふんわりラップをして電子レンジで3分加熱する。2個ほど取り分け、皮を除いてつぶす。
② 鍋にバターを溶かし、鶏肉、塩を入れて表面に焼き色がつくまで炒める。
③ 玉ねぎを加えて炒め、しんなりしたら、しめじ、にんじん、つぶしていないかぼちゃを入れて油が回るまで炒める。
④ 小麦粉を加えて粉気がなくなるまで炒め、牛乳、コンソメを加え、ふたをして7～8分弱中火で煮込む。みそ、つぶしたかぼちゃを溶かし入れる。
⑤ 器に盛り、トッピング用のにんじんをのせる。

@yuna921 かぼちゃの黄色を強く出したかったので、つぶしたかぼちゃも入れました♪

04/10

アスパラの豆乳ポタージュ

材料（2人分）

グリーンアスパラガス…8本
玉ねぎ…½個（100g）
水…200mℓ
無調整豆乳…150mℓ
顆粒コンソメ…小さじ2
塩・こしょう…少々
オリーブ油…小さじ2
トッピング
粗びき黒こしょう…少々
無調整豆乳…50mℓ
オリーブ油…適量

下ごしらえ

アスパラ≫トッピング用に4本を取り分け、ラップをかけて電子レンジで30秒～1分加熱。残りはかたい部分を除き、小口切り
玉ねぎ≫薄切り
トッピング用の豆乳≫ブレンダーで泡立てる

作り方

① 鍋にオリーブ油を中火で熱し、玉ねぎ、小口切りのアスパラを入れて炒める。
② コンソメ、水を加えてふたをして弱火で10分煮込み、ボウルに移す。
③ ブレンダーでなめらかになるまで撹拌し、鍋に戻して豆乳を加えて弱火で温め、塩、こしょうで味を調える。
④ 器に盛り、トッピング用の豆乳、アスパラをのせ、黒こしょうを振り、オリーブ油をたらす。

@petit_bonheur_m_ このポタージュは娘のお気に入り♩旬の食材を使って作るスープが好きです。

10min

04/11

春キャベツと厚揚げのみそバタースープ

材料（2人分）

春キャベツ…1/8玉
厚揚げ…1/2枚
長ねぎ…1/4本
コーン缶…大さじ2
水…400㎖
鶏ガラスープの素…小さじ1
おろしにんにく…小さじ1
合わせみそ…大さじ1
塩…少々
粗びき黒こしょう…少々

トッピング
バター…10g
粗びき黒こしょう…少々

下ごしらえ

キャベツ»ひと口大にちぎる
厚揚げ»油抜きし、ひと口大の三角形に切る
ねぎ»斜め薄切り

作り方

① 鍋に水を入れて沸騰させ、キャベツ、厚揚げ、ねぎ、コーンを入れて5分ほど煮る。
② キャベツがしんなりしたら、弱火にしてスープの素、にんにく、みそを入れて温め、塩、黒こしょうで味を調える。
③ 器に盛り、バターをのせて、黒こしょうを振る。

Point

■春キャベツは甘く、やわらかいので火を通しすぎずに、素材のおいしさを味わってくださいね。
■豆板醤をプラスしてピリ辛にするのもおすすめです。

@hemohemo.m 手軽に素早くできる、食べるスープです♪

15min

04/12

トマトのファルシスープ仕立て

材料（2人分）

トマト…2個
A
玉ねぎ…1/2個（100g）
イタリアンパセリ…3本
ディル…3本
ミックスビーンズ水煮…50g
オリーブ油…大さじ1
塩…小さじ1/2
水…400㎖
顆粒コンソメ…小さじ1

下ごしらえ

玉ねぎ»みじん切り
イタリアンパセリ»みじん切り
ディル»トッピング用を少量取り分け、残りはみじん切り

作り方

① トマトはヘタ側を1㎝ほど切り落とし、スプーンで中身をくりぬく。中身はみじん切りにする。
② ボウルにA、トマトのみじん切りを入れて、よく混ぜ合わせ、くりぬいたトマトに詰めて鍋に並べる。
③ 水、コンソメを加えてひと煮立ちさせ、弱火で10分煮込む。
④ 器に盛り、ディルを飾る。

Point

■トマトは穴を開けないように丁寧に中をくりぬいてください。
■強火で煮込むとトマトが崩れるので、火加減は弱火に。

@rikako.salon_de_r 見た目が美しく簡単かつヘルシーなスープにしました。時間がないときもサッと作れます。

04/13

春野菜とあさりのミルクみそスープ

15min

材料（2人分）

あさり…150g
A 玉ねぎ…¼個
にんじん…⅓本
じゃがいも…1個
春キャベツ…⅛玉
グリーンアスパラガス…2本
ベーコン…1枚
酒…30㎖
小麦粉…大さじ2
固形コンソメ…1個
水…200㎖
牛乳…200㎖
合わせみそ…大さじ1
塩・こしょう…少々
バター…10g

下ごしらえ

あさり » 砂抜きをしてよく洗う
A » 1cm角に切る
キャベツ » ひと口大に切る
アスパラ » 根元を切り、下⅓の皮をむいて5cmの斜め切り
ベーコン » 1cm幅に切る

作り方

1. 鍋にあさり、酒を入れてふたをし、あさりの口が開くまで加熱し、あさりと煮汁に分ける。
2. 鍋にバターを中火で溶かし、ベーコンを軽く炒め、Aを加えて玉ねぎが透き通るまで炒める。
3. 火を止めて小麦粉を加え、粉気がなくなるまで混ぜ合わせてコンソメ、水、あさりの煮汁を加え、ふたをして弱火で5〜10分煮込む。
4. 牛乳、キャベツ、アスパラ、あさりを加え、弱火のまま軽く煮込む。
5. みそを溶き入れて塩、こしょうで味を調える。

@haru.e_530 子どもたちが大好きなあさりのスープ♪ミルクでまろやかにしました。

04/14

アボカドとえびの豆乳クリームスープ

15min

材料（2人分）

無頭えび…6尾
アボカド…1個
玉ねぎ…¼個
キャベツ…1枚（80g）
A 水…200㎖
顆粒コンソメ…小さじ2
塩…小さじ½
こしょう…少々
無調整豆乳…200㎖
バター…10g
ピンクペッパー…適量

下ごしらえ

えび » 尾を残して殻をむき、背ワタを取る。塩、片栗粉（各分量外）を軽く振ってもみ洗いし、キッチンペーパーで水気を拭く
アボカド » 1cm角に切る
玉ねぎ » 薄切り
キャベツ » ひと口大に切る

作り方

1. 鍋にバターを溶かし、玉ねぎを加えて炒める。透き通ったら、A、半量のアボカドを加え、ひと煮立ちしたらボウルに入れ、ブレンダーで撹拌する。
2. 鍋に戻し、キャベツ、えびを加え、ときどき混ぜながら、えびに火が通るまで弱火で3〜4分煮る。
3. 残りのアボカド、豆乳を加え、弱火で温める。
4. 器に盛り、ピンクペッパーを散らす。

@rin.rise ブレンダーがない場合は、アボカドの½量をあらかじめフォークなどでつぶしてくださいね♪

04/15

さつまいもとりんごのポタージュ

25min

材料（2人分）

さつまいも…1本（300g）
りんご…½個
玉ねぎ…¼個
バター…10g
A 水…100㎖
A 顆粒コンソメ…小さじ1
A 塩…少々
牛乳…200㎖
生クリーム…100㎖
はちみつ…小さじ2

下ごしらえ

さつまいも»皮をむき、小さめのひと口大に切りラップをかけて電子レンジで5分加熱
りんご»さいの目切り
玉ねぎ»みじん切り

作り方

① 鍋にバターを溶かし、玉ねぎを入れて透き通るまで炒める。
② さつまいも、りんご、Aを加えて1～2分中火でサッと火を通す。
③ ボウルに移し、ブレンダーでなめらかになるまで撹拌し、鍋に戻す。
④ 牛乳、生クリームを加えて5分ほど混ぜながら弱火で温める。
⑤ はちみつを加えて器に盛る。
※お好みでパセリのみじん切りを散らしてください。

@brother.hana 生野菜が苦手な次男がおいしく食べられるように、スープにすることが多いです。

04/16

春キャベツソテーのミルクスープ

20min

材料（2人分）

春キャベツ…300g
ベーコン…2枚
クミンシード…小さじ½
塩…小さじ½
こしょう…少々
カレー粉…小さじ½
バター…12g
A 牛乳…400㎖
A 塩…少々
A こしょう…少々
トッピング
ピザ用チーズ…20g
パセリのみじん切り…適量

下ごしらえ

キャベツ、ベーコン»せん切り
ピザ用チーズ»クッキングシートにのせて、電子レンジで1分40秒加熱し、チーズガレットを2枚作る

作り方

① 鍋にバター、クミンを入れて弱火で熱し、香りを出す。
② キャベツ、ベーコンを加えて中火で炒め、塩、こしょう、カレー粉を加えてしんなりするまで炒めて、器の真ん中に盛る。
③ 鍋にAを入れて沸騰直前まで温める。
④ ②の器に③のスープを注ぎ入れ、トッピングをする。

@mayumin16 余りがちなキャベツの使い切りレシピ。しっかりソテーして旨みを引き出してください！

04/17

豆乳白みそバタースープ

材料（2人分）

ベーコン…50g
玉ねぎ…½個（100g）
じゃがいも…1個
にんじん…30g
しめじ…½パック（50g）
顆粒コンソメ…小さじ1
だし汁…300㎖
白みそ…20g
無調整豆乳…100㎖
塩…少々
こしょう…少々
バター…20g

下ごしらえ

ベーコン、にんじん》細切り
玉ねぎ》薄切り
じゃがいも》1㎝角に切る
しめじ》ほぐす

作り方

① 鍋にバターを中火で溶かし、玉ねぎ、じゃがいも、にんじん、ベーコン、しめじを入れて玉ねぎが透き通るまで炒める。
② コンソメ、だし汁を加えてふたをし、10〜15分中火で煮込む。
③ みそを溶き入れ、豆乳を加えて弱火で5分ほど煮込み、塩、こしょうで味を調える。
※お好みでパセリのみじん切りを散らす。

Point
■豆乳は分離しやすいので、温めるときは弱火にしてください。

@sanaesama624 簡単な工程で、野菜嫌いな子どもにおいしいと食べてもらえるものをと思って作りました。

04/18

わかめとミニトマトの昆布茶スープ

材料（2人分）

玉ねぎ…¼個（25g）
ベーコン…½枚
しめじ…¼パック
ミニトマト…4個
乾燥わかめ…5g
水…350㎖
昆布茶…小さじ1
こしょう…少々
粉チーズ…小さじ1
釜揚げしらす…10g

下ごしらえ

玉ねぎ》薄切り
ベーコン》1㎝幅の短冊切り
しめじ》ほぐす
ミニトマト》2等分
わかめ》水につけて戻す

作り方

① 鍋に玉ねぎ、ベーコン、しめじを入れて、ベーコンの脂が出るまで中火で炒める。
② 水、昆布茶を加え、ひと煮立ちさせて火を止める。
③ わかめ、ミニトマト、粉チーズ、こしょうを加えて器に盛り、しらすをのせる。

Point
■ベーコンから旨みを出すため、脂が出るまで炒めてください。

@ebico_nicoben ちょっと変わった組み合わせ。粉チーズを加えたらしらす嫌いな娘も食べてくれました。

コーンクリームチャウダー

材料（2人分）
ベーコン（ブロック）…50g
玉ねぎ…½個（100g）
にんじん…½本
じゃがいも…1個
コーン缶…50g
塩…少々
シーフードミックス（冷凍）…100g
小麦粉…大さじ1
水…150㎖
固形コンソメ…1個
コーンクリーム缶…100g
牛乳…150㎖
バター…10g
トッピング
- パセリのみじん切り…適量
- 粗びき黒こしょう…適量

下ごしらえ
ベーコン、玉ねぎ、にんじん、じゃがいも»1cmの角切り
シーフードミックス»解凍

作り方
① 鍋にバターを溶かし、ベーコン、玉ねぎ、にんじん、じゃがいも、コーン、塩を入れて、玉ねぎが透明になるまで炒め合わせる。
② 小麦粉を振り入れ、水、コンソメを加えて弱中火で6～8分煮る。
③ コーンクリーム、牛乳、シーフードミックスを加えて弱火で2～3分煮込む。
④ 器に盛り、パセリ、黒こしょうをトッピングする。

Point
■牛乳は熱しすぎると分離しやすくなるので、弱火で沸騰しないように温めてくださいね。

@umemaayu シーフードミックスは煮込みすぎると縮むので、長時間煮込まないようにしてください。

04/20

春野菜とツナのカレースープ

15min

材料（2人分）
春キャベツ…2枚
新玉ねぎ…½個
にんじん…⅓本
ツナ缶…½缶（35g）
水…400mℓ
固形コンソメ…1個
カレー粉…小さじ2
卵…2個
トッピング
- 粉チーズ…適量
- パセリのみじん切り…適量

下ごしらえ
キャベツ » ひと口大にちぎる
玉ねぎ » 1cm幅のくし形切り
にんじん » 薄めの短冊切り
卵 » ポーチドエッグを作る。鍋に沸騰させた湯500mℓの火を弱め、菜箸などでゆっくり大きめの渦を作るように湯を混ぜる。卵を静かに落とし入れ、ときどき湯を静かに混ぜながら3〜4分煮て、お玉で取り出す。

作り方
1. 鍋にツナ缶の油を入れて熱し、キャベツ、玉ねぎ、にんじんを軽く炒め合わせる。
2. 水、ツナ、コンソメを加えて、ふたをして中火で5分煮込む。
3. 弱火にしてカレー粉を加え、さらに5分煮込む。
4. 器に盛り、ポーチドエッグを入れ、粉チーズ、パセリを散らす。

@takayo04123 ポーチドエッグは、卵同士がくっつかないように1個ずつ作るのがおすすめです。

04/21

そら豆とセロリのポタージュ

20min

材料（2人分）
セロリ…50g
玉ねぎ…½個
じゃがいも…1個（100g）
そら豆…200g
しじみ…100g
水…200mℓ
牛乳…200mℓ
ローリエ…1枚
塩…少々
こしょう…少々
バター…12g

下ごしらえ
セロリ、玉ねぎ » 薄切り
じゃがいも » 5mm幅に切る
そら豆 » さやから出し薄皮をむく
しじみ » 砂抜きし、水とともに鍋に入れ、沸騰させてだし汁を作る

作り方
1. 鍋にバターを中火で溶かし、セロリ、玉ねぎ、じゃがいもを炒める。玉ねぎが透き通ったら、そら豆を加えてさらに炒める。
2. しじみのだし汁、ローリエを加えてふたをして中火で10分煮込む。トッピング用のそら豆6粒とローリエを取り出し、残りはボウルに移す。
3. ブレンダーでなめらかになるまで撹拌し、鍋に戻して牛乳を加え、弱火で温めて塩、こしょうで味を調える。
4. 器に盛り、そら豆をのせる。
※お好みでクルトンやあられをトッピングする。

Point
■だし汁はあさりのだし汁や、鶏のゆで汁などでも代用できます。

@yoko_0u.u0 そら豆がたくさん出回り始める春に作りたくなるスープです。優しい春の味がします。

04/22

カリフラワーのチーズポタージュ

材料（2人分）

カリフラワー…1株（300g）
ベーコン…2枚
グリーンアスパラガス…4本
玉ねぎ…¼個
コンソメスープ…200mℓ
（水…200mℓ
顆粒コンソメ…小さじ2）
ローリエ…1枚
牛乳…200mℓ
粉チーズ…大さじ1
塩…少々
粗びき黒こしょう…少々
バター…10g
オリーブ油…小さじ2
トッピング
―オリーブ油…適量
―粗びき黒こしょう…少々

下ごしらえ

カリフラワー≫小房に分ける
ベーコン≫1cm幅に切る
アスパラ≫根元を切り落とし、下から3cmほどピーラーでむいて斜め切り
玉ねぎ≫薄切り

作り方

①鍋にオリーブ油を熱し、ベーコンを入れて炒め、アスパラを加えて炒め合わせて取り出す。
②同じ鍋にバターを溶かし、玉ねぎを炒めて透き通ったら、カリフラワーを加え、軽く炒め合わせる。
③スープ、ローリエを加えてふたをし、ときどき混ぜながら、弱中火で4分ほど煮る。ローリエとトッピング用のカリフラワー少々を取り出し、残りはボウルに移してブレンダーでなめらかになるまで撹拌する。
④鍋に戻し、牛乳、①と塩を入れて弱火で温めて、粉チーズ、黒こしょうを加えて混ぜる。
⑤器に盛り、③で取り出したカリフラワーをのせ、オリーブ油、黒こしょうをトッピングする。

@mariii1520 カリフラワーが苦手な娘たち。おいしく食べてほしくて食べやすい味のスープにしました！

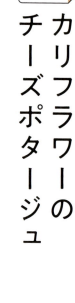

04/23

春キャベツと新玉ねぎのポタージュ

材料（2人分）
春キャベツ…¼玉
新玉ねぎ…½個
水…100㎖
無調整豆乳…150㎖
塩…小さじ½
トッピング
- にんじん…適量
- オリーブ油…適量
- 粗びき黒こしょう…少々
- タイム…適量

下ごしらえ
キャベツ、玉ねぎ » 2㎝角に切る
にんじん » すりおろし、オリーブ油と混ぜる

作り方
① 鍋にキャベツ、玉ねぎ、水を入れて中火で熱し、沸騰したら弱火にしてふたをし、15～20分煮る。
② ボウルに移し、ブレンダーでなめらかになるまで撹拌して、鍋に戻し、豆乳、塩を加えて弱火で温める。
③ 器に盛り、タイム、おろしたにんじん、オリーブ油、黒こしょうをトッピングする。

Point
■野菜の甘みを出すために水分を少なくしています。撹拌時はボウルを傾けて回してくださいね。撹拌しにくい場合は様子をみて水を足してみてください。

@miru__momo 旬のお野菜そのものから出る旨みをいかしたいので水分と調味料はほんの少しだけ。

04/24

キャベツとクミンのポタージュ

材料（2人分）
玉ねぎ…40g
ベーコン（ブロック）…60g
クミンシード…小さじ1
キャベツ…200g
米…小さじ2
水…150㎖
白ワイン…大さじ1
顆粒コンソメ…小さじ1
牛乳…200㎖
オリーブ油…大さじ1
トッピング
- ラディッシュ…1個
- オリーブ油…適量
- 粗びき黒こしょう…適量

下ごしらえ
玉ねぎ » 薄切り
ベーコン » 短冊切り
キャベツ » 1㎝幅の細切り
ラディッシュ » 葉をつけたまま半分に切り、オリーブ油で炒めて塩少々（分量外）を振る

作り方
① 鍋にオリーブ油、クミンを入れて弱火で熱し、香りが立ったら玉ねぎを加えて中火で炒める。
② 玉ねぎが透き通ってきたら、ベーコン、キャベツを順に加えて炒め、米、水大さじ3（分量外）、ワインを加えてふたをして中火で3分煮込む。
③ コンソメ、水を加えて中火で8分煮込み、火を止めて10分蒸らしたらボウルに移す。
④ ブレンダーで撹拌して鍋に戻し入れ、牛乳を加え、弱火で温める。
⑤ 器に盛り、トッピングを飾る。

@yayowiii_ たっぷりキャベツのポタージュ。スパイスの中でも使いやすいクミンを使用しました。

04/25

オイルサーディンのトマトスープ

材料（2人分）

オイルサーディン缶…½缶（38g）
カットトマト缶…½缶
ベーコン…1枚
玉ねぎ…½個
じゃがいも…½個
ローズマリー…½本
おろしにんにく…小さじ1
顆粒コンソメ…小さじ½
レモン汁…小さじ1
塩…少々
こしょう…少々
水…400mℓ

下ごしらえ

ベーコン»1cm幅に切る
玉ねぎ»薄切り
じゃがいも»さいの目切り
ローズマリー»みじん切り

作り方

1. 鍋にオイルサーディン缶の油、にんにくを入れて香りが立つまで炒める。
2. オイルサーディン、ベーコン、玉ねぎ、じゃがいもを加えて玉ねぎが透き通るまで炒める。
3. カットトマト、水、コンソメ、ローズマリーを入れてひと煮立ちさせ、火を弱めてレモン汁、塩、こしょうを加える。

Point

■にんにくは焦げやすいので、弱めの火で炒めてください。

@ma_koll いつでもストックが利く缶詰を使ってスープを作れたらと思い考えました。

04/26

チンゲンサイと肉だんごの春雨スープ

材料（2人分）

鶏ひき肉…100g
もめん豆腐…½丁
チンゲンサイ…½束
にんじん…⅓本
ちくわ…2本
しいたけ…1枚
生きくらげ…½パック（40g）
春雨…40g
鶏ガラスープ…400mℓ
（水…400mℓ
鶏ガラスープの素…大さじ1）
塩…適量
こしょう…少々
粗びき黒こしょう…少々

下ごしらえ

豆腐»水きりする
チンゲンサイ»葉と茎の部分を分けて葉は細切り、茎はざく切り
にんじん»短冊切り
しいたけ»薄切りにして、軸はみじん切り
ちくわ»縦半分に切り、薄切り
きくらげ»ひと口大に
春雨»ゆでて食べやすく切る

作り方

1. ボウルにひき肉、豆腐、しいたけの軸、塩少々、こしょうを入れて混ぜ合わせる。
2. 鍋にスープを入れて沸騰させ、にんじん、チンゲンサイの茎を加えて混ぜ合わせ、ちくわ、きくらげ、しいたけを加えて沸騰させる。
3. ①をスプーンで丸めながら加えて軽く煮る。春雨を加えて混ぜ合わせ、弱中火で5分ほど煮る。
4. チンゲンサイの葉を加えてサッと煮て、塩と黒こしょうで味を調える。

@chicafe.0819 母がよく作ってくれた思い出のスープ。肉や野菜がたくさんとれて子どもたちにも好評です。

04/27

さつまいもと玉ねぎの紫ポタージュ

25min

材料（2人分）

さつまいも…150g
玉ねぎ…¼個（50g）
紫いもパウダー…小さじ1
水…200mℓ
顆粒コンソメ…小さじ2
牛乳…100mℓ
生クリーム…25mℓ
サラダ油…適量
バター…10g
トッピング
─生クリーム…適量
─粗びき黒こしょう…適量

下ごしらえ

さつまいも»皮をむき、トッピング用に4枚ほど薄くスライスし、残りは1cm角に切って水にさらす
玉ねぎ»薄切り

作り方

① フライパンに油を170℃に熱し、スライスしたさつまいもを入れて薄く色づくまで揚げる。
② 鍋にバターを溶かし、玉ねぎ、角切りにしたさつまいもを入れて油が回るまで炒める。
③ 水を加えてひと煮立ちさせ、ふたをして中火で10分煮込み、ボウルに移す。紫いもパウダーを加えてブレンダーでなめらかになるまで撹拌し、鍋に戻す。
④ 牛乳を加えて弱火で温め、コンソメ、生クリームを加える。
⑤ 器に盛り、生クリーム、黒こしょう、①をトッピングする。

@nariselu_ 旅行先で食べた想い出の味。秋だったらパウダーではなく紫いもで作ってみてください。

04/28

春野菜とあさりの塩スープ

15min

材料（2人分）

あさり…100g
─玉ねぎ…¼個
A じゃがいも…1個
─春キャベツ…2枚
にんじん…60g
菜の花…¼束
グリーンピース…15g
白ワイン…大さじ2
固形コンソメ…1個
水…350mℓ
塩…少々
バター…10g

下ごしらえ

あさり»砂抜きをしてよく洗う
A»ひと口大に切る
にんじん»輪切りにして花型に
菜の花、グリーンピース»塩ゆで

作り方

① 鍋にバター5gを中火で溶かし、あさりを入れて軽く炒めてワインを加える。ふたをして1分蒸す。
② ざるに上げ、あさりと煮汁に分ける。
③ 鍋に残りのバターを中火で溶かし、A、にんじんを入れて炒める。
④ コンソメ、あさりの煮汁、水を加えてふたをして中火で10分煮込む。
⑤ グリーンピース、菜の花、あさりを加えてサッと温め、塩で味を調える。

Point
■煮込むとかたくなるあさりは蒸して、色が悪くなるグリーンピースと菜の花は塩ゆでし、最後に入れます。

@pekorinperorin できるだけ旬の素材を使い、食事でも季節を感じられるよう心がけています。

04/29

鶏ひき肉とごぼうのしょうがスープ

材料（2人分）

鶏ひき肉…100g
ごぼう…1/4本（50g）
トマト…1/4個
水…400mℓ
うす口しょうゆ
…大さじ1 1/2
おろししょうが…小さじ2
小ねぎの小口切り…適量
サラダ油…大さじ1

下ごしらえ

ごぼう≫ささがき
トマト≫さいの目切り

作り方

① 鍋に油を熱し、ひき肉、ごぼう、トマトを入れてひき肉に火が通るまで中火で炒める。
② 水を加えてひと煮立ちさせ、アクを取って弱火にし、しょうゆを加える。
③ 器に盛り、小ねぎ、しょうがをトッピングする。

Point

■最初にしっかり炒めることで、旨みが出やすくなります。

@kiyoshun18 忙しい朝でも作れるように材料も調味料も極力シンプルにしています。

04/30

さといものとろとろごまみそ豆乳スープ

材料（2人分）

キャベツ…1/4玉
さといも…4個（240g）
長ねぎ…1/2本
豚バラ肉（薄切り）…100g
しょうゆ…大さじ1/2
酒…大さじ1/2
水…大さじ2
A
だしの素…小さじ1
合わせみそ…大さじ1
白練りごま…大さじ2
調製豆乳…200mℓ

下ごしらえ

キャベツ≫ざく切り
さといも≫皮をむき、半分に切る
ねぎ≫小口切り
豚肉≫3cm幅に切る

作り方

① 鍋にキャベツ、さといも、ねぎの順に入れ、しょうゆを回し入れる。
② 上に豚肉を重ね、酒、水を加えてふたをして中火で5〜8分蒸し焼きにする。
③ 火を止め、Aを加えて弱火で温める。
※お好みで小ねぎの小口切りなどをトッピングする。

Point

■水を少なめにしているので、焦げつかないように注意してください。

@shiho.95 さといもはスープにとろみを出すため、あえて下ゆでせずに入れています。

知っておくとちょっと便利！

魚介の下ごしらえ

〈貝の砂抜き〉

砂抜きをしないと、噛んだ瞬間にジャリッという
不快な食感が残ってしまうため、とても重要な作業です。

砂抜きのやり方

①バットに貝が重ならないように広げる。
②①に貝の表面が少し出るぐらいまで水を入れ、そこに塩を加えて溶かすように混ぜる。
③新聞紙やアルミホイルなどを被せて光が入らないようにし、目安の時間になるまで待つ。

塩水の濃度と時間

あさり：３％（約１時間）水100mℓ＋塩3ｇ
※潮干狩りなどでとってきたあさりは半日ほど浸けておくのがおすすめです。

はまぐり：３％（約２～３時間）水100mℓ＋塩3ｇ

しじみ：１％（約１～３時間）水100mℓ＋塩1ｇ

〈えびの背ワタとり〉

背ワタはうっすら黒く透けて見えるエビの腸の部分。ジャリッとして
口当たりが悪く、臭みが残る原因になります。料理の見映えも
悪くなるのできちんと取り除いてから調理をしましょう。

背ワタの取り方

①えびの背を丸めるように持ち、頭側から2つめの節に爪楊枝を刺す。
②ゆっくりと爪楊枝を引き上げて背ワタを取り除く。途中で切れてしまった場合は、３つめの節に同じように爪楊枝を刺して引き上げる。

背ワタが細くて見つからないときは、ゆでたあとに殻をむき、包丁で縦にうっすら切り込みを入れてから爪楊枝や指で丁寧に取り除きましょう。

05/01

カレー風味の新じゃがみそミルクスープ

材料（2人分）

新じゃがいも…1個
玉ねぎ…1/4個
水…200mℓ
牛乳…150mℓ
バター…5g
A 合わせみそ…小さじ2
カレー粉…小さじ1
しょうゆ…少々
塩…少々
こしょう…少々

下ごしらえ

じゃがいも≫皮をむいて薄切り
玉ねぎ≫薄切り

作り方

① 鍋にじゃがいも、玉ねぎ、水を入れ、ふたをして中火で5~10分煮込む。
② 野菜に火が通ったらAを加えて混ぜ合わせ、ボウルに移す。
③ ブレンダーでなめらかになるまで撹拌し、鍋に戻し、牛乳、しょうゆを加えて沸騰直前まで温める。
④ 塩、こしょうで味を調える。
※お好みで粗びき黒こしょうやパセリのみじん切りをトッピングする。

Point

■ミキサーを使う場合は、粗熱を取ってから入れてください。
■牛乳を入れたら温める程度にして、沸騰させないでください。

@_miyukitchen_ 味のポイントはおみそ！おみそで味をつけることで味わい深くホッとできる優しい味に♡

05/02

えびとブロッコリーのスープ

材料（2人分）

じゃがいも…2個
ベーコン…1枚
むきえび…12尾
ブロッコリー…50g
固形ブイヨン…1個
水…500mℓ
塩…少々
こしょう…少々
バター…10g
パセリのみじん切り…適量

下ごしらえ

じゃがいも≫1cm角に切る
ベーコン≫短冊切り
ブロッコリー≫小房に分け、サッと塩ゆで

作り方

① じゃがいもはラップをかけて電子レンジで2分加熱する。
② 鍋にバターを溶かし、ベーコン、えびを入れて炒め、ブイヨン、水を加えて煮立ったらアクを取り、じゃがいもを加えてふたをして中火で5分煮る。
③ じゃがいもに火が通ったらブロッコリーを加え、塩、こしょうを加えて味を調える。
④ 器に盛ってパセリを散らす。

Point

■じゃがいもは、煮崩れしにくいメークインがおすすめです。

@mi_0803 ブイヨンキューブで簡単に作れる時短スープ。具だくさんなので満足感があります。

05/03

春キャベツの和風シチュー

材料（2人分）

鶏もも肉…100g
春キャベツ…150g
しめじ…1/3パック
にんじん…1/3本
新玉ねぎ…1/3個
顆粒コンソメ…小さじ1
水…300ml
合わせみそ…大さじ1
牛乳…100ml
バター…15g
水溶き片栗粉…小さじ3
（水小さじ2＋片栗粉小さじ1）
塩…少々
こしょう…少々

下ごしらえ

鶏肉、キャベツ》ひと口大に切る
しめじ》ほぐす
にんじん》いちょう切り
玉ねぎ》薄切り

作り方

① 鍋にバターを弱中火で溶かし、鶏肉、キャベツ、しめじ、にんじん、玉ねぎを入れてしんなりするまで炒める。
② 水、コンソメを加えて温め、ふたをして中火で5分加熱する。火が通ったらみそ、牛乳を加えて沸騰する直前で火を弱める。
③ 水溶き片栗粉を加えて混ぜ合わせ、塩、こしょうで味を調える。

Point
■片栗粉は上新粉や米粉で代用できます。

@k_a_k_i__ 旬の野菜を取り入れて、牛乳とみそを入れて優しい味にしてみました。

05/04

枝豆とブロッコリーのグリーンポタージュ

材料（2人分）

ブロッコリー…1/2株
枝豆（冷凍）…20個
顆粒コンソメ…小さじ1
合わせみそ…小さじ1/2
塩…ひとつまみ
水…100ml
牛乳…200ml
トッピング
生クリーム（六分立て）…適量
オリーブ油…少々

下ごしらえ

ブロッコリー》小房に分け、トッピング用に茎を花型でくりぬいたものを2つ作る
枝豆》解凍してさやから出す

作り方

① ブロッコリー、枝豆は耐熱ボウルに入れてラップをかけ、電子レンジで3分加熱する。トッピング用のブロッコリーは取り出す。
② 水を加えてブレンダーで撹拌し、鍋に入れて中火で加熱する。温まったらコンソメ、みそを加える。
③ 牛乳を加えて沸騰直前まで温め、塩を加えて味を調える。
④ 器に盛り、生クリーム、オリーブ油、ブロッコリーの茎をトッピングする。

Point
■ブロッコリーと枝豆は少し粒々感が残る程度に撹拌するのがおすすめです。
■ブロッコリーの飾り切りは、なるべく薄く切ってください。

@wata_moe 子どもの離乳食としても食べられるようなスープです。

05/05

マカロニ入りミルクカレーコーンスープ

20min

材料（2人分）

玉ねぎ…½個
ベーコン…3枚
しめじ…½パック
コーン缶…1缶（85g）
マカロニ…60g
固形コンソメ…1個
カレー粉…小さじ2
水…200㎖
牛乳…200㎖
塩…少々
こしょう…少々
バター…10g

下ごしらえ

玉ねぎ≫薄切り
しめじ≫ほぐす
ベーコン≫1cm幅に切る

作り方

① 鍋にバターを溶かし、玉ねぎ、しめじ、ベーコン、コーンを入れて中火で炒める。
② 水を加えて煮立て、コンソメ、カレー粉を加えて混ぜる。
③ 牛乳、マカロニを加えてふたをして中火で10分煮込み、塩、こしょうで味を調える。
※お好みでパセリのみじん切りを散らす。

@yu_an1030 味がなじみやすいらせん状のマカロニを使いましたが、ペンネでも代用可能です。

05/06

春キャベツと新じゃがのみそバタースープ

材料（2人分）

春キャベツ…1/8玉
新じゃがいも…小3個（150g）
合わせみそ…大さじ2
バター…10g
だし汁…400㎖

下ごしらえ

キャベツ≫ざく切り
じゃがいも≫皮をむき、ひと口大に切って水にさらす

作り方

① 鍋にだし汁、じゃがいもを入れ、ふたをして中火で5分加熱する。
② キャベツを加え、しんなりするまで煮る。
③ 火を止めて、みそを溶き入れ、バターを加える。

Point

■加熱時間は様子をみて調節してください。

@hanafebruary みそ汁が大好きなわが家。バターひとつでパンにも合うスープに仕上がります♪

05/07

ピリ辛キムチのポトフスープ

材料（2人分）

キャベツ…1/6玉
しめじ…1/2パック
ソーセージ…4本
水…400㎖
キムチ（カクテキ）…150g
塩…少々
こしょう…少々

下ごしらえ

キャベツ≫2等分にくし形切り
しめじ≫ほぐす
ソーセージ≫斜め半分に切る

作り方

① 鍋にキャベツ、しめじ、ソーセージ、水を入れて中火で加熱する。
② 沸騰したら火を止めてふたをし、5分蒸らす。
③ キムチを加え、塩、こしょうを加えて中火で煮立て、器に盛る。

Point

■しめじ、ソーセージ、キャベツのだしが効いているので、ブイヨンやコンソメなどを使わずに作れます。
■キムチの代わりに牛乳、トマトジュース、カレー粉などを入れてアレンジしても。

@ke_kotiin 材料を入れて煮るだけのポトフ風スープ。特に冬はこればかり作ってます。

05/08

パセリと長ねぎのポタージュ

20min

材料（2人分）
パセリ…30g
長ねぎ…50g
じゃがいも…60g
顆粒コンソメ…小さじ1
水…300mℓ
牛乳…100mℓ
粗びき黒こしょう…少々
バター…10g
トッピング
―生クリーム…適量
―ピンクペッパー…適量

下ごしらえ
パセリ≫茎を切り、小房に分ける
長ねぎ≫小口切り
じゃがいも≫薄切り

作り方
① 鍋にバターを溶かし、ねぎを入れて中火でしんなりするまで炒める。
② パセリ、じゃがいもを加えてサッと炒め、水、コンソメを加えてふたをして中火で10分煮込み、ボウルに移す。
③ ブレンダーでなめらかになるまで撹拌し、鍋に戻して牛乳を加え、沸騰直前まで弱火で温めて黒こしょうを振る。
④ 器に盛り、生クリーム、ピンクペッパーをトッピングする。

Point
■しっかり撹拌すると、色鮮やかな仕上がりに。

@fu0821 花壇でわさわさ生い茂るパセリたち。名脇役もスープで主役に。心ゆくまで味わえます。

05/09

あさりと豆乳の塩麹スープ

20min

材料（2人分）
あさり（むき身）…100g
キャベツ…4枚
玉ねぎ…¼個
マッシュルーム…5個
ブロッコリー…80g
おろしにんにく…小さじ1
塩麹…大さじ4
水…200mℓ
無調整豆乳…200mℓ
粗びき黒こしょう…少々

下ごしらえ
キャベツ≫ざく切り
玉ねぎ≫角切り
マッシュルーム≫薄切り
ブロッコリー≫小房に分け、サッと塩ゆで

作り方
① 鍋に水大さじ2（分量外）、マッシュルーム、キャベツ、玉ねぎ、あさり、にんにくを順に重ねて入れ、塩麹を振り入れる。
② ふたをして強火で3分加熱し、弱火にして10分蒸し煮にする。
③ 野菜に火が通ったら水、ブロッコリーを加えて温め、豆乳を加えて沸騰直前まで弱火で温め、黒こしょうを振る。

Point
■蒸し煮をしている途中で水分がなくなり焦げつきそうになったら、水大さじ1～2を足してください。

@sanju_wsa ダイエットや健康を気にする方でも、安心して食べられる満足感のあるスープです。

05/10

春野菜のコンソメポタージュ

材料（2人分）

新じゃがいも…100g
にんじん…100g
かぶ…100g
新玉ねぎ…100g
水…200㎖
固形コンソメ…1個
牛乳…150㎖
生クリーム…50㎖
塩…少々
こしょう…少々

下ごしらえ

じゃがいも≫皮をむき、厚めのいちょう切りにして水にさらす
にんじん≫薄めのいちょう切り
かぶ≫厚めのいちょう切り
玉ねぎ≫薄切り

作り方

① 鍋に野菜、水を入れて中火で煮立て、コンソメを加えてふたをし、中火で10分煮る。竹串がスーッと刺さるくらいになったら火を止めてボウルに移す。
② ブレンダーでなめらかになるまで撹拌して鍋に戻し、牛乳を加えて沸騰直前まで温める。
③ 生クリームを加え、塩、こしょうで味を調える。
※お好みで生クリームとチャービルをトッピングする。

Point

■にんじんは火が通りにくいので、薄切りにしておきます。
■牛乳、生クリームを入れたら沸騰しないように気をつけてください。

@miho.favorite_time 子供たちも食べやすい定番野菜をポタージュスープに。すご〜く簡単です♪

05/11

揚げじゃがトマトスープ

材料（2人分）

じゃがいも…½個
玉ねぎ…½個（100g）
ベーコン（ブロック）…50g
カットトマト缶…½缶
水…200㎖
片栗粉…大さじ2
顆粒コンソメ…小さじ1
おろしにんにく…小さじ1
塩・こしょう…少々
オリーブ油…40㎖
パセリのみじん切り…適量

下ごしらえ

じゃがいも≫スライサーで細切りにして水にさらし、水気をきって片栗粉をまぶす
玉ねぎ≫横に薄切り
ベーコン≫5㎜幅の拍子木切り

作り方

① 鍋にオリーブ油を熱し、じゃがいもの半量を揚げ焼きにして取り出す。
② ①の鍋ににんにく、ベーコン、玉ねぎ、残りのじゃがいもを入れて玉ねぎがしんなりするまで中火で炒める。
③ カットトマトを加えて軽く水分が飛ぶまで中火で3〜5分炒め、水を加えてひと煮立ちさせる。コンソメを加え、ふたをして15分弱火で煮込み、塩、こしょうで味を調える。
④ 器に盛り、①、パセリをトッピングする。

Point

■じゃがいもを揚げ焼きするときは、2回くらいに分けるとくっつきにくいです。

@minosuke9 家族みんな大好物のトマトとじゃがいもを使ったスープ。作ると喜ばれます。

05/12

旬野菜とタコのもち麦入りトマトスープ

材料（2人分）

タコ…50g
白ワイン…大さじ2
もち麦…大さじ1
水…200mℓ
新玉ねぎ…1/4個
新じゃがいも…1/2個
グリーンアスパラガス…4本
にんにくのみじん切り…1片分
カットトマト缶…100g
オリーブ油…大さじ1
固形コンソメ…1個
ローリエ…1枚
砂糖…小さじ1
しょうゆ…小さじ1
塩・こしょう…少々

下ごしらえ

タコ»5㎜幅に切り、ワインをかける
もち麦»水200mℓに塩ひとつまみ（分量外）を入れ浸す
玉ねぎ»みじん切りにしてラップをして電子レンジで2分加熱
じゃがいも»さいの目切りにし、ラップをしてレンジで3分加熱
アスパラ»1分下ゆでし、穂先は飾り用に取り分け、残りは小口切り

作り方

① 鍋にオリーブ油、にんにくを弱火で熱し、香りが立つまで炒める。玉ねぎ、タコをワインごと加えて玉ねぎが透き通るまで中火で炒める。
② もち麦を水ごと鍋に加えて、コンソメ、ローリエを加えてふたをし、弱火で10分煮込む。
③ カットトマト、じゃがいもを加えて弱火で10分煮込む。
④ 砂糖、しょうゆ、塩、こしょうで味を調え、アスパラを加えてひと混ぜし、ローリエを取り除く。
⑤ 器に盛り、アスパラの穂先を飾る。

Point

■お好みでチリパウダーを入れるのもおすすめです。

@wako709z もち麦のプチプチ食感が楽しい食べる系スープに、タコの旨みをプラスしました。

05/13

ごぼうと長いものポタージュスープ

30min

材料（2人分）
ごぼう…½本
長いも…100g
長ねぎ…4cm
だし汁…200mℓ
もめん豆腐…½丁（150g）
牛乳…80mℓ
生クリーム…大さじ1
バター（無塩）…7g
塩…適量
オリーブ油…大さじ1
粗びき黒こしょう…適量

下ごしらえ
ごぼう»薄い斜め切り
長いも»皮をむき2cm幅の乱切り
ねぎ»小口切り
豆腐»水きりし、トッピング用に大さじ2を取り分け、塩少々＋生クリーム少々（分量外）を加えて混ぜる

作り方
① 鍋にオリーブ油を熱し、ねぎ、ごぼうを入れて弱中火で10分ほどじっくり炒める。
② ①からトッピング用のごぼう少々を取り出し、だし汁、塩、長いもを加えてふたをし、弱中火で8～10分ほど煮込む。ボウルに移して豆腐を加え、ブレンダーでなめらかになるまで撹拌する。
③ 鍋に戻し、牛乳を加えて弱火で温める。生クリームと冷たいバターを加え、塩で味を調える。
④ 器に盛り、トッピング用の豆腐とごぼうをのせ、黒こしょうを振る。

@classaskitchen　クーベルチュールのパンに合う「優しい香ばしさ」を脳内で感じ、ごぼうを選びました。

05/14

チキンとアスパラのチャウダー

25min

材料（2人分）
鶏もも肉…½枚
玉ねぎ…½個（100g）
じゃがいも…1個
ベーコン（ブロック）…15g
グリーンアスパラガス…3本
バター…8g
オリーブ油…大さじ1
小麦粉…大さじ1
水…150mℓ
牛乳…300mℓ
コーン缶…50g
塩…小さじ1

下ごしらえ
鶏肉»薄いそぎ切りにして、塩、こしょう各少々(分量外)を振る
玉ねぎ»粗みじん切り
じゃがいも»1cm角に切り水にさらす
ベーコン»1cm幅に切る
アスパラ»根元を切り落とし、下から3cmほどをピーラーでむいて、サッとゆでて、斜め切り

作り方
① 鍋にバターとオリーブ油を熱し、ベーコンを炒める。
② 鶏肉を加え、焼き色がつくまで炒めたら、じゃがいも、玉ねぎを加えて透き通るまで炒める。
③ 小麦粉を振り入れ、粉気がなくなるまで2分ほど炒め、水を加えてふたをし、弱火で10分煮込む。
④ 牛乳、塩、コーンを加えて2～3分煮込み、アスパラを加える。
※お好みで粗びき黒こしょうを振る。

@chiho_1590　野菜もちゃんととってほしくて、野菜をたっぷり入れたスープにしました。

05/15

ほうれん草とピスタチオのポタージュ

20min

材料（2人分）
ほうれん草…½束
玉ねぎ…½個（100g）
牛乳…300㎖
水…100㎖
バター…10g
顆粒コンソメ…小さじ½
塩…少々
こしょう…少々
ピスタチオ…12〜13粒
生クリーム…10㎖

下ごしらえ
ほうれん草≫下ゆでして、3cm長さに切る
玉ねぎ≫薄切り
ピスタチオ≫2〜3粒をトッピング用に砕く

作り方
① 鍋にバターを溶かし、玉ねぎを入れてしんなりするまで炒め、ほうれん草、塩、こしょうを加えて軽く炒める。
② 水を加えてふたをし、中火で5分煮込み、ボウルに移す。
③ ピスタチオを加えてブレンダーでなめらかになるまで撹拌し、鍋に戻す。
④ 牛乳、コンソメを加えて沸騰直前まで弱火で温めて器に盛り、砕いたピスタチオ、生クリームをトッピングする。

@otoyome ポイントはピスタチオ。むくみ解消や美肌効果があるとされ、女性の味方のスープです。

05/16

しめじとツナの和風スープ

15min

材料（2人分）
ツナ缶…1缶（70g）
玉ねぎ…1個
じゃがいも…1個
しめじ…1パック
ブラックオリーブ…12粒
だし汁…400㎖
塩…少々
粗びき黒こしょう…少々

下ごしらえ
玉ねぎ≫粗みじん切り
じゃがいも≫1cm角に切る
しめじ≫ほぐす

作り方
① 鍋にツナを油ごと入れて熱し、玉ねぎ、じゃがいも、しめじを加えて中火で炒め合わせる。
② 全体がしんなりしたらだし汁、ブラックオリーブを加え、ふたをして弱中火で5分ほど煮る。
③ 具材がやわらかくなったら、塩で味を調える。
④ 器に盛り、黒こしょうを振る。

Point
■だし汁は水400㎖に昆布だしの素小さじ¼を入れてます。

@emi5perhonen 簡単な材料にワンアクセントがポイントです。今回はそれがブラックオリーブです。

05/17

さつまいもとトマトのスープ

40min

材料（2人分）

さつまいも…½本（150g）
トマト…2個（400g）
玉ねぎ…½個（100g）
ドライバジル…小さじ½
オリーブ油…大さじ1
粗塩…小さじ½
トッピング
―オリーブ油…大さじ1
バジル…適量

下ごしらえ

さつまいも≫皮をむき、2cm角に切って水にさらす
トマト≫湯むきして乱切り
玉ねぎ≫薄切り

作り方

① 鍋にさつまいも、トマト、玉ねぎ、ドライバジル、オリーブ油、塩を入れて軽く混ぜ、ふたをして中火にかけ、ふつふつとしてきたらとろ火にして30分ほど煮る。焦げないようにときどき優しくかき混ぜる。

② さつまいもがやわらかくなったら器に盛り、バジル、オリーブ油をトッピングする。

Point
■じっくり火を通すことで甘みが出ます。

@yumimoo65 真っ赤に熟れたトマトがたくさん実る時期に作りたくなるスープです。

05/18

あおさのポタージュ

20min

材料（2人分）

玉ねぎ…50g
じゃがいも…100g
サラダ油…小さじ1
バター…5g
水…180mℓ
顆粒コンソメ…4g
牛乳…150mℓ
乾燥あおさ…3g
塩…少々
釜揚げしらす…10g
粗びき黒こしょう…適量

下ごしらえ

玉ねぎ≫薄切り
じゃがいも≫角切り

作り方

① 鍋に油を熱し、玉ねぎをしんなりするまで炒め、じゃがいも、バターを加えてさらに炒める。

② 水、コンソメを加え、ひと煮立ちさせ、ふたをして中火でじゃがいもがやわらかくなるまで煮てボウルに移す。

③ ブレンダーでなめらかになるまで撹拌し、牛乳、あおさを加えてさらに撹拌する。

④ 鍋に戻し、弱火で温めて塩で味を調える。

⑤ 器に盛り、しらす、黒こしょうをトッピングする。

Point
■牛乳は熱しすぎると分離しやすくなるので、沸騰しないように温めてください。

@sasmc1120 乾燥あおさを使って簡単にポタージュスープ。磯の香りもする息子が大好きな一品です。

05/19

チーズカレースープ

材料（2人分）

玉ねぎ…½個（100g）
にんじん…¼本（35g）
ほうれん草…⅓束（30g）
ソーセージ…3本
水…400㎖
A
顆粒コンソメ…大さじ1
しょうゆ…小さじ1
カレー粉…小さじ1
トッピング
ピザ用チーズ…60g
ドライパセリ…適量

下ごしらえ

玉ねぎ≫1㎝幅のくし形切り
にんじん≫いちょう切り
ほうれん草≫3㎝幅に切る
ソーセージ≫斜めに2等分

作り方

① 鍋に水を入れて沸騰させ、玉ねぎ、にんじんを加えてひと煮立ちさせる。
② ほうれん草、ソーセージ、Aを加えて1～2分沸騰させ、火を止める。
③ 器に盛り、チーズをのせ、パセリを散らす。

Point
■スープが熱いうちにチーズをのせてください。

@suzuka730 手軽な材料と調味料でおいしく作れるレシピはないかと考案しました♪

⏱20min

05/20

しめじとベーコンのホワイトスープ

材料（2人分）
玉ねぎ…½個
ベーコン（ブロック）…60g
しめじ…½パック
バター…10g
おろしにんにく…1片分
小麦粉…大さじ1
固形コンソメ…1個
牛乳…300㎖
水…100㎖
合わせみそ…小さじ1
ピザ用チーズ…40g
粗びき黒こしょう…適量
パセリのみじん切り…適量

下ごしらえ
玉ねぎ≫横に薄切り
ベーコン≫5㎜幅に切る
しめじ≫ほぐす

作り方
① 鍋にバターを溶かし、にんにく、ベーコンを入れて香りが立つまで炒める。
② 玉ねぎ、しめじを加えて玉ねぎが半透明になるまで炒め、小麦粉を加え、粉気がなくなったら水を入れてひと煮立ちさせる。
③ 火を弱めてコンソメ、みそを溶き入れ、牛乳を加えて沸騰直前まで温め、チーズを加えて黒こしょうを振る。
④ 器に盛り、パセリを散らす。

Point
■みそは熱しすぎると風味が飛んでしまうので、火を弱めてから加えてください。

@a_min296 野菜嫌いな子どももスープにすれば食べてくれます。栄養もとれるので必ず食卓に出しています♪

⏱15min

05/21

たけのことしいたけのキーマカレー風スープ

材料（2人分）
豚ひき肉…100g
たけのこ水煮…90g
しいたけ…3枚
水…350㎖
カレールー…50g
おろししょうが…小さじ1
赤みそ…小さじ2
サラダ油…小さじ1
トッピング
粉チーズ…少々
パセリのみじん切り…少々
粗びき黒こしょう…少々

下ごしらえ
たけのこ、しいたけ≫粗みじん切り
カレールー≫細かく刻む

作り方
① フライパンに油を熱し、中火でひき肉を炒め、色が変わったら、たけのこ、しいたけを加えて1分ほど炒める。
② 水を加えてふたをし、弱中火で5分ほど煮る。
③ 火を止めて、カレールー、しょうが、赤みそを加え、混ぜて溶かす。再び火をつけ、とろみがつくまで弱火で3～4分ほど煮る。
④ 器に盛り、粉チーズ、パセリ、黒こしょうをトッピングする。

Point
■カレールーはお好みに合わせて辛さを選んでくださいね♪

@ouchi_pan 隠し味の赤みそがポイント！クーベルチュールのパンとの相性は抜群です！

05/22

包丁いらずの簡単お豆腐スープ

材料（2人分）
レタス…3枚
枝豆…15個（35g）
片栗粉…大さじ1
塩…少々
こしょう…少々
絹ごし豆腐…65g
無調整豆乳…300㎖
めんつゆ（2倍濃縮）…大さじ2
バター…10g
トッピング
ブロッコリースプラウト…適量
ラー油…適量
粗びき黒こしょう…適量

下ごしらえ
レタス»ひと口大にちぎる
枝豆»さやから出す

作り方
①②レタスと枝豆に片栗粉をまぶす。
鍋にバターを溶かし、①を入れて炒め、塩、こしょうを振る。
③レタスがしんなりしてきたら豆乳を加え、豆腐を手でちぎりながら加える。
④めんつゆを加え、豆腐をへらなどでつぶしながら温める。
⑤器に盛り、ブロッコリースプラウト、ラー油、黒こしょうをトッピングする。

Point
■豆乳は熱しすぎると分離しやすくなるので弱火で沸騰しないように温めてくださいね。

@tkkrs2769 1人暮らしのわが娘でも作ってくれるかな〜?!のレシピです。簡単すぎてお恥ずかしい！

05/23

にんじんのココナッツミルクポタージュ

材料（2人分）
にんじん…2本（400g）
玉ねぎ…1個
ココナッツミルク…400㎖
塩…大さじ½
ナンプラー…小さじ1
オリーブ油…大さじ1
トッピング
カレー粉…適量
クミンシード…適量
ピンクペッパー…適量

下ごしらえ
にんじん»輪切り
玉ねぎ»薄切り

作り方
①鍋にオリーブ油を熱し、にんじん、玉ねぎ、塩を入れてしんなりするまで炒める。
②ココナッツミルク、ナンプラーを加え、ふたをして具材がやわらかくなるまで弱火で10分煮込み、ボウルに移す。
③ブレンダーでなめらかになるまで撹拌し、鍋に戻して弱火で温める。
④器に盛り、カレー粉、クミンシード、ピンクペッパーをトッピングする。

Point
■材料を炒めるときに塩を一緒に入れると、水分が出やすくなり、早く火が通りますよ。

@angepasse 野菜の甘さにココナッツミルクのコク、スパイスがアクセントになった大好きなスープです。

05/24

鶏だんごのたっぷりねぎごまスープ

20min

材料（2人分）

鶏ひき肉…100g
玉ねぎ…¼個
A 片栗粉…小さじ1
塩…少々
こしょう…少々
長ねぎ…1本
春雨…20g
鶏ガラスープ…400mℓ
（水…400mℓ
鶏ガラスープの素…小さじ2）
しょうゆ…大さじ1
塩…少々
こしょう…少々
ごま油…小さじ2
白いりごま…大さじ1

下ごしらえ

玉ねぎ≫粗みじん切り
長ねぎ≫薄めに斜め切り
春雨≫3〜4分ゆでで、水にさらす

作り方

① ボウルにAを入れ、粘り気が出るまでこねて4等分して丸める。
② 鍋にスープを入れてひと煮立ちさせ、①を加えてふたをして3分ほど中火で煮込む。
③ 長ねぎ、春雨、しょうゆ、ごま油、塩、こしょうを加えて2〜3分煮込む。
④ 器に盛り、ごまを振る。

Point

■玉ねぎは粗めのみじん切りにしておくと食感が残り、食べごたえがあります。

@tomo5097 朝ご飯をきっちり食べない子どもたちのために少しでも満腹になるように考えました。

05/25

スナップえんどうのポタージュ

材料（2人分）

スナップえんどう…300g
玉ねぎ…1/4個
ローリエ…1枚
コンソメスープ…400ml
（水…400ml
顆粒コンソメ…大さじ1）
生クリーム…100ml
塩…小さじ3/4
バター…10g

下ごしらえ

スナップえんどう》筋を取る
玉ねぎ》薄切り

作り方

① 鍋にバターを溶かし、玉ねぎを入れてあめ色になるまでじっくり炒める。
② スナップえんどうを加えてサッと炒め、全体に油が回ったらスープ、ローリエを加えてふたをして中火で5分煮込む。
③ スナップえんどうに火が通ったら火を止め、ローリエと飾り用のスナップえんどうを少量取りだす。
④ ボウルに移し、ブレンダーでなめらかになるまで撹拌し、鍋に戻して弱火で温め、生クリーム、塩を加えて、すぐに火を止める。
⑤ 器に盛り、飾り用のスナップえんどうと生クリーム（分量外）をトッピングする。

@misumisu0722 お野菜色のポタージュが大好き！春は緑色が爽やかに感じるのでスナップえんどうのポタージュに。

05/26

温玉のせじゃがボナーラ風スープ

材料（2人分）

じゃがいも…2個
ベーコン…2枚
水…200ml
無調整豆乳…200ml
ピザ用チーズ…30g
塩…少々
粗びき黒こしょう…少々
バター…10g
トッピング
　温泉卵…2個
　粗びき黒こしょう…少々

下ごしらえ

じゃがいも》ひと口大に切る
ベーコン》1cm幅に切る

作り方

① 鍋にバターを溶かし、ベーコン、じゃがいもを炒め、水を加えてじゃがいもがやわらかくなるまで弱中火で7分ほど煮る。
② 豆乳を加えて弱火で温め、チーズを加え、塩、黒こしょうで味を調える。
③ 器に盛り、温泉卵と黒こしょうをトッピングする。

@pyonshio 豆乳は熱しすぎると分離しやすくなるので、弱火で沸騰しないように温めてくださいね。

05/27

ブロッコリーとじゃがいものカレーチャウダー

20min

材料（2人分）

じゃがいも…1個
玉ねぎ…½個
にんじん…½本
ブロッコリー…65g
カレー粉…小さじ1
小麦粉…大さじ1
顆粒コンソメ…小さじ2
水…200㎖
牛乳…200㎖
塩…少々
こしょう…少々
バター…15g
トッピング
　ベーコン…2枚
　パセリのみじん切り…少々

下ごしらえ

じゃがいも、玉ねぎ、にんじん≫大きさをそろえて角切り
ブロッコリー≫茎は1㎝角に切り、蕾はみじん切り
ベーコン≫1㎝幅に切り、フライパンでカリカリになるまで炒める

作り方

1. 鍋にバターを溶かし、玉ねぎを透き通るまで炒める。じゃがいも、にんじんを加えて炒め合わせ、カレー粉を加えて、全体になじませる。
2. 小麦粉を振り入れ、粉気がなくなるまで炒めたらコンソメ、水を加えて弱中火で5分ほど煮る。
3. ブロッコリーの茎を加えて、さらに弱中火で5分煮る。
4. やわらかくなったら、みじん切りにしたブロッコリーを加えて牛乳を加え、塩、こしょうで味を調える。
5. 器に盛り、カリカリベーコンとパセリをトッピングする。

Point

- 小麦粉は具材にしっかりからめると、ダマになりにくいです。
- ベーコンは脂をしっかり拭き取りながら焼くと、カリカリになります。

@sa3na7an3as 残り物のシチューにカレー粉等を加えたら、とてもおいしくて。ウチの定番レシピです。

05/28

えのきと薬味のピリ辛スープ

10min

材料（2人分）

えのきだけ…1袋（100g）
長ねぎ…½本
みょうが…1個
葉しょうが…10g
鶏ガラスープ…200㎖
（水…200㎖
鶏ガラスープの素…大さじ½）
湯…200㎖
甜麺醤…小さじ1
油揚げ…½枚
小ねぎの小口切り…少々
七味唐辛子…少々

下ごしらえ

えのき》根元を切り、2等分に
長ねぎ、みょうが》縦半分にして、斜め薄切り
葉しょうが》細いせん切りにして、サッと水洗いする
油揚げ》7㎜ほどの小さい角切りにして、フライパンでから煎り

作り方

① 鍋にえのき、葉しょうが、長ねぎ、湯100㎖を入れてふたをして、中火で1分煮る。
② 残りの湯、スープ、甜麺醤を加えてひと煮立ちしたら、みょうがを加える。
③ 器に盛り、油揚げ、小ねぎをトッピングして、七味唐辛子を振る。

Point
■鶏ガラスープ、甜麺醤を加えたあとに味が足りないようであれば、塩かしょうゆで調えてください ね。

@yoshino___yu 指を切らないように、長ねぎやみょうがは縦半分にして安定させてから薄切りに。

05/29

ベビー帆立とアスパラの豆乳スープ

15min

材料（2人分）

ベビー帆立…100g
グリーンアスパラガス…5本
玉ねぎ…80g
しめじ…80g
ベーコン…30g
にんにくのみじん切り…1片分
水…100㎖
無調整豆乳…300㎖
顆粒コンソメ…小さじ2
オリーブ油…大さじ1
粗びき黒こしょう…適量
ピンクペッパー…適量

下ごしらえ

ベビー帆立》軽く水洗い
アスパラ》根元を切り落とし、下から3㎝ほどをピーラーでむいて2㎝幅の斜め切りにし、下ゆで
玉ねぎ》粗みじん切り
しめじ》ほぐす
ベーコン》細切り

作り方

① 鍋にオリーブ油を熱し、にんにくを入れて炒め、香りが立ったらベーコン、玉ねぎを加えて中火で炒める。
② 玉ねぎがしんなりしたら、しめじ、ベビー帆立を加えてサッと炒め、水、豆乳、コンソメを加えて、弱火で5分ほど煮込む。
③ アスパラを加えて、サッと混ぜ合わせる。
④ 器に盛り、黒こしょう、ピンクペッパーを振る。

@0310.aya 5月に旬を迎える北海道のアスパラ。地元食材を使いたくてこのスープを作りました。

05/30

チーズたっぷりトマトミルクスープ

材料（2人分）

あいびき肉…100g
玉ねぎ…½個（100g）
塩・こしょう…適量
しめじ…⅓パック
ミニトマト…6個
小麦粉…大さじ1 ½
水…100mℓ
カットトマト缶…½缶
ローリエ…1枚
固形コンソメ…½個
牛乳…200mℓ
ピザ用チーズ…60g
オリーブ油…大さじ1
バター…10g
ドライパセリ…適量

下ごしらえ

玉ねぎ»みじん切り
しめじ»ほぐす

作り方

1. 鍋にオリーブ油を熱し、玉ねぎを炒めて透き通ってきたらひき肉を加え、塩、こしょう各少々を振る。
2. 肉の色が変わったらバターを加えて溶かし、小麦粉を振り入れ、全体になじませる。
3. 水、カットトマト、ローリエ、コンソメを加えて沸騰後、しめじを加え、弱火でふたをしてときどきかき混ぜながら5分ほど煮る。
4. ミニトマトを加え、ふたをして弱火で3分煮て、牛乳を加え、温まったらチーズを加えて、溶けるまで混ぜ合わせる。ローリエを取り除き、塩、こしょうで味を調える。
5. 器に盛り、パセリを散らす。

@leaf_asch 疲れたとき、お肉とチーズたっぷりのスープで心もお腹も満たされるレシピを考えました♪

05/31

レモン香るクリームチキンスープ

材料（2人分）

鶏もも肉…180g
塩・こしょう…少々
小麦粉…適量
玉ねぎ…½個
レモン…½個
水…300mℓ
牛乳…100mℓ
塩麹…大さじ1
バター…5g
オリーブ油…適量

下ごしらえ

鶏肉»ひと口大に切って塩、こしょう、小麦粉をまぶす
玉ねぎ»粗みじん切り
レモン»2枚を輪切りにし、残りは大さじ1ほど搾る。搾ったあとのレモンの皮はみじん切り

作り方

1. 油を熱した鍋に鶏肉を入れて、両面焼き色がつくまで焼く。
2. 玉ねぎ、バターを加え、玉ねぎが透き通るまで炒め、水、牛乳を加えて弱火で10分煮込む。
3. 塩麹、塩で味を調え、火を止めて、レモン汁を加える。
4. 器に盛り、レモンの輪切り、レモンの皮のみじん切り、オリーブ油をトッピングする。

Point

■レモンの酸味と風味が飛ばないよう、必ず火を止めてからレモン汁を加えてくださいね。
■冷めてもレモンの酸味、風味が強く感じられて、おいしいですよ♪

@pinos_kitchen 大好きなレモンをスープにしました。塩麹で優しい味に仕上げました。

Column

知っておくとちょっと便利！

食材の冷凍保存

食材は安いときに買って、冷凍しておくととても便利ですよね。
おいしく食べきるために、冷凍のポイントをまとめました。

野菜

食材ごとに適した冷凍方法があります。下処理をしておくと、
毎日の料理がグンとラクに！

カット

汁物や炒め物などにそのまま入れて使える！

キャベツ、大根、トマト、玉ねぎ、にんじん、ピーマン・パプリカ、刻みねぎ、きのこ類等

下ゆで

変色を防ぎ、鮮度をキープ！

ほうれん草、ブロッコリー、カリフラワー、れんこん、オクラ、さやえんどう等

炒める

余分な水分を抜いておくと、食感が変わりにくい。

なす、ズッキーニ等

マッシュ

ポテトサラダやコロッケ、スープのもとに大変身！

かぼちゃ、じゃがいも、さつまいも等

すりおろし

ラップで小分けにして、保存袋に入れておくとすぐ使える。

しょうが、にんにく、長いも、大根等

Point

なるべく空気を抜いた状態で冷凍保存します。また、解凍した食材を再度冷凍するのはやめましょう。

肉

肉はできるだけ新鮮なうちに冷凍保存するのがポイント。
ひと手間加えるだけで、おいしさをキープできます。

冷凍の仕方

1. キッチンペーパーなどで肉から出たドリップをよく拭き取る。
2. 空気に触れないよう、ラップでぴったりと包む。
3. 密閉保存袋にできるだけ重ならないよう肉を入れ、空気を抜きながら密閉し、薄い状態にする。
4. 金属製のトレイやバットに入れて冷凍保存する。

※ひき肉は2週間以内、その他のお肉は1ヶ月以内を目安に食べきりましょう。

解凍の仕方

○ 冷蔵庫で解凍する

調理する前に冷凍庫から冷蔵庫に移動させて解凍する方法。解凍時間は約6～10時間。細菌が繁殖しやすいため、常温での解凍はおすすめできません。前日の夜に冷蔵庫に移しておくと調理したいときにすぐ使えます。

○ 氷水につけて解凍する

氷水を張ったボウルに保存袋ごと入れる方法。解凍時間は約1～2時間。氷が解けたらこまめに氷を追加して、氷水の温度が上がらないように注意してくださいね。

× 電子レンジでの加熱はNG!

電子レンジで加熱しようとすると、加熱ムラが起きやすくドリップが出てしまい、パサついておいしくなくなってしまいます。電子レンジを使うときは解凍メニューを使い、途中で上下を返したり、ほぐしたりして加熱ムラを防ぐ必要があります。

魚介類

切り身、えび、貝の冷凍方法を知っておきましょう。

魚の切り身

冷凍の仕方

① キッチンペーパーなどで水分をよく拭き取る。
② 空気に触れないよう、ひと切れずつラップでぴったりと包む。
③ 密閉保存袋にできるだけ重ならないように切り身を入れ、空気を抜きながら密閉する。
④ 金属製のトレイやバットに入れて冷凍保存する。

※2～3週間以内を目安に食べきりましょう。

解凍の仕方

冷蔵庫で解凍する

調理する前に冷凍庫から冷蔵庫に移動して解凍する方法。解凍時間は約6～10時間。細菌が繁殖しやすいため、常温での解凍はおすすめできません。前日の夜に冷蔵庫に移しておくと調理したいときにすぐ使えます。

氷水につけて解凍する

氷水を張ったボウルに保存袋ごと入れる方法。解凍時間は約1～2時間。氷が解けたらこまめに氷を追加して、氷水の温度が上がらないように注意してくださいね。

えび

冷凍の仕方

① 頭・背ワタを取り除く。
② 塩を振り、10分ほど置いたらよく水で洗う。
③ キッチンペーパーで水分を拭き取ったら密閉保存袋に入れて保存する。

※2～3週間以内を目安に食べきりましょう。

解凍の仕方

氷水につけて解凍する

氷水を張ったボウルに保存袋ごと入れる方法。解凍時間は約1～2時間。氷が解けたらこまめに氷を追加して、氷水の温度が上がらないように注意してくださいね。

塩水に浸けて解凍

塩分濃度を3%にした塩水に直接冷凍えびを入れて解凍する方法。解凍時間は約1時間。解凍後、流水でさっとすすいでから調理しましょう。

貝

冷凍の仕方

① 砂抜きが完了した貝の水分をキッチンペーパーなどでよく拭き取る。
② 密閉保存袋に貝を入れて空気を抜き、重ならないように平らにならす。
③ 金属製のトレイやバットにのせて、冷凍保存する。

※1ヶ月以内を目安に食べきりましょう。

解凍の仕方

冷凍した貝は一気に解凍することがポイント！

ゆっくり解凍すると、加熱をしても殻が開かなくなってしまいます。凍ったまま沸騰したお湯の中に入れたり、フライパンで一気に加熱したりするなどして調理してください。

夏

06/01

そら豆とキャベツのふわとろポタージュ

材料（2人分）

そら豆…100g
キャベツ…2枚
新玉ねぎ…1個
水…150㎖
調製豆乳…300㎖
卵…1個
鶏ガラスープの素…小さじ2
塩…少々
こしょう…少々

下ごしらえ

そら豆≫皮をむき、やわらかくなるまで塩ゆで
キャベツ≫ざく切り
玉ねぎ≫半分に切り、ラップで包んで電子レンジで6～7分加熱

作り方

① ボウルにそら豆、玉ねぎ、水を入れ、ブレンダーでなめらかになるまで撹拌する。
② 鍋に移し、キャベツ、豆乳、スープの素を加え、弱中火で3～5分煮込み、キャベツがしんなりしたら、塩、こしょうを振る。
③ 火を強めて沸騰させ、溶いた卵を回し入れ火を止める。
※お好みでオリーブ油をかけ、粗びき黒こしょうを振る。

Point
■そら豆の薄皮はむかずにそのままでも、おいしく仕上がります。

@yumiko_izawa そら豆の薄皮には食物繊維が豊富に含まれていますよ。

06/02

いちごのガスパチョ

材料（2人分）

いちご…8個
トマト…2個
赤パプリカ…½個
きゅうり…¼本
玉ねぎ…⅙個
にんにく…½片
バゲット…1切れ
はちみつ…大さじ1
塩…小さじ1
オリーブ油…大さじ3
水…55㎖
トッピング
─ピザ用チーズ…20g
イタリアンパセリ…適量

下ごしらえ

いちご≫ヘタを取り、半分に切る
トマト≫湯むきして、ざく切り
パプリカ、きゅうり、玉ねぎ、にんにく≫粗みじん切り
バゲット≫適当な大きさにちぎり、水大さじ3（分量外）をかけてふやかす
ピザ用チーズ≫クッキングシートにのせ、電子レンジで1分40秒加熱

作り方

① ボウルに水以外の材料をすべて入れ、ブレンダーでなめらかになるまで撹拌する。
② 水を加えて混ぜ合わせ、冷蔵庫で30分ほど冷やす。
③ 器に盛り、トッピングをする。

Point
■30分ほど寝かせることで、味がなじんでさらにおいしく。

@akiharahetta フルーツを使ったモダンなスープを考えました。いちごのおいしさを感じられます。

06/03

北欧風サーモンスープ

20min

材料（2人分）

生鮭…2切れ
玉ねぎ…½個
じゃがいも…1個（100g）
にんじん…¼本
にんにく…1片
バター…5g
顆粒コンソメ…小さじ1
水…200mℓ
牛乳…100mℓ
塩…少々
こしょう…少々
オリーブ油…適量
ディル…適量

下ごしらえ

鮭≫皮を取って、ひと口大に切る
玉ねぎ、じゃがいも≫2cm角に切る
にんじん≫2cm幅の乱切り
にんにく≫みじん切り

作り方

① 鍋にバター、にんにくを入れて熱し、焦がさないように弱火で香りが立つまで炒める。
② 玉ねぎ、じゃがいも、にんじんを加えて弱中火で2分炒める。
③ 水、コンソメを加えて沸騰させ、鮭を加えて野菜がやわらかくなるまで弱中火で約10分煮込む。
④ 牛乳を加えて沸騰しないように加熱し、塩、こしょうで味を調える。
⑤ 器に盛り、オリーブ油をかけ、ディルを散らす。

Point

■にんにくは焦げやすいので、弱火で炒めてください。
■混ぜるときは鮭を崩さないように外側から大きく混ぜてください。

@haru_acca 新婚旅行で行ったフィンランドの屋台で食べた思い出のサーモンスープを再現しました。

06/04

えびとれんこんのカレークリームスープ

材料（2人分）

むきえび（冷凍）…8尾
れんこん…50g
玉ねぎ…150g
にんじん…70g
水…250㎖
牛乳…150㎖
カレー粉…20g
塩…小さじ½
オリーブ油…大さじ2
バター…10g

20min

下ごしらえ

むきえび≫解凍し、オリーブ油適量（分量外）で揚げ焼き
れんこん≫5㎜角に切る
玉ねぎ≫薄切り
にんじん≫せん切り

作り方

① フライパンにオリーブ油を中火で熱し、れんこんを加えて透き通るまで炒める。
② 鍋にバターを溶かし、玉ねぎ、にんじんを入れて炒め、しんなりしたら水を加えてふたをし、中火で10分煮込む。
③ ボウルに移してブレンダーでなめらかになるまで撹拌し、鍋に戻して牛乳を加える。
④ 沸騰直前まで温めたらカレー粉を加え、塩で味を調え、①のれんこんを加える。
⑤ 器に盛り、えびをトッピングする。

@asu_chin 大好きなカレーとえびを使って、パンに合うスープを作りました。

06/05

ごぼうと玉ねぎのチーズポタージュ

材料（2人分）

ごぼう…1本
玉ねぎ…1個
小麦粉…小さじ2
顆粒コンソメ…小さじ2
水…200㎖
無調整豆乳…200㎖
昆布茶…小さじ½
塩・こしょう…少々
バター…10g
トッピング
ピザ用チーズ…適量
ベーコン…2枚
グリーンアスパラガス…2本
粗びき黒こしょう…少々

30min

下ごしらえ

ごぼう≫斜め薄切りにして、水にさらす
玉ねぎ≫薄切り
ベーコン≫1㎝幅に切り、オリーブ油少々（分量外）でカリカリに炒める
アスパラ≫根元を切り落とし、下から3㎝ほどピーラーでむいてサッとゆで、食べやすく切る

作り方

① 鍋にバターを中火で溶かし、ごぼう、玉ねぎを加えて炒める。しんなりしたら火を止め、小麦粉を振り入れて混ぜ合わせる。
② コンソメ、水を加え、ふたをして弱中火で20分煮込む。
③ ボウルに移してブレンダーでなめらかになるまで撹拌し、鍋に戻して豆乳を加え、弱火で温める。塩、こしょう、昆布茶を加える。
④ 器に盛り、トッピングをする。

@arare118 ごぼうとチーズは相性抜群。食物繊維たっぷりの健康ポタージュは我が家の定番です。

06/06

カラフルパプリカのポタージュ

材料（2人分）
赤パプリカ…1個
黄パプリカ…½個
玉ねぎ…½個
じゃがいも…1個
バター…10g
A
水…200㎖
固形ブイヨン…1個
塩…少々
B
牛乳…150㎖
生クリーム…50㎖
塩…少々
こしょう…少々
トッピング
生クリーム…適量
イタリアンパセリ…適量

下ごしらえ
パプリカ≫種を取って、トッピング用に少量を5㎜の角切り。残りは横に薄切りにして、ラップをかけ電子レンジで3分加熱
玉ねぎ≫薄切り
じゃがいも≫薄切りにし、ラップをかけレンジで2分加熱

作り方
① 鍋にバターを溶かし、玉ねぎを入れて透き通るまで炒める。
② パプリカ、じゃがいもを加えてさらに炒め、Aを加えて中火でやわらかくなるまで5分ほど煮てボウルに移す。
③ ブレンダーでなめらかになるまで撹拌し、鍋に戻してBを加え、混ぜながら弱火で温める。
④ 器に盛り、トッピングをする。

⏱20min

@apin210 じゃがいもを入れることで自然なとろみがつきます。

06/07

アスパラとそら豆のポタージュ

材料（2人分）
そら豆…300g
グリーンアスパラガス…1本
玉ねぎ…½個
じゃがいも…½個
牛乳…400㎖
生クリーム…150㎖
塩…小さじ1
粗びき黒こしょう…適量
チャービル…適量
オリーブ油…大さじ½

下ごしらえ
そら豆≫さやからはずし、沸騰した湯に塩少々（分量外）を加え、4〜5分ゆでて薄皮をむく
アスパラ≫根元を切り落とし、下から3㎝ほどをピーラーでむいて薄切り
玉ねぎ、じゃがいも≫薄切り

作り方
① 鍋にオリーブ油を熱し、そら豆、アスパラ、じゃがいも、玉ねぎを加えて炒める。
② しんなりしたら、ボウルに移し、牛乳を加えてブレンダーでなめらかになるまで撹拌し、鍋に戻して塩、生クリームを加えて沸騰直前まで弱火で温める。
③ 器に盛り、黒こしょう、チャービルを飾る。

⏱20min

Point
■牛乳、生クリームは熱しすぎると分離しやすくなるので、弱火で沸騰しないように温めてください。

@insta.sayaka 旬の素材を使い、味わい深いスープになるよう、シンプルかつおいしさを追求しました♡

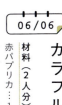

06/08

たっぷり野菜の手羽元カレースープ

30min

材料（2人分）

鶏手羽元…4本
玉ねぎ…½個
にんじん…½本
じゃがいも…1個
おろしにんにく…小さじ½
A
カレールー…20g
カレー粉…大さじ1
顆粒コンソメ…小さじ1
トマトケチャップ…小さじ1
水…400㎖
サラダ油…大さじ1
バター…10g
塩・こしょう…少々
トッピング
なす…1本
グリーンアスパラガス…2本
揚げ油…適量

下ごしらえ

手羽元≫塩、こしょうを振る
玉ねぎ≫くし形切り
にんじん、じゃがいも≫乱切り
なす≫乱切りして素揚げ
アスパラ≫根元を切り落とし、下から3㎝ほどピーラーでむいて、斜め半分に切って素揚げ

作り方

1. 鍋に油を中火で熱し、手羽元を皮目から入れて焼き色がつくまで焼く。
2. 手羽元を取り出し、バター、にんにく、玉ねぎ、にんじん、じゃがいもを加えて炒める。
3. 手羽元を戻し入れ、水を加えて沸騰したらアクを取る。
4. ふたをして10分煮込み、Aを加えて中火で5分煮込む。
5. 器に盛り、なす、アスパラをトッピングする。

Point

- 野菜はよく炒めることで甘味が出ます。
- トッピングは好きな野菜でアレンジしてみてください。

@nakano_cookingram みんな大好きカレー味！カレールーを使って簡単にできるのでぜひ作ってみてください！

06/09

ごぼうと押し麦の豆腐ポタージュ

材料（2人分）

ごぼう…160g
絹ごし豆腐…150g
胚芽押し麦…大さじ2
牛乳…250㎖
合わせみそ…小さじ2
オリーブ油…小さじ1
トッピング
小ねぎの小口切り…適量
みょうが…適量
オリーブ油…適量
粗びき黒こしょう…適量

15min

下ごしらえ

ごぼう≫包丁の背で皮をこそげ落とし、すりおろす
押し麦≫10分ほど下ゆで
みょうが≫小口切り

作り方

① 鍋にオリーブ油を熱し、ごぼうを入れて炒め、ごぼうの色が変わったら牛乳、押し麦、豆腐を手で崩しながら加えて中火で2分半ほど煮る。
② 火を止め、みそを溶き入れて再度温める。
③ 器に盛り、小ねぎ、みょうが、オリーブ油、黒こしょうをトッピングする。

Point
■ごぼうは細く、すりおろしにくいので、短く切って2~3本まとめてするると時短にもなります。

@etn.co_mam ごぼうたっぷりの優しい味に、薬味を後のせすることで大人も楽しめるスープを作りました。

06/10

えんどう豆のかきたまチーズスープ

材料（2人分）

えんどう豆…100g
玉ねぎ…½個（100g）
卵…1個
水溶き片栗粉…大さじ2
（水大さじ1＋片栗粉大さじ1）
バター…10g
水…400㎖
顆粒コンソメ…大さじ1
塩…少々
こしょう…少々
トッピング
粉チーズ…適量
パセリのみじん切り…適量

15min

下ごしらえ

えんどう豆≫さやから出す
玉ねぎ≫薄切り

作り方

① 鍋にバターを溶かし、玉ねぎを入れてしんなりするまで炒める。
② 水、コンソメ、塩、こしょうを加えて煮立て、えんどう豆を加えて中火で2~3分煮込み、火を弱めて水溶き片栗粉を加えてとろみをつける。
③ 卵を溶いて流し入れ、再度沸騰させる。
④ 器に盛り、粉チーズ、パセリをトッピングする。

Point
■卵は菜箸に伝わせ流し入れると、ふんわりとしたかきたまになります。

@keijunrin 夜遅くまで仕事する日も多々あり…そんな日は時短で作れる簡単スープ！

06/11

枝豆の豆乳ポタージュ ポーチドエッグのせ

20min

材料（2人分）

枝豆（冷凍）…150g
玉ねぎ…½個（100g）
にんにくのみじん切り…1片分
バター…10g
小麦粉…大さじ½
水…200mℓ
無調整豆乳…150mℓ
合わせみそ…小さじ1
塩…少々
こしょう…少々
ポーチドエッグ
　卵…2個
　酢…適量

下ごしらえ

枝豆≫耐熱容器に入れ、ラップをして電子レンジで2分加熱し、さやから取り出す。飾り用に数粒取り分ける
玉ねぎ≫薄切り

作り方

① ポーチドエッグを作る。卵を小鉢に割り入れ、酢を数滴落とす。鍋に湯を沸かして酢少々を加え、煮立ったら静かに卵を湯の中にすべらせ、弱中火で2〜3分ゆでる。白身がかたまったら静かにすくってざるに上げ、水気をきる。
② 鍋にバターを弱火で溶かし、にんにく、玉ねぎを加えてふたをし加熱する。焦がさないようにときどき底から混ぜ、玉ねぎが透き通るまで炒める。
③ 小麦粉を振り入れ、粉気がなくなるまで炒め混ぜ、少しずつ水を加えて全体をなじませるようによく混ぜ合わせる。
④ 枝豆を加えてふたをし、弱火で3分ほどやわらかくなるまで煮てボウルに移す。
⑤ ブレンダーで撹拌し、鍋に戻して豆乳を加え、弱火で温め、塩、こしょう、みそを溶き入れる。
⑥ 器に盛り、ポーチドエッグと飾り用の枝豆をのせる。
※お好みでオリーブ油、粉チーズ、粗びき黒こしょうを飾る。

@kanamani13 使用するみその塩分によって、味が変わります。味見をしてお好みの塩加減にしてください。

06/12

あさりとしょうがのイタリアンスープ

材料（2人分）

あさり…200g
赤ミニトマト…4個
黄ミニトマト…4個
しょうがのせん切り…1片分
水…350㎖
白ワイン…25㎖
顆粒コンソメ…大さじ1
塩…少々
こしょう…少々
オリーブ油…大さじ1

トッピング
─バジル…適量

下ごしらえ

あさり≫砂抜きをしてよく洗う
ミニトマト≫ヘタを取る

作り方

① 鍋にオリーブ油を熱し、あさりと水50㎖、ワインを入れ、ふたをして中火で2分加熱し、あさりを取り出す。
② 残りの水とコンソメ、塩、こしょうを加え、混ぜ合わせる。
③ ミニトマト、しょうがとあさりを戻し入れ、弱火で5分ほど煮込む。
④ 器に盛り、バジルをトッピングする。

Point
■あさりは、途中で一度取り出すと旨みが身に残り、やわらかいままでおいしさが広がりますよ。

@ato_love_soup ジメジメする梅雨の時期にさっぱり食べられるよう彩りとアクセントを意識しました！

06/13

フレッシュトマトとひき肉のコンソメスープ

材料（2人分）

豚ひき肉…100g
玉ねぎ…¼個
トマト…1個
コーン缶…大さじ4
顆粒コンソメ…小さじ2
水…300㎖
塩…少々
こしょう…少々
オリーブ油…大さじ1

下ごしらえ

玉ねぎ≫5㎜角に切る
トマト≫1㎝角に切る

作り方

① 鍋にオリーブ油を中火で熱し、玉ねぎを入れて炒め、しんなりしたらひき肉を加えて色が変わったら水を加えて煮立て、アクを取る。
② コンソメ、トマト、コーンを加えて煮て、塩、こしょうで味を調える。
※お好みでパセリのみじん切りを散らす。

@amenouzume.a お肉が好きな娘のために、子どもでも食べやすい、ひき肉を使ったスープにしました♪

⏱20min

06/14

かぼちゃとセロリの冷製豆乳スープ

材料（2人分）

かぼちゃ…⅛個（230g）
玉ねぎ…¼個
セロリ…30g
じゃがいも…100g
水…150㎖
無調整豆乳…150㎖
固形コンソメ…1個
塩…少々
こしょう…少々
サラダ油…大さじ1

下ごしらえ

かぼちゃ》皮をむき、小さく切る
玉ねぎ》薄切り
セロリ、じゃがいも》さいの目切り

作り方

① 鍋に油を熱し、野菜を軽く炒め、油が回ったら水を加えて中火で5～7分煮込む。
② やわらかくなったらボウルに移し、ブレンダーでなめらかになるまで撹拌する。
③ 鍋に戻し、豆乳、コンソメ、塩、こしょうを加えてよく混ぜ、弱火で温めて、火を止める。粗熱を取り、冷蔵庫でよく冷やす。
※お好みで刻んだナッツや生クリーム、ドライパセリをトッピングする。

@__chanti.___ 離乳食の時から作っている我が家は家族みんな大好きなスープです。

⏱15min

06/15

オクラともずくのカリカリ梅スープ

材料（2人分）

オクラ…2本
もずく…40g
木綿豆腐…60g
梅干し（カリカリ梅）…2個
小ねぎの小口切り…適量
A 白だし…小さじ2
A 昆布茶…小さじ1
水…400㎖

下ごしらえ

オクラ》板ずりして、熱湯でサッとゆで、1本は縦半分、残りは粗みじん切り
もずく》ざく切り
豆腐》角切り
梅干し》種を取り、粗みじん切り

作り方

① 鍋に水を入れて煮立て、もずく、豆腐を加える。
② Aを加えてひと煮立ちさせ、粗みじん切りにしたオクラを加える。
③ 器に盛り、半分に切ったオクラ、梅干し、小ねぎをのせる。

Point
■カリカリ梅の食感がアクセントになっておいしいですよ。

@mogmog.ymanma オクラのネバネバともずくで栄養たっぷり、カリカリ梅の食感がアクセントです！

06/16

紫キャベツとホワイトマッシュルームのポタージュ

20min

材料（2人分）

紫キャベツ…200g
玉ねぎ…¼個
ホワイトマッシュルーム…3個
コンソメスープ…150㎖
（水…150㎖
顆粒コンソメ…小さじ1）
無調整豆乳…150㎖
塩…小さじ½
オリーブ油…大さじ1

トッピング
ピンクペッパー…適量
生クリーム…適量

下ごしらえ

紫キャベツ≫ざく切り
玉ねぎ、マッシュルーム≫薄切り

作り方

1. 鍋にオリーブ油を熱し、玉ねぎ、マッシュルームを入れて2分炒める。
2. 紫キャベツ、スープを加えて、弱中火で5分煮込み、ボウルに移す。
3. ブレンダーでなめらかになるまで撹拌し、鍋に戻して豆乳、塩を加えて温める。
4. 器に盛り、ピンクペッパーと生クリームをのせる。

@s.ruriko 豆乳を加えたあとは、沸騰させずに温める程度にしてくださいね♪

06/17

ズッキーニと玉ねぎのポタージュ

20min

材料（2人分）

ズッキーニ…1本
玉ねぎ…½個（100g）
牛乳…200㎖
塩…少々
こしょう…少々
水…200㎖
固形コンソメ…1個
オリーブ油…大さじ1

トッピング
ベーコン…2枚
粉チーズ…適量
粗びき黒こしょう…適量
パセリのみじん切り…適量

下ごしらえ

ズッキーニ、玉ねぎ≫薄切り
ベーコン≫1cm幅に切り、フライパンでカリカリに炒める

作り方

1. 鍋にオリーブ油を熱し、ズッキーニ、玉ねぎを入れてしんなりするまで炒める。
2. 水、コンソメを加えてひと煮立ちさせ、ふたをして弱中火で5分煮込み、ボウルに移す。
3. ブレンダーでなめらかになるまで撹拌し、鍋に戻して牛乳を加え、弱火で温めて塩、こしょうで味を調える。
4. 器に盛り、ベーコン、粉チーズ、黒こしょう、パセリをトッピングする。

@n_1019_ 大好きなズッキーニで夏にぴったりなレシピを考えました♡冷やしても美味しいです♡

06/18

アスパラとじゃがいものチーズスープ

材料（2人分）

グリーンアスパラガス…2本
じゃがいも…150g
玉ねぎ…1/4個
水…400ml
顆粒コンソメ…小さじ2
塩…少々
こしょう…少々
サラダ油…大さじ1
トッピング
ピザ用チーズ…適量
パセリのみじん切り…適量

下ごしらえ

アスパラ》根元を切り落とし、下から3cmほどをピーラーでむき、3cm幅に切る。
じゃがいも》小さめの乱切りにして、水に5分さらす
玉ねぎ》くし形切り

作り方

① 鍋に油を熱し、じゃがいも、玉ねぎを入れて炒め、アスパラを加えてしんなりするまで炒める。
② 水、コンソメ、塩、こしょうを加えて、中火で10分ほど煮込む。
③ 器に盛り、熱いうちにチーズ、パセリを散らす。

Point
■野菜はじっくりと火を通してくださいね♪
■チーズはスープの余熱で溶かしています。お好みの量を加えてくださいね。

@___okipan あっさりベースのスープにチーズでコクをプラス。簡単なのでぜひ作ってみてください♪

06/19

昆布だし香る白みそミネストローネ

材料（2人分）

ベーコン…2枚
玉ねぎ…1/2個（100g）
にんじん…1/3本
じゃがいも…1/2個
ズッキーニ…1/3本
昆布だし汁…400ml
白みそ…大さじ1 1/2
塩…少々
バター…10g

下ごしらえ

ベーコン、野菜》1cm角に切る

作り方

① 鍋にバターを中火で溶かし、ベーコンを炒める。
② 玉ねぎ、にんじん、じゃがいも、ズッキーニを加えて炒め、だし汁を加えて煮立て、アクを取ってふたをして弱火で15分煮込む。
③ 火を止め、みそを溶いてひと煮立ちさせ、塩を加える。
※お好みでパセリを振る。

Point
■野菜は大きさをそろえて切ると、火の通りが均一になります。

@uka_ai わが家の定番スープ。冷蔵庫にあるもので簡単にできて具材をたくさん入れれば栄養満点◎。

06/20

ズッキーニのスパイシートマトスープ

15min

材料（2人分）

ズッキーニ…½本
ベーコン（ブロック）…100g
玉ねぎ…½個（100g）
にんにくのみじん切り…1片分
カットトマト缶…½缶（200mℓ）
水…150mℓ
固形コンソメ…1個
オリーブ油…大さじ1
塩・こしょう…少々
タバスコ…少々
パセリのみじん切り…適量

下ごしらえ

ズッキーニ≫1cm厚さのいちょう切り
玉ねぎ、ベーコン≫1cm角に切る

作り方

① 鍋にオリーブ油を弱火で熱し、にんにくを加えて、香りが立つまで炒め、ズッキーニ、ベーコン、玉ねぎを順に加えて炒める。
② カットトマト、水、コンソメを加えて、中火で5〜6分煮込み、塩、こしょうで味を調える。
③ 器に盛り、パセリを散らし、タバスコをかける。

Point
■にんにくは焦げやすいため、弱火で炒めてください。

@725_kwhr 味の決め手は最後に加えるタバスコです。夏らしいスパイシーな味付けになりますよ。

06/21

アスパラとさやえんどうのミルクスープ

20min

材料（2人分）

グリーンアスパラガス…4本
さやえんどう…8枚
キャベツ…2枚
にんじん…30g
ベーコン…2枚
バター…10g
牛乳…200mℓ
水…200mℓ
固形コンソメ…1個
塩…小さじ½
こしょう…少々

下ごしらえ

アスパラ≫根元を切り落とし、下から3cmほどピーラーでむいて、4cm幅の斜め切り
さやえんどう≫筋を取る
キャベツ≫2cm角に切る
にんじん、ベーコン≫短冊切り

作り方

① 鍋にバターを溶かし、アスパラ、さやえんどう、キャベツ、にんじん、ベーコンを入れて弱火で3分炒める。
② 野菜がしんなりしたら、水50mℓを加えてふたをし、弱中火で3分煮る。
③ 残りの水、コンソメ、塩、こしょうを加えて、弱中火で7分煮る。牛乳を加えて弱火で温める。

Point
■牛乳は熱しすぎると分離しやすくなるので、弱火で沸騰しないように温めてくださいね。

@momo_to_anzu 忙しい朝、一品でお腹いっぱいになるように作った具だくさんなスープです。

06/22

ミニトマトとアスパラのチーズスープ

15min

材料（2人分）

ミニトマト…10個
グリーンアスパラガス…1本
ベーコン…1枚
卵…1個
粉チーズ…大さじ2
水…400mℓ
固形コンソメ…1個
オリーブ油…小さじ1

下ごしらえ

ミニトマト≫ヘタを取る
アスパラ≫根元を切り落とし、下から3cmほどピーラーでむいて1cm幅の斜め切り
ベーコン≫1cm幅に切る

作り方

① ボウルに卵を割り入れ、粉チーズを加えて混ぜ合わせる。
② 鍋にオリーブ油を熱し、ベーコン、アスパラを中火で軽く炒める。
③ 水、コンソメを加えてふたをして煮立て、沸騰したらふたを取って中火で2分ほど煮る。
④ ミニトマトを加えて30秒煮て①を回し入れ、半熟になったら火を止める。

Point

■ミニトマトは煮すぎると、崩れやすくなるので、サッと煮てくださいね♪

@nnaaoo_yyuu 簡単、時短を考えて、お子様でも食べやすいようにチーズ味にしました。

06/23

ズッキーニとじゃがいものポタージュ

20min

材料（2人分）

ズッキーニ…1本
玉ねぎ…½個（100g）
じゃがいも…2個
固形コンソメ…1個
水…200㎖
牛乳…200㎖
塩・こしょう…少々
バター…15g
クリームチーズ…適量
トッピング
―スライスアーモンド…適量
ピンクペッパー…適量

下ごしらえ

ズッキーニ≫輪切り
玉ねぎ≫薄切り
じゃがいも≫5㎜厚さの半月切りにして水にさらす

作り方

① 鍋にバターを中火で溶かし、ズッキーニ、玉ねぎ、じゃがいもを入れて炒める。
② じゃがいもが透き通ったらコンソメ、水を加えてふたをして中火で10分煮込み、ボウルに移す。
③ ブレンダーでなめらかになるまで撹拌し、鍋に戻して牛乳を加え弱火で温め、塩、こしょうで味を調える。
④ 器にクリームチーズを入れ、上に③を注ぎ入れてアーモンド、ピンクペッパーをトッピングする。

Point

■クリームチーズは、最後に鍋に入れて少し溶かしてから器に盛っても。

@yukas613 シンプルなスープが好きです。冬は熱々、夏は冷製に。スープは食卓に欠かせない一品♪

06/24

なすとズッキーニのトマトチーズスープ

30min

材料（2人分）

玉ねぎ…½個（100g）
なす…1本
ズッキーニ…½本
トマト…2個
水…150㎖
顆粒コンソメ…小さじ1
おろしにんにく…小さじ½
オリーブ油…大さじ1
塩…少々
こしょう…少々
ピザ用チーズ…30g
生クリーム…少々
チャービル…適量

下ごしらえ

玉ねぎ、なす、ズッキーニ≫2㎝の角切り
トマト≫湯むきし、ひと口大に切る

作り方

① フードプロセッサーにトマトを入れ、ペースト状になるまで撹拌する。
② 鍋にオリーブ油を熱し、トマト以外の野菜、にんにくを入れて炒める。油が回ったら①のトマト、水、コンソメを加える。
③ ふたをして弱火で20分煮込み、塩、こしょうで味を調え、チーズを加えて2分煮込む。
④ 器に盛り、生クリームとチャービルを飾る。

@mariyuiren にんにくは炒めるとき油がはねやすいので、他の野菜と一緒に炒めてください。

06/25

お豆とベーコンのスパイシースープ

材料（2人分）

ベーコン（ブロック）…100g
ミックスビーンズ水煮…50g
大豆水煮…30g
さやいんげん…8本
スナップえんどう…4本
カレー粉…小さじ2
水…400ml
顆粒コンソメ…小さじ1
バター…5g
塩…少々
こしょう…少々
粉チーズ…少々

下ごしらえ

ベーコン≫1.5cm角に切る
さやいんげん≫1.5cmの長さに切る
スナップえんどう≫筋を取る

作り方

1. 鍋にベーコンを入れて弱火で熱し、脂が出てきたらカレー粉を加えて炒める。
2. ミックスビーンズ、大豆、さやいんげん、スナップえんどうを加えて炒め、水、コンソメを加えてふたをして中火で10分煮込む。
3. 豆がやわらかくなったら塩、こしょうで味を調え、火を止めてバターを加えて余熱で溶かす。
4. 器に盛り、スナップえんどうは縦半分に割って飾り、粉チーズを振る。

@chisugarj20 下ごしらえや洗い物をできるだけ少なくした、簡単だけど栄養満点なスープです！

06/26

鶏ひき肉とズッキーニの豆乳スープ

材料（2人分）

鶏ひき肉…100g
ズッキーニ…80g
玉ねぎ…100g
にんじん…40g
しめじ…60g
顆粒コンソメ…小さじ2
水…100ml
無調整豆乳…300ml
塩…少々
こしょう…少々
パセリのみじん切り…適量
オリーブ油…大さじ1

下ごしらえ

ズッキーニ≫5mm厚さの半月切り
玉ねぎ≫みじん切り
にんじん≫さいの目切り
しめじ≫ほぐす

作り方

1. 鍋にオリーブ油を中火で熱し、ひき肉を炒める。
2. 玉ねぎ、にんじん、しめじを加えてさらに炒め、ズッキーニ、水、豆乳、コンソメ、塩、こしょうを加え、沸騰直前まで弱火で温める。
3. 器に盛り、パセリを散らす。
※お好みで粗びき黒こしょうを振る。

Point
■沸騰させないように火加減に気をつけてください。

@s.a.m.a.m.a 鶏ひき肉とズッキーニで食べごたえばっちりのわが家の定番スープです。

⏱20min

06/27

なすのポタージュ 夏野菜添え

材料（2人分）

なす…2本
玉ねぎ…½個（100g）
バター…10g
水…150㎖
顆粒コンソメ…小さじ2
牛乳…150㎖
塩…少々
こしょう…少々

トッピング
生クリーム（六分立て）…適量
オリーブ油…適量
ミニトマト…2個
オクラ…1本
クラッカー…適量
粗びき黒こしょう…適量

下ごしらえ

なす » 皮をむき、薄切りにして塩水にさらす
玉ねぎ » 薄切り
ミニトマト » 小さめの角切り
オクラ » 下ゆでをして、小口切り
クラッカー » 細かく砕く

作り方

① 鍋にバターを溶かし、なす、玉ねぎを入れてしんなりするまで炒める。
② 水、コンソメを加えて、弱中火で5~7分煮てボウルに移す。
③ ブレンダーで撹拌し、鍋に戻して牛乳を加え、弱火で温め、塩、こしょうで味を調える。
④ 器に盛り、トッピングをする。

@ru.ru_rumi 冷やしてもおいしいスープです。刻んだ野菜も入れた食べる野菜スープです。

⏱25min

06/28

アスパラと玉ねぎの豆乳カレーポタージュ

材料（2人分）

グリーンアスパラガス…10本
玉ねぎ…1個
オリーブ油…小さじ2
塩・こしょう…少々
水…250㎖
顆粒コンソメ…小さじ1
ベーコン…40g
バター…10g
カレー粉…小さじ2
無調整豆乳…150㎖
生クリーム…適量

下ごしらえ

アスパラ » 根元を切り落とし、下から3㎝ほどピーラーでむいて、1㎝幅の斜め切り
玉ねぎ » 薄切り
ベーコン » 3㎜幅に切る

作り方

① 鍋にオリーブ油を熱し、玉ねぎをしんなりするまで炒め、アスパラも加えて軽く炒め、塩、こしょうを加える。
② 水、コンソメを加えてふたをして中火で7~8分ほど煮て、飾り用にアスパラの穂先を取り出し、残りをすべてボウルに移す。ブレンダーでなめらかになるまで撹拌する。
③ 鍋にバターを溶かし、ベーコンを炒めてカレー粉を加える。香りが立ったら②と豆乳を加え、塩、こしょうで味を調える。
④ 器に盛り、生クリーム、アスパラの穂先を飾る。

@howl.love.hrm 豆乳とカレー粉deスパイシーなのに優しいスープ。パンにたっぷりつけて食べてね♡

06/29

丸ごとトマトの和風スープ

10min

材料（2人分）

トマト…2個
だし汁…400㎖
酒…大さじ1
みりん…大さじ1
A 砂糖…小さじ1/2
しょうゆ…小さじ1/2
トマトケチャップ…大さじ1
塩…少々
トッピング
青じそ…2枚
フライドオニオン…少々
オリーブ油…適量
粗びき黒こしょう…少々

下ごしらえ

トマト≫ヘタを取り、湯むきしそ≫せん切りにし、サッと水に浸して水気をきる

作り方

① 鍋にだし汁、Aを入れて火にかけ、塩で味を調える。
② トマトをそっと加え、ふたをして1分加熱して火を止める。
③ 粗熱を取り、冷蔵庫でよく冷やす。
④ 器に盛り、しそ、フライドオニオンをのせて、オリーブ油、黒こしょうをかける。

Point

■トッピングは、しその代わりにきゅうりやオクラなどの輪切りでもいいですよ。

@4ho1105 トマトの旨みと栄養を丸ごと楽しめるスープです。トマトを崩しながら食べてください。

06/30

きのこの冷製カレーポタージュ

材料（2人分）

しめじ…½パック
まいたけ…½パック
えのきだけ…½パック
にんにくのみじん切り…1片分
オリーブ油…小さじ½
玉ねぎ…大1個
固形コンソメ…½個
塩…少々
水…100mℓ
バター…5g
無調整豆乳…150mℓ
カレー粉…小さじ½

トッピング
―カレー粉…適量

下ごしらえ

しめじ、まいたけ、えのき»細かく刻む
玉ねぎ»薄切り

作り方

① 鍋にオリーブ油を熱し、にんにくを炒めて香りが立ったら、取り出す。
② 同じ鍋で玉ねぎを炒め、しんなりしってさらに炒め、塩を振らしめじ、まいたけ、えのきを加えて炒める。
③ にんにくを戻し入れ、水、コンソメを加えて弱中火で5分煮る。火を止め、バターを溶かし入れてボウルに移し、ブレンダーでなめらかになるまで撹拌する。
④ ボウルごと氷水でさまし、豆乳、カレー粉を加えて混ぜ合わせる。
⑤ 器に盛り、カレー粉をトッピングする。

@hana11mai_sweets 水分の飛ばし具合でスープの濃度が変わってくるので、塩と豆乳の量は加減してくださいね。

Column

きほんのだし汁の作り方

材料（2人分）

昆布…10g
かつお節…20g
水…1000ml

下ごしらえ

固く絞ったぬれ布巾で昆布の表面をさっと拭きます。

作り方

① 鍋に水と昆布を入れ、そのまま20〜30分置きます。
② 中火にかけて沸騰直前に昆布を取り出し、沸騰したら火を止めます。
③ かつお節を入れ、そのまま2分置きます。
④ キッチンペーパーをのせたざるで静かにこして完成です。

かつお節を加えてから長く煮たり、何度もかき混ぜたり絞ったりすると、渋みや濁りが出てしまうので注意！

Column

知っておくとちょっと便利！

いろいろなだし

和風向けのものから洋風向けのものまで種類豊富なだしですが、すべて一からとっていてはコストも時間もかかってしまいます。そんなとき便利なのは市販のだし。スープ作りに便利な市販のだしをご紹介します。

和風だし

日本料理に使用されることの多い和風だしの素ですが、パスタやカレーにも使える万能選手。昆布だし・椎茸だし・煮干しだし・かつおだしの総称で、それぞれ風味や味わいに特徴があります。だしが主役になる風味豊かな“煮干しだし”と“かつおだし”は汁物にぴったりです。昆布だしはグルタミン酸、椎茸だしはグアニル酸、煮干しだしとかつおだしにはイノシン酸と呼ばれる旨み成分が含まれています。この旨み成分は別の種類のものを掛け合わせることによって相乗効果が生まれ、より味に深みが出ます。

コンソメ

ブイヨンをベースに野菜や肉、調味料を追加して煮込み、こしたもの。市販のコンソメは顆粒タイプと固形タイプのものがあり、こちらも洋風のスープによく使われます。固形コンソメ1個は顆粒コンソメ大さじ½と同じです。

ブイヨン

牛や鶏、魚類に香味野菜を合わせ、長時間煮出して作る旨みエキスたっぷりのだしで、調味料を加える前の状態を指します。野菜やお肉が入った洋風のスープによく使用されます。

鶏ガラスープの素

鶏の骨と野菜をじっくり煮込んだスープを顆粒状にしたもの。あっさりとした味わいにコクをプラスしてくれます。中華ベースやカレーベースのスープとの相性がいいです。万能中華調味料で代用することもできます。

25min

07/01

枝豆と玉ねぎの冷製スープ

材料（2人分）

枝豆（正味）…150g
玉ねぎ…½個（100g）
固形コンソメ…1個
牛乳…200㎖
水…100㎖
塩…少々
こしょう…少々
オリーブ油…大さじ1
生クリーム…50㎖
トッピング
―オリーブ油…適量

下ごしらえ

枝豆≫ゆでて、さやからはずし、薄皮をむく。トッピング用に5～6粒取り分ける
玉ねぎ≫薄切り

作り方

① 鍋にオリーブ油を熱し、玉ねぎを入れて炒める。
② 枝豆、水、コンソメを加えて弱中火で10分煮込み、牛乳を加えて沸騰させないように弱火で温め、塩、こしょうで味を調えてボウルに移す。
③ ブレンダーでなめらかになるまで撹拌し、生クリームを加えて混ぜ、冷蔵庫で冷やす。
④ 器に盛り、トッピング用の枝豆を飾り、オリーブ油を数滴たらす。

Point
■牛乳は豆乳でも代用できます。

@sweet_honey_moon_ 10年以上前から夏になると作るわが家の定番スープ。育てた枝豆で作るスープは格別です♡

10min

07/02

ふわふわ卵とツナの中華スープ

材料（2人分）

溶き卵…2個分
ツナ缶…1缶
長ねぎ…½本
水…400㎖
鶏ガラスープの素…小さじ2
塩…小さじ½
トッピング
―ごま油…適量
　糸唐辛子…適量

下ごしらえ

ツナ缶≫油をきる
ねぎ≫5㎜幅の斜め切り

作り方

① 鍋に水を入れて煮立て、中火にしてスープの素、塩を入れて混ぜ合わせる。
② ツナ、ねぎを加えて沸騰させ、火を止めて溶き卵を回し入れ、余熱でふわっとしてきたら器に盛る。
③ ごま油をたらし、糸唐辛子を添える。

Point
■溶き卵を流し入れたら、スープは混ぜないでくださいね。

@vivienne_glow 忙しい毎日を送る方へ、お鍋ひとつでできる超簡単時短スープです。

07/03

チキンとオクラのねばねばトマトスープ

材料（2人分）

鶏もも肉…1枚
玉ねぎ…½個（100g）
オクラ…5本
マッシュルーム…5個
カットトマト缶…½缶
溶き卵…1個分
塩…小さじ¼
こしょう…少々
水…300mℓ
固形コンソメ…1個
オリーブ油…大さじ½

下ごしらえ

鶏肉≫ひと口大に切り、塩、こしょう各少々（分量外）で下味をつける
玉ねぎ、マッシュルーム≫5mm厚さに切る
オクラ≫板ずりし、水で洗って水気をきり、5mm幅に切る

作り方

① 鍋にオリーブ油を熱し、玉ねぎ、マッシュルーム、鶏肉を順に炒める。
② カットトマト、コンソメ、水を加えてひと煮立ちしたら、弱火にしてふたをして10分煮込む。
③ 塩、こしょうを加えて味を調え、オクラを加えてひと煮立ちさせて、溶き卵を回し入れる。

Point
■卵は必ずスープを沸騰させてから加えてくださいね。

@i.mimosa__ 鶏肉、卵、野菜で、ボリューム満点！栄養価も高いのでこれ一品で大満足なスープです。

07/04

ゴーヤとオクラのミルクスープ

材料（2人分）

ゴーヤ…¼本（60g）
しいたけ…2枚
玉ねぎ…¼個
オクラ…3本
ベーコン…2枚
水…150mℓ
固形コンソメ…1個
牛乳…200mℓ
生クリーム…50mℓ
塩…少々
ナツメグ…少々
オリーブ油…大さじ1
粗びき黒こしょう…少々

下ごしらえ

ゴーヤ≫縦半分に切ってスプーンで種とワタを取り、薄切りにして塩もみし、水にさらす
しいたけ、玉ねぎ≫みじん切り
オクラ≫5mm幅に切る
ベーコン≫1cm幅に切る

作り方

① 鍋にオリーブ油を熱し、ゴーヤ、しいたけ、玉ねぎ、オクラ、ベーコンを炒める。水、コンソメを加え、具材がやわらかくなるまで弱中火で4〜5分煮る。
② 牛乳、生クリームを加えて弱火で温め、塩、ナツメグを加えて味を調える。
③ 器に盛り、黒こしょうを振る。

Point
■ゴーヤの苦みが苦手な方は、スプーンでワタを取るときに白い部分がなくなるまで取ってください。

@kinarie 子どもにも人気のゴーヤスープ♪苦みをマイルドにするため、ミルクで仕上げてみました！

20min

07/05

さば缶のじゃがバタカレースープ

材料（2人分）

さば水煮缶…1缶（190g）
じゃがいも…1個（120g）
玉ねぎ…½個（100g）
カレー粉…小さじ2
こしょう…少々
塩…少々
水…340mℓ
おろししょうが…小さじ¼
粒マスタード…小さじ1
バター…10g
トッピング
ミニトマト…2〜3個
ラー油…適量
ブロッコリースプラウト…適量

下ごしらえ

じゃがいも、玉ねぎ»細切り
ミニトマト»4等分に切り、ラー油であえる

作り方

1. 鍋にバターを溶かし、じゃがいもと玉ねぎを入れて玉ねぎが透き通るまで炒める。
2. カレー粉、こしょうを加えて、香りが立ったら、水、さばを缶汁ごと、しょうがを加えてひと煮立ちさせる。
3. アクをしっかり取り、ふたをして弱火で10分ほど煮込み、粒マスタードを加えて火を止め、塩で味を調える。
4. 器に盛り、ミニトマト、スプラウトをトッピングする。

Point

■焦げつきやすい鍋の場合は、切ったじゃがいもを水にさらしてから炒めると、くっつきにくくなります。

@namiv66v スープの素など使わずに最低限の調味料で、素材の旨みを楽しめるよう工夫しました。

07/06

水菜と大豆の和風スープ

材料（2人分）
水菜…½束
玉ねぎ…¼個
にんじん…¼本
ベーコン…1枚
大豆水煮…70g
顆粒だしの素…小さじ1
塩…少々
水…400㎖

下ごしらえ
水菜≫3㎝幅のざく切り
にんじん≫せん切り
玉ねぎ≫薄切り
ベーコン≫1㎝幅の短冊切り

作り方
① 鍋に水、水菜、玉ねぎ、にんじん、ベーコン、大豆を入れて中火にかける。
② 沸騰したらだしの素を加えてサッと混ぜ、塩で味を調える。

Point
■水菜は、火を止めてから加えても食感が残っておいしいですよ。

@ashy_gfam 優しいお味、野菜たっぷり食べごたえあり！ぜひフォークでお召し上がりください！

07/07

しいたけとごぼうのポタージュ

材料（2人分）
ごぼう…1本
しいたけ…4枚
玉ねぎ…¼個
じゃがいも…1個
牛乳…125㎖
塩・こしょう…少々
コンソメスープ…300㎖
（水…300㎖
顆粒コンソメ…小さじ2）
バター…10g
トッピング
パセリのみじん切り…適量
オリーブ油…適量

下ごしらえ
ごぼう≫斜め薄切りにし、水にさらす
しいたけ≫細切り
玉ねぎ、じゃがいも≫薄切り

作り方
① 鍋にバターを溶かし、ごぼう、しいたけ、玉ねぎを炒め、玉ねぎが透き通ったら、じゃがいもを加えて炒める。
② じゃがいもに火が通ったらスープを加え、ごぼうがやわらかくなるまで煮てボウルに移す。
③ ブレンダーでなめらかになるまで撹拌し、鍋に戻して弱火にかけ、牛乳を少しずつ加えてなじませ、塩、こしょうで味を調える。
④ 器に盛り、パセリを散らし、オリーブ油をかける。

Point
■揚げごぼうや生クリームをトッピングするのもオススメです。

@_my0610 身近で季節問わず売っている食材で作るスープ。体に優しい食材で作っています。

07/08

もやしのサンラータン風スープ

15min

材料（2人分）

たけのこ水煮…45g
もやし…40g
にんじん…20g
しいたけ…1枚
溶き卵…1個分
水…350mℓ
A
鶏ガラスープの素…大さじ½
酒…大さじ1
砂糖…小さじ1
しょうゆ…大さじ½
水溶き片栗粉…小さじ5
（水小さじ3＋片栗粉小さじ2）
酢…大さじ1
ごま油…大さじ1
トッピング
小ねぎの小口切り…適量
ラー油…適量

下ごしらえ

たけのこ、にんじん、しいたけ
》細切り

作り方

① 鍋にごま油を熱し、たけのこ、もやし、にんじん、しいたけを入れて炒める。
② 水を加え、沸騰したらAを加えて中火で4分ほど煮る。
③ 火を弱めて水溶き片栗粉を加え、再び沸騰させてとろみをつけ、溶き卵を回し入れ、酢を加えて軽く煮立たせる。
④ 器に盛り、小ねぎ、ラー油をトッピングする。

Point
■具材は同じ大きさに切りそろえると、火の通りも均一になりますよ。

@natsupon0316 夏にピッタリな酸っぱ辛いスープ♪手軽な材料だけで作れます。

07/09

いちじくとクリームチーズの冷製スープ

20min

材料（2人分）

玉ねぎ…⅛個
セロリ…20g
いちじく…3個
水…200mℓ
顆粒コンソメ…小さじ1
卵黄…1個
クリームチーズ…100g
バター…10g
塩・こしょう…少々
トッピング
ディル…適量
粗びき黒こしょう…少々

下ごしらえ

玉ねぎ、セロリ》みじん切り
いちじく》皮をむく

作り方

① 鍋にバターを中火で溶かし、玉ねぎ、セロリを炒め、しんなりしたらコンソメ、水を加えてふたをして10分煮込み、火を止めて粗熱を取る。
② ボウルに移し、卵黄、クリームチーズ、いちじくを加えてブレンダーでなめらかになるまで撹拌する。
③ 塩、こしょうを加えて混ぜ合わせ、冷蔵庫で冷やす。
④ 器に盛り、黒こしょうを振ってディルを飾る。

Point
■冷凍いちじくを解凍せずに撹拌すると、冷蔵庫で冷やさなくても簡単に冷製スープが完成します。

@uukanuba 旬のいちじくをいろんな食べ方で楽しみたい。とても簡単なのにご褒美のようなスープです。

07/10

具だくさんラタトゥイユ風スープ

30min

材料（2人分）
ベーコン（ブロック）…100g
トマト…1個
ズッキーニ…½本
なす…1本（80g）
赤パプリカ…½個
かぼちゃ…⅛個
カットトマト缶…½缶（200g）
A 水…200㎖
ローリエ…1枚
固形コンソメ…1個
塩・こしょう…少々
オリーブ油…大さじ1
バジル…適量

下ごしらえ
ベーコン≫1㎝幅の短冊切り
トマト≫ヘタをくりぬいて、横半分に切り、種を取ってざく切り
ズッキーニ、なす≫1㎝厚さの輪切り
パプリカ≫縦半分に切り、乱切り
かぼちゃ≫皮ごと小さめのひと口大に切る

作り方
① 鍋にオリーブ油を熱し、ベーコンを炒めて脂が出てきたら、かぼちゃ、なす、ズッキーニ、パプリカを加えて、さらに炒める。
② 全体がしんなりしたら、トマト、Aを加えて弱火で20分ほど煮込み、塩、こしょうで味を調える。
③ 器に彩りよく盛り、バジルを飾る。

Point
■材料は少し大きめに切ると、見ばえよく盛りつけられます。

@sea.seal229 色鮮やかな夏野菜でたっぷり栄養補給!!夏バテ知らずです^^

07/11

きゅうりと豆腐の冷製スープ

25min

材料（2人分）
きゅうり…1本
玉ねぎ…¼個
絹ごし豆腐…50g
コンソメスープ…200㎖
（水…200㎖
顆粒コンソメ…小さじ1）
無調整豆乳…200㎖
塩…小さじ¼
こしょう…少々
ココナッツオイル…大さじ½

下ごしらえ
きゅうり≫飾り用に少量を薄い小口切り。残りは縦半分に切り、スプーンで種を取って薄切り
玉ねぎ≫横に薄切り
豆腐≫10分ほどキッチンペーパーに包んで軽く水きりする

作り方
① 鍋にココナッツオイルを熱し、玉ねぎをしんなりするまで炒めたら、きゅうりを加えて透き通るまで炒める。
② スープを入れ、弱中火で5分ほど煮て、豆乳、塩、こしょう、豆腐をヘラなどでつぶしながら加えて弱火で温め、ボウルに移す。
③ ブレンダーでなめらかになるまで撹拌し、ボウルごと氷水で冷やす。
④ 器に盛り、きゅうりを飾る。

Point
■豆乳は熱しすぎると分離しやすくなるので、弱火で沸騰しないように温めてくださいね。

@o_bent_o 暑い日はお料理をするのも嫌になる日があるので、サッと作れて栄養も摂れるスープにしました。

10min

07/12

落とし卵のミルクみそスープ

材料（2人分）

水…300㎖
牛乳…100㎖
卵…2個
合わせみそ…大さじ1
固形コンソメ…1個
トッピング
小ねぎの小口切り…適量
粉チーズ…適量
オリーブ油…適量
粗びき黒こしょう…適量

作り方

① 鍋に水、コンソメを入れて中火で煮立て、弱火にして牛乳を加え、みそを溶き入れる。
② 卵を割り入れ、2〜3分煮る。
③ 器に盛り、小ねぎ、粉チーズ、オリーブ油、黒こしょうをトッピングする。

Point
■ 卵の加熱具合は、お好みで。
■ 卵はスープにかくれてしまいますが、崩さないようにそっと器に盛りつけましょう。

@chiyo09 以前テーマパークで食べてからわが家の定番に。卵は半熟で仕上げるのがお気に入りです。

20min

07/13

マッシュルームとそら豆の冷製ポタージュ

材料（2人分）

ホワイトマッシュルーム…8個
そら豆…100g
玉ねぎ…½個（100g）
水…150㎖
固形コンソメ…1個
アーモンドミルク（無糖）…200㎖
塩・こしょう…少々
バター…10g
ピンクペッパー…適量
粗びき黒こしょう…適量
オリーブ油…適量

下ごしらえ

マッシュルーム≫薄切り
そら豆≫酒と塩各少々を入れた湯で2〜3分ゆで、薄皮を取る
玉ねぎ≫薄切り

作り方

① 鍋にバターを溶かし、マッシュルーム、そら豆、玉ねぎを入れて全体がしんなりするまで炒める。
② 水、コンソメを加えて、沸騰したら弱中火で4〜5分煮込み、ボウルに移す。
③ アーモンドミルクを少しずつ加えながら、ブレンダーでなめらかになるまで撹拌して鍋に戻す。
④ 弱火で沸騰直前まで温め、塩、こしょうで味を調える。
⑤ 火を止めて、粗熱を取り、冷蔵庫で冷やす。
⑥ 器に盛り、オリーブ油をかけて、黒こしょう、ピンクペッパーを振る。

Point
■ アーモンドミルクは豆乳や牛乳でも代用できますよ。

@miki012119 季節の野菜とアーモンドミルクで体に優しくホッとする味を心がけたスープです。

07/14

豚バラ肉とさといものクリームスープ

材料（2人分）
豚バラ肉（薄切り）…80g
にんじん…½本
さといも…4個
玉ねぎ…½個（100g）
スナップえんどう…4本
調製豆乳…200㎖
牛乳…200㎖
A 顆粒コンソメ…小さじ2
塩…少々
こしょう…少々
サラダ油…大さじ1
合わせみそ…大さじ1
バター…10g
フライドオニオン…適量

下ごしらえ
豚肉≫4㎝幅に切る
にんじん、さといも≫乱切りして竹串がスーッと通るまで下ゆで
玉ねぎ≫薄切り
スナップえんどう≫筋を取り、塩ゆで

作り方
① 鍋に油を熱し、豚肉を炒め、色が変わったらにんじん、さといも、玉ねぎ、スナップえんどうを加えて炒め合わせる。
② 玉ねぎがしんなりしたらAを加えて弱火で3分煮込む。
③ バター、みそを溶かし入れ、温める。
④ 器に盛り、フライドオニオンを散らす。

15min

Point
■煮込むときは沸騰させないように気をつけてくださいね。

@haruna.t8m 野菜がゴロゴロ入っているので、満腹感があり、豆乳で体に優しいスープに。

07/15

冬瓜となすのトロトロスープ

材料（2人分）
冬瓜…120g
なす…1本
玉ねぎ…40g
ベーコン…40g
にんにくのみじん切り…1片分
顆粒コンソメ…小さじ2
水…400㎖
オリーブ油…大さじ1
塩…少々
こしょう…少々
パセリのみじん切り…適量

下ごしらえ
冬瓜、なす≫ひと口大に切る
玉ねぎ≫5㎜の角切り
ベーコン≫1㎝角に切る

作り方
① 鍋にオリーブ油、にんにくを入れて弱火にかけ、香りが立ったら、冬瓜、なす、玉ねぎ、ベーコンを加えて中火で2分炒める。
② コンソメ、水を加え、ふたをして弱火で20分煮込み、塩、こしょうで味を調える。
③ 器に盛り、パセリを散らす。

30min

Point
■冬瓜となすはメインの食材なので、大きめに切ります。
■冬瓜がトロトロになるまでしっかり煮てください。

@hiroshi.bluebird 旬の冬瓜はむくみや夏バテ予防の効能もあるといわれている夏に摂取したい野菜ですね。

07/16

カレー風味の冷製ラタトゥイユスープ

20min

材料（2人分）

ベーコン（ブロック）…50g
玉ねぎ…1/4個
ズッキーニ…1/2本
黄パプリカ…1/2個
カレー粉…小さじ1
A
カットトマト缶…1/2缶
水…200mℓ
固形コンソメ…1個
ローリエ…1枚
塩…少々
こしょう…少々
オリーブ油…小さじ2
粗びき黒こしょう…少々
ドライパセリ…少々

下ごしらえ

ベーコン»8mm角の棒状に切る
玉ねぎ»1cm角に切る
ズッキーニ»8mm幅の半月切り
パプリカ»1.5cm角に切る

作り方

① 鍋にオリーブ油を熱し、ベーコン、玉ねぎ、ズッキーニ、パプリカを炒め、玉ねぎが透き通ったらカレー粉を加えて、さらに1〜2分炒める。
② Aを加え、ふたをして、煮立ったら弱火にして5分ほど煮込み、塩、こしょうで味を調え、ローリエを取り除く。
③ 粗熱を取って冷蔵庫で冷やす。
④ 器に盛り、黒こしょうを振り、パセリを散らす。

Point

■カレー粉は炒めることで香りが立つので、先に炒めてくださいね。
■ローリエがなければ省いてもよいですよ。

@nonsuke__ 暑い夏でも、カレー風味で食欲UP！にんにくやしょうがを入れてもおいしいです！

07/17

豚ヒレ肉ときのこのクリームスープ

25min

材料（2人分）

豚ヒレ肉（ブロック）…200g
小麦粉…適量
しめじ…1パック（100g）
エリンギ…1パック（100g）
ホワイトマッシュルーム…3個
玉ねぎ…½個
にんにく…1片
A
コンソメスープ…100㎖
（水…100㎖
顆粒コンソメ…大さじ1）
生クリーム…200㎖
牛乳…100㎖
サラダ油…大さじ1
粗びき黒こしょう…少々
パセリのみじん切り…適量

下ごしらえ

豚肉≫1cm厚さに切り、小麦粉をまぶす
きのこ類≫ひと口大に切る
玉ねぎ、にんにく≫みじん切り

作り方

① 鍋に油大さじ½を熱し、豚肉を入れて焼き色がついたら、取り出す。
② 鍋をキッチンペーパーなどで拭いたら、残りの油とにんにくを入れ、香りが立ったら、玉ねぎ、きのこ類を加えて炒める。
③ しんなりしたらふたをして5分ほど蒸し焼きにし、Aを加える。
④ 豚肉を鍋に戻し、弱火で10分煮込む。
⑤ 器に盛り、黒こしょうを振り、パセリを散らす。

@mihooobuu ヒレ肉をたっぷりと食べられるスープです。パスタを入れてもおいしいです。

07/18

アボカドとクリームチーズのスープ

20min

材料（2人分）

アボカド…1個
クリームチーズ…18g
玉ねぎ…30g
バター…5g
顆粒コンソメ…小さじ1
レモン汁…大さじ⅔
牛乳…300㎖
トッピング
粗びき黒こしょう…少々
ピンクペッパー…適量
オリーブ油…適量

下ごしらえ

アボカド≫皮と種を取り、ひと口大に切る
玉ねぎ≫みじん切り

作り方

① ボウルにアボカド、レモン汁を入れて混ぜ合わせる。
② 耐熱ボウルに玉ねぎ、バターを入れてラップをかけ、電子レンジで50秒加熱する。
③ ①に②、クリームチーズ、コンソメ、牛乳の半量を入れてブレンダーでなめらかになるまで撹拌し、残りの牛乳を加えて混ぜ合わせる。
④ 器に盛り、黒こしょう、ピンクペッパー、オリーブ油をトッピングする。

Point
■玉ねぎなしで作ってもアボカドが濃厚で、とてもおいしいです。

@yuki_etusivu 暑い季節に簡単に栄養をとりたくて火を使わず楽ちんだけどおいしいスープにしました。

07/19

玉ねぎと豚こまのブイヨンスープ

15min

材料（2人分）

豚肉（こま切れ）…100g
玉ねぎ…½個
水…400㎖
固形ブイヨン…1個
しょうゆ…小さじ½
塩…少々
サラダ油…大さじ1
トッピング
—粗びき黒こしょう…少々
—パセリ…少々

下ごしらえ

豚肉≫ひと口大に切る
玉ねぎ≫薄切り

作り方

① 鍋に油を熱し、豚肉を入れて炒め、玉ねぎも加えてしんなりするまで炒める。
② 水を加え、沸騰したらアクを取り、ブイヨンを加えて弱火で5分煮込み、しょうゆ、塩で味を調える。
③ 器に盛り、黒こしょうを振り、パセリを散らす。

Point

■アクはきれいに除いてください。

@hamama_126 豚肉をたっぷり使って仕上げました。簡単だけど食べごたえのあるスープです。

07/20

しじみと豆乳のスープ

材料（2人分）

しじみ…100g
玉ねぎ…½個（100g）
セロリ…¼本
じゃがいも…1個（120g）
水菜…½束
水…200mℓ
固形コンソメ…1個
無調整豆乳…150mℓ
小麦粉…小さじ2
オリーブ油…大さじ½
こしょう…少々

下ごしらえ

しじみ≫砂抜きをしてよく洗う
玉ねぎ、セロリ、じゃがいも≫5mm角に切り、じゃがいもは水にさらす
水菜≫ざく切り

作り方

① 鍋にオリーブ油を熱し、玉ねぎ、セロリ、じゃがいもを炒め、油がなじんだら小麦粉を振り入れて、全体にからめ、水を加えて中火で6～7分煮込む。
② じゃがいもがやわらかくなったらしじみを加え、アクを取る。
③ コンソメ、豆乳を加え、弱火で温めてコンソメを溶かし、沸騰直前に火を止める。
④ 水菜を加えてひと混ぜし、こしょうを振る。

Point

■ しじみはきちんと砂抜きしてくださいね。
■ 豆乳は熱しすぎると分離しやすくなるので、弱火で沸騰しないように温めてくださいね。

@quiestla7 私たち夫婦はお酒が好きなので、週末はパンとしじみのスープで心と体を休めています。

07/21

ピーマンのポタージュ

材料（2人分）

ピーマン…4個
玉ねぎ…½個
水…200mℓ
牛乳…150mℓ
バター…10g
固形コンソメ…1個
塩…少々
こしょう…少々
トッピング
 牛乳…適量
 オリーブ油…適量
 粗びき黒こしょう…適量

下ごしらえ

ピーマン≫トッピング用に5mm厚さの輪切りを2個取り分け、蒸し焼きに。残りは粗みじん切り
玉ねぎ≫薄切り
トッピング用の牛乳≫泡立てる

作り方

① 鍋にバターを中火で溶かし、玉ねぎを炒め、しんなりしてきたらみじん切りにしたピーマンを加えてさらに炒める。
② コンソメ、水を加えてふたをして弱火で10分加熱し、ボウルに移す。
③ ブレンダーでなめらかになるまで撹拌し、鍋に戻す。
④ 牛乳を加えて弱火で温め、塩、こしょうで味を調える。
⑤ 器に盛り、泡立てた牛乳、輪切りのピーマン、オリーブ油、黒こしょうをトッピングする。

@___mee._ ポタージュにするとピーマンの苦みや青臭さが軽減されます。

07/22

彩り野菜のワンタンスープ

15min

材料（2人分）

豚ひき肉…100g
黄パプリカ…1/6個
赤パプリカ…1/6個
ズッキーニ…1/2本
ワンタンの皮…5枚
酒…大さじ1/2
水…400mℓ
鶏ガラスープの素…小さじ1 1/2
塩…少々
こしょう…少々
ごま油…大さじ1

トッピング
―ごま油…小さじ1/2

下ごしらえ

パプリカ、ズッキーニ » 1cm角に切る

作り方

① 鍋を熱し、ごま油を入れてひき肉を炒める。火が通ったらパプリカ、ズッキーニを加えて1分ほど炒める。
② 酒を加えてサッと炒め、スープの素、塩、こしょう、水を加えて煮立て、沸騰したら、そのまま1分煮る。
③ ワンタンの皮を加え、火が通るまで煮る。
④ 器に盛り、仕上げにごま油をたらす。

Point
■ワンタンの皮はくっつきやすいので、なるべくバラしながら入れてくださいね。

@fam.800 おかわり率が高い定番スープ。定番だからこそ短時間で簡単に。

07/23

アボカドとじゃがいもの冷製ポタージュ

10min

材料（2人分）

アボカド…1個
じゃがいも…1/3個（40g）
無調整豆乳…300mℓ
A ―顆粒コンソメ…小さじ1
　 レモン汁…小さじ1
　 ―オリーブ油…少々

トッピング
―ベーコン…1枚
スナップえんどう…6本
オレンジ…1/4個
―粗びき黒こしょう…少々

下ごしらえ

アボカド » 半分に切って種を取り、実をくりぬく
じゃがいも » 皮をむき、小さめの乱切りにし、塩少々（分量外）を入れた熱湯でゆでる
ベーコン » 1〜2cm幅に切る
スナップえんどう » 半分に割り、ベーコンとフライパンでほんのり焼き目がつくまで炒める
オレンジ » 皮をむき、房から中身を取り出す

作り方

① ボウルにアボカド、豆乳、A、さましたじゃがいもを加えて、ブレンダーでなめらかになるまで撹拌し、冷蔵庫で冷やす。
② 器に盛り、トッピングのベーコンとスナップえんどう、オレンジをバランスよく飾り、黒こしょうを振る。

@liee レモン汁を入れることで、アボカドの変色を防げます。味が薄い場合は、コンソメを足してみて。

07/24

ミニトマトとモッツァレラの豆乳ポタージュ

材料（2人分）
ミニトマト…10個
モッツァレラチーズ…50g
じゃがいも…100g
顆粒コンソメ…小さじ1
水…150㎖
調製豆乳…250㎖
塩…小さじ¼
バター…10g
バジル…適量

下ごしらえ
ミニトマト≫湯むきする
モッツァレラチーズ≫ひと口大に切る
じゃがいも≫1cm角に切る

作り方
① 鍋にじゃがいも、コンソメ、水を入れてふたをし、やわらかくなるまで弱火で10分煮る。
② 火を止めてボウルに移し、ブレンダーでなめらかになるまで撹拌して鍋に戻す。
③ 残りの豆乳を加え、弱火で沸騰しないように温め、塩、バター、豆乳50㎖を加えてブレンダーでなめらかになるまで撹拌して鍋に戻す。

Point
■豆乳を加えた後は沸騰させないように気をつけてください。

@spiel_pirorin 大好きなピザマルゲリータをイメージして作りました！

07/25

手羽元とトマトのチリスープ

材料（2人分）
鶏手羽元…6本
玉ねぎ…½個（100g）
赤唐辛子…1本
酒…大さじ1
ホールトマト缶…½缶（200g）
水…200㎖
固形コンソメ…1個
ローリエ…1枚
チリパウダー…小さじ½
塩…小さじ½
こしょう…少々
オリーブ油…大さじ1
パセリのみじん切り…少々

下ごしらえ
手羽元≫骨に沿って切り込みを2カ所入れる
玉ねぎ≫薄切り

作り方
① 鍋にオリーブ油を熱し、赤唐辛子をさっと炒め取り出す。鶏肉は皮を下にして入れ、焼き目がつくまでしっかり焼く。
② 玉ねぎ、酒を加えて弱中火で5分ほどふたをして蒸し煮にする。
③ ホールトマト、水、ローリエ、コンソメを加えて中火で10分煮込み、チリパウダー、塩、こしょうを加えて味を調える。ローリエを取り除く。
④ 器に盛り、パセリを散らす。

@_aya_k_ 赤唐辛子は焦げやすいので、加熱しすぎに注意してください。

07/26

ごろごろチキンと夏野菜のスープカレー

35min

材料（2人分）

鶏もも肉…1枚（250g）
塩…少々
こしょう…少々
おろしにんにく…小さじ½
おろししょうが…小さじ½
玉ねぎ…小1個

A
トマトジュース（無塩）…100mℓ
水…300mℓ
顆粒コンソメ…小さじ1
砂糖…小さじ1
塩…ひとつまみ
ローリエ…1枚
ウスターソース…小さじ½

カレー粉…大さじ½
サラダ油…大さじ1

トッピング
なす…1本（80g）
ピーマン…1個
じゃがいも…1個（120g）
赤パプリカ…½個
チャービル…適量
揚げ油…適量

下ごしらえ

鶏肉、カレー粉≫鶏肉は4等分に切り、塩、こしょうを振って油大さじ1で焼き色がつくまで焼いて取り出す。余分な油を軽く拭き、カレー粉を炒める

玉ねぎ≫薄切り

なす≫縦半分に切って皮目に切り込みを入れ、素揚げ

ピーマン、じゃがいも、パプリカ≫ひと口大に切り、素揚げ

作り方

① 鍋に油を熱し、にんにく、しょうがを炒め、香りが立ったら玉ねぎを加えてしんなりするまで炒める。
② Aを加え、中火で7分ほど煮る。
③ 下ごしらえで炒めたカレー粉を加え、弱中火で5分ほど煮込む。
④ 器に盛り、鶏肉、トッピングの野菜をのせ、チャービルを飾る。

@abimaru7 鶏肉と野菜をトッピングしたスープカレーは、煮込む時間も少なくサッと作れます♪

07/27

スイカのガスパチョ

15min

材料（2人分）

スイカ…250g
トマトジュース（無塩）…120㎖
きゅうり…20g
レモン汁…小さじ2
オリーブ油…大さじ1
塩…少々
こしょう…少々

下ごしらえ

スイカ》種は取り、1㎝角に切る
きゅうり》トッピング用に少量を薄い小口切りに。残りはピーラーで皮をむき、5㎜角に切る

作り方

① ボウルにスイカ、トマトジュース、5㎜角のきゅうり、レモン汁、オリーブ油を入れ、ブレンダーでなめらかになるまで撹拌する。
② 塩、こしょうで味を調え、冷蔵庫で30分冷やす。
③ 器に盛り、小口切りのきゅうりをトッピングする。
※お好みでオリーブ油をかけ、粗びき黒こしょうを振る。

Point
■冷蔵庫でしっかり冷やすとおいしいですよ。

@_kurumi_kitchen_ 種があってうまく食べられない2歳の娘のために、スイカを手軽に味わえるよう作りました。

07/28

オクラと豚バラのピリ辛オイスタースープ

15min

材料（2人分）

オクラ…4本
豚バラ肉（薄切り）…60g
にんじん…20g
もやし…⅓袋
水…400㎖
ごま油…大さじ1
A
酒…大さじ1
オイスターソース…大さじ1
鶏ガラスープの素…小さじ½
トッピング
ラー油…数滴
白いりごま…少々

下ごしらえ

オクラ》板ずりし、ガクの周りを削り、1㎝幅に切る
豚肉》4㎝幅に切る
にんじん》細切り
もやし》2等分に切る

作り方

① 鍋にごま油を中火で熱し、豚肉、にんじんを入れて炒め、豚肉の色が変わったら、水を加え、沸騰したら火を弱めて3分煮込む。
② アクを取り、A、もやし、オクラを加え、1分30秒煮込む。
③ 器に盛り、ラー油とごまをトッピングする。

Point
■食感を損なわないために、もやしとオクラを入れたら煮込む時間は短くしてください。

@tsukicook オクラを入れるとトロミが出て食べやすく、豚肉の旨みも加わり絶品。夏バテ防止にぴったりです。

07/29

なすとじゃがいもの冷製ポタージュ

材料（2人分）

なす…1本（80g）
じゃがいも…1個（120g）
玉ねぎ…1/2個（100g）
水…150㎖
固形コンソメ…1個
調製豆乳…150㎖
塩…少々
オリーブ油…大さじ2
トッピング
—オリーブ油…少々

下ごしらえ

なす≫5㎜角のさいの目切りにして、トッピング用に大さじ1杯分取り分ける
じゃがいも、玉ねぎ≫さいの目切り

作り方

① 鍋にオリーブ油を熱し、トッピング用のなすを炒め、火が通ったら取り出す。
② 同じ鍋に残りのなす、じゃがいも、玉ねぎを入れ、しんなりするまで炒める。
③ 水、コンソメを加えて、弱火で10分くらい煮てボウルに移す。
④ ブレンダーでなめらかになるまで撹拌し、塩、豆乳を加えて冷蔵庫で冷やす。
⑤ 器に盛り、トッピング用のなすを散らし、オリーブ油を回しかける。

Point
■スープは温めてもおいしくいただけます。

@_.micco._ お子さまにもなすのおいしさに気づいてもらえるスープです。

07/30

とうもろこしとアスパラのポタージュ

材料（2人分）

とうもろこし…1本
グリーンアスパラガス…6本
A
—牛乳…100㎖
—固形コンソメ…1個
—塩…少々
—こしょう…少々
生クリーム…200㎖
バター…5g
粗びき黒こしょう…少々

下ごしらえ

とうもろこし≫ゆでて包丁で実をそぎ落とし、芯は残す
アスパラ≫根元を切り落とし、下から3㎝ほどピーラーでむいてゆで、穂先を5㎝ほど残してざく切り

作り方

① ボウルにとうもろこしの実、ざく切りのアスパラ、牛乳100㎖を入れてブレンダーでなめらかになるまで撹拌する。
② 鍋に①、A、とうもろこしの芯を入れて、中火で混ぜながら煮立て、火を弱めて2分煮る。
③ 生クリーム、バターを加えて沸騰直前で火を止め、とうもろこしの芯を取り出す。
④ 器に盛り、アスパラの穂先をのせ、黒こしょうを振る。

Point
■とうもろこしの芯を一緒に煮ることで、風味が増します。

@tamahaha1215 生クリーム多めの濃厚クリームスープ。とうもろこしの芯を入れて風味アップです。

15min

07/31

夏

7月のスープ

たっぷり野菜とツナの大豆スープ

材料（2人分）

ツナ缶…1缶（70g）
大豆水煮…60g
キャベツ…⅛玉
玉ねぎ…½個（100g）
トマト…1個
にんじん…½本
水…300mℓ
固形コンソメ…1個
塩…少々
こしょう…少々
プレーンヨーグルト…大さじ1

トッピング
オリーブ油…適量
粗びき黒こしょう…少々

下ごしらえ

キャベツ》ざく切り
玉ねぎ、トマト》くし形切り
にんじん》トッピング用に少量を星型にくりぬき、下ゆで。残りはいちょう切り

作り方

① 鍋にツナ缶を油ごと、大豆水煮を入れて、軽く炒める。
② キャベツ、玉ねぎ、いちょう切りのにんじんを加えて炒め、水、コンソメを加えて、ふたをして中火で5分煮る。
③ 煮立ったらトマトを加え、塩、こしょうで味を調える。
④ ヨーグルトを加え、沸騰直前で火を止める。
⑤ 器に盛り、トッピング用のにんじんを飾り、オリーブ油をかけ、黒こしょうを振る。

@heart1016a どんなに忙しくても、家族に栄養をたっぷりとってほしくて♪よく作ります。

Column

お悩み解決！

冷製スープのいろは

スープを早く冷やしたい！

鍋で粗熱をとり、冷蔵庫で冷やすと1〜2時間はかかってしまいます。少しでも時短したいときは、熱伝導性の高いステンレス製のボウルにスープを入れ替え、氷水を張ったボウルで冷やすとグンと時短に！（土鍋やホーロー鍋などは急な温度変化が破損の原因になるので、冷水などでの急冷はやめましょう。）

スープの冷たさをキープしたい！

冷製スープはキンキンに冷やした状態を保ちたいところ。保冷用の器を使用するのがベストですが、家庭にない場合は器を冷蔵庫で冷やしたり、器にスープを入れる直前まで氷水を入れたりしておくと、ひんやりスープが長く楽しめます。

Column

知っておくとちょっと便利！

野菜の変色を防ぐコツ

せっかく作った料理も見た目の美しさが失われてしまっては
もったいないですよね。特に野菜を使ったポタージュは時間が経つと、
スープ全体の色が褪せてしまうことも。
そんな事態を防ぐための、豆知識をご紹介します。

変色しやすい食材

アボカド、りんご、じゃがいも、さつまいも、
なす、れんこん、ごぼう、長いもetc

予防方法

● 水にさらす（約5分間）

向いている食材：じゃがいも、さつまいも、なす

※長時間さらしすぎると水溶性ビタミン（ビタミンCなど）が水に流れてしまうので注意しましょう。

● 酢水にさらす（約5分間）

向いている食材：れんこん、ごぼう、山いも、長いも

※長時間さらしすぎると水溶性ビタミン（ビタミンCなど）が水に流れてしまうので注意しましょう。

● レモン汁を塗る

向いている食材：アボカド、もも、バナナ、りんご

● 白ワインを塗る

向いている食材：りんご

変色の原因は食材のアクや、表面が空気に触れること。水や酢水にさらしてアクを取り除いたり、表面が空気に触れないようにすることで変色を防ぐことができるのです。

08/01

トマトとにんじんのクリームスープ

夏　8月のスープ

25min

材料（2人分）

トマト…2個
にんじん…½本
玉ねぎ…½個（100g）
じゃがいも…½個（60g）
にんにく…½片
水…100㎖
固形コンソメ…1個
牛乳…200㎖
生クリーム…大さじ2
粉チーズ…小さじ1
オレガノ…少々
塩・こしょう…少々
バター…10g
トッピング
じゃがいも…適量
生クリーム…適量
オレガノ…適量
揚げ油…適量

下ごしらえ

トマト≫ざく切り
にんじん、玉ねぎ、じゃがいも、にんにく≫薄切り
トッピング用のじゃがいも≫スライサーで細切りにして、素揚げ

作り方

① 鍋にバターを溶かし、にんにく、玉ねぎ、にんじん、じゃがいもの順に加えて炒める。
② 玉ねぎが透き通ったら、トマトを加えてさっと炒める。
③ 水、コンソメを加えて、ふたをしないでトマトの水分を飛ばすように中火で15分煮込み、ボウルに移す。
④ 粉チーズ、オレガノを加えてブレンダーでなめらかになるまで撹拌し、鍋に戻す。
⑤ 牛乳、生クリームを加えて弱火で沸騰直前まで温めたら、塩、こしょうで味を調える。
⑥ 器に盛り、トッピングをする。

Point

■トマトの皮が残らないように、なめらかになるまで撹拌してください。

@to_co105 トマトは完熟したものを使うと良いですよ。冷やしてもおいしいスープです♪

08/02

ひよこ豆とマッシュルームのチーズポタージュ

25min

材料（2人分）

ひよこ豆水煮…240g
ブラウンマッシュルーム…8個
水…200mℓ
固形コンソメ…1個
ローリエ…1枚
牛乳…150mℓ
粉チーズ…大さじ1
塩・こしょう…少々
オリーブ油…大さじ1

トッピング
粗びき黒こしょう…適量
ピンクペッパー…適量
オリーブ油…適量

下ごしらえ

ひよこ豆≫水気をきる
マッシュルーム≫薄切り

作り方

①鍋にオリーブ油、マッシュルームを入れて、しんなりするまで炒める。
②ひよこ豆、水、コンソメ、ローリエを加えて、ふたをして弱火で10分煮込む。
③ローリエを取り出し、ボウルに移してブレンダーで撹拌する。
④鍋に戻して牛乳、粉チーズを加えてよく混ぜ、弱火で5分ほど煮込む。
⑤塩、こしょうで味を調える。
⑥器に盛り、黒こしょう、ピンクペッパーを振り、オリーブ油をたらす。

@ayu_mio 健康的でお腹も満足なスープを作りたくて。ブラックペッパー多めがオススメです♪

08/03

せん切りキャベツのコンソメスープ

15min

材料（2人分）

ソーセージ…6本
キャベツ…150g
水…400mℓ
固形コンソメ…1個
粗びき黒こしょう…適量
パセリのみじん切り…適量

下ごしらえ

ソーセージ≫斜め3等分にする
キャベツ≫せん切り

作り方

①鍋に水を入れて沸騰させ、ソーセージ、コンソメを加える。
②ソーセージに火が通ったら、キャベツを加え、少し煮る。
③器に盛り、黒こしょうを振り、パセリを散らす。

Point
■煮込みすぎないほうがキャベツはシャキシャキします。

@naa9290 粗びき黒こしょうをたっぷり加えると、味が引き締まっておいしいですよ♪

08/04

セロリとトマトのコンソメスープ

15min

材料（2人分）

ベーコン（ブロック）…60g
セロリ…½本
トマト…½個
水…400㎖
顆粒コンソメ…大さじ1
塩…少々
こしょう…少々
バター…10g
ドライパセリ…適量

下ごしらえ

ベーコン、セロリ、トマト
》5㎜角に切る

作り方

① 鍋にバターを溶かし、ベーコン、セロリ、トマトを加えて炒める。
② 水、コンソメを加えて野菜がやわらかくなるまで煮て、塩、こしょうで味を調える。
③ 器に盛り、パセリを散らす。

Point

■ 具材は同じ大きさに切ると、火の通りも均一になっておいしくできますよ。
■ お好みで、粉チーズをかけて食べるのもおすすめです♪

@yuco55_ 家にあるものでさっと作れる、わが家の定番時短スープです。

08/05

しめじの冷製豆乳みそスープ

15min

材料（2人分）

しめじ…1パック
玉ねぎ…60g
A おろしにんにく…少々
　水…40㎖
　バター（無塩）…10g
無調整豆乳…360㎖
合わせみそ…30g
だしの素…小さじ½
粉チーズ…大さじ1

下ごしらえ

しめじ》4等分にほぐす
玉ねぎ》薄切り

作り方

① 鍋にAを入れ、ふたをして弱火で5分蒸し煮にする。
② しめじがしんなりしたら、トッピング用にしめじを2個取り出す。
③ 豆乳、みそ、だしの素を加え、沸騰直前で火を止め、ボウルに移す。
④ ブレンダーでなめらかになるまで撹拌し、冷蔵庫で冷やす。
⑤ 器に盛り、トッピング用のしめじを飾り、粉チーズを振る。

Point

■ 豆乳は沸騰させると分離するので気をつけてくださいね。
■ 温かいままでもおいしく召し上がれます♪

@jalebi.ss 身近な材料で作れる、暑い夏にぴったりの簡単ヘルシースープです。

20min

08/06

さっぱり冷たいツナワンタンスープ

材料（2人分）

ツナ缶…½缶（35g）
ワンタンの皮…6枚
玉ねぎ…½個（100g）
トマト…1個
しめじ…20g
オクラ…2本
レモン…½個
水…300㎖
鶏ガラスープの素…小さじ1½
塩…少々
ごま油…大さじ1
トッピング
青じそ…2枚
みょうが…½個

下ごしらえ

玉ねぎ≫¼をみじん切りにして、水にさらす。残りは繊維に沿って薄切り
トマト≫1㎝の角切り
しめじ≫ほぐす
オクラ≫3㎜の輪切り
レモン≫トッピング用に厚さ3㎜の半月切りを2枚用意。残りから果汁を搾る
みょうが、青じそ≫せん切り

作り方

① ボウルにみじん切りにした玉ねぎと、ツナを缶汁ごとよく混ぜ合わせ、ワンタンの皮で包む。
② 鍋に水を入れて火にかけ、沸騰したら①を1つずつ入れて30秒ほどゆで、冷水にとって、サッと冷やす。
※ゆで汁はスープに使うので捨てずにとっておく。
③ 別の鍋にごま油を熱し、薄切りにした玉ねぎを透き通るまで炒める。トマトとしめじを加えて全体に油が回ったら、ワンタンのゆで汁を加え、煮立たせる。
④ アクを除き、スープの素、塩を加えて味を調える。
⑤ オクラを加えてひと煮立ちしたらすぐに火を止め、粗熱を取り、②のワンタンを加え、冷蔵庫で冷やす。
⑥ スープが冷えたらレモン汁を加えて全体を混ぜて器に盛り、みょうが、青じそ、レモンを飾る。

@yokkohiyokko 香味野菜を使ったひんやりスープ。暑い日もしっかり食べられるように考えました。

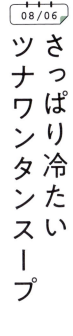

08/07

キャベツのチーズスープ ポーチドエッグのせ

15min

材料（2人分）

ベーコン（薄切り）…2枚
キャベツ…2枚
玉ねぎ…¼個
水…400mℓ
顆粒コンソメ…小さじ2
塩・こしょう…少々
タイム…1本
ポーチドエッグ
　卵…2個
　塩…小さじ1
　酢…大さじ2
トッピング
　粉チーズ…適量
　粗びき黒こしょう…適量

下ごしらえ

ベーコン≫2cm幅に切る
キャベツ≫芯を取ってざく切り
玉ねぎ≫みじん切り
卵≫器に割り入れ、沸騰した湯に塩と酢を加えて卵を静かに入れ、弱中火で3分ゆでてポーチドエッグにする

作り方

① 鍋に水、玉ねぎを入れて、玉ねぎがやわらかくなるまで煮る。
② ベーコン、キャベツ、コンソメ、塩、こしょう、タイムを加え、キャベツがやわらかくなるまで煮込む。
③ 器に盛り、ポーチドエッグをのせ、粉チーズ、黒こしょうを振る。

Point
■キャベツは長時間煮込むと、色が変わってしまうので煮込みすぎないようにしてくださいね。

@yagi_cafe 暑い夏でも食べやすいようにタイムをプラス。ポーチドエッグを絡めて召し上がれ♪

08/08

白ねぎと枝豆の冷製スープ

20min

材料（2人分）

枝豆…200g
長ねぎ…1本
じゃがいも…½個
にんにく…1片
牛乳…250mℓ
生クリーム…150mℓ
固形コンソメ…1個
バター…20g
塩・こしょう…少々
トッピング
　粗びき黒こしょう…適量
　イタリアンパセリ…適量

下ごしらえ

枝豆≫ゆでてさやからはずし、薄皮を取る
ねぎ、じゃがいも≫薄切り
にんにく≫みじん切り

作り方

① 鍋にバターを溶かし、にんにくを入れて香りが出るまで炒め、枝豆、ねぎ、じゃがいもを加えて3分炒める。
② 牛乳とコンソメを加えて、ふたをして5分ほど煮る。
③ 材料がやわらかくなったら火を止め、ボウルに移してブレンダーでなめらかになるまで撹拌する。
④ 生クリームを加えて、塩、こしょうで味を調え、粗熱を取って冷蔵庫で冷やす。
⑤ 器に盛り、黒こしょうを振ってイタリアンパセリを添える。

Point
■ブレンダーがなくても、マッシャー等でつぶして作れます。

@food_lab_ 夏も冬も作るわが家の定番スープです。夏仕様に枝豆を使って爽やかに♬

08/09

トマトとかぼちゃのカレースープ

材料（2人分）

ベーコン（ブロック）…70g
かぼちゃ…150g
玉ねぎ…½個（100g）
トマト…1個
しょうがのみじん切り…1片分
にんにくのみじん切り…1片分
カレー粉…小さじ1
水…400mℓ
顆粒コンソメ…小さじ1
白みそ…10g
砂糖…小さじ1
塩…少々
サラダ油…大さじ2
トッピング
　サワークリーム…適量
　パセリのみじん切り…適量

下ごしらえ

ベーコン、かぼちゃ、玉ねぎ、トマト≫1cm角に切る

作り方

① 鍋に油を熱し、しょうがとにんにくを入れ、弱火で香りが出るまで炒める。
② ベーコンを加えて、ほんのり焼き色がつくまで炒め、かぼちゃ、玉ねぎを加えて軽くしんなりするまで炒める。
③ カレー粉を加えて、全体になじませるように炒める。
④ トマトを加えて、軽く混ぜ合わせ、水、コンソメを加えて、強火で沸騰させ、中火にして5分ほど具材に火が通るまで煮る。
⑤ みそ、砂糖、塩を加えて味を調える。
⑥ 器に盛り、サワークリーム、パセリをトッピングする。

@31vd0_mh カレー風味のスープ。サワークリームを添えると、コクと酸味が加わりおいしいです。

08/10

あさりとトマトのクミンスープ

材料（2人分）

あさり…200g
トマト…1個
玉ねぎ…½個（100g）
にんにく…½片
クミン…小さじ½
顆粒コンソメ…小さじ2½
水…400mℓ
塩…少々
オリーブ油…大さじ1
パセリのみじん切り…適量

下ごしらえ

あさり≫砂抜きをしてよく洗う
トマト≫湯むきしてざく切り
玉ねぎ≫薄切り
にんにく≫包丁でつぶす

作り方

① 鍋にオリーブ油を熱し、にんにくを入れて香りが立ったら、玉ねぎを加えて弱火でしんなりするまで炒める。
② クミンを加えてさらに炒め、香りが立ったらあさりを加えて炒め、全体に油が回ったらトマト、水、コンソメを加えて煮立たせる。
③ アクを取り、弱中火にして5分ほど煮て塩で味を調える。
④ 器に盛り、パセリを散らす。

Point
■あさりの身が固くならないよう、弱中火で煮てくださいね。

@emihana114 トマトとあさりでコクと旨みたっぷり、クミンの香りがおいしいスープです。

08/11

アボカドとアンチョビのポタージュ

20min

材料（2人分）

アボカド…1個
玉ねぎ…½個（100g）
じゃがいも…1個
アンチョビ…30g
水…200mℓ
顆粒コンソメ…小さじ1
無調整豆乳…200mℓ
生クリーム…50mℓ
ローリエ…1枚
バター…10g
フライドオニオン…適量
イタリアンパセリ…適量

下ごしらえ

アボカド≫縦半分に切って種を除き、さいの目切りにする
玉ねぎ≫薄切り
じゃがいも≫5㎜厚さのいちょう切り

作り方

① 鍋にバターを溶かし、アンチョビを入れてゴムベラでつぶしながら炒める。
② 玉ねぎを加えて、焦がさないように色が透き通るまで炒める。
③ じゃがいもを加えて、バターが回る程度にサッと炒め、水、コンソメ、ローリエを加えて、沸騰したらふたをして弱火で5〜7分煮る。
④ じゃがいもがやわらかくなったら火を止め、ローリエを取り出してボウルに移し、アボカドを加えて、ブレンダーでなめらかになるまで撹拌する。
⑤ 鍋に戻し、豆乳、生クリームを加えて弱火で温める。
⑥ 器に盛り、フライドオニオンとイタリアンパセリをのせる。

@akicocoakicoco2 アンチョビをバターで炒めてコクを出しました。フライドオニオンの食感の変化も楽しめます！

08/12

豚バラ肉と卵のピリ辛韓国風スープ

15min

材料（2人分）

豚バラ肉（薄切り）…80g
玉ねぎ…¼個
にんじん…¼本
にら…¼束
溶き卵…1個分
おろしにんにく…小さじ½
おろししょうが…小さじ½
鶏ガラスープ…400mℓ
（水…400mℓ
鶏ガラスープの素…大さじ1½）
酒…大さじ1
うす口しょうゆ…大さじ1
コチュジャン…小さじ½
ごま油…少々
白すりごま…適量

下ごしらえ

豚肉≫3㎝幅に切る
玉ねぎ≫薄切り
にんじん≫短冊切り
にら≫3㎝長さに切る

作り方

① 鍋にごま油を熱し、にんにく、しょうがを入れて香りが立ったら、豚肉を加えて炒める。
② 肉の色が変わったら玉ねぎ、にんじんを加えて炒め合わせ、スープ、酒を加えて野菜がやわらかくなるまでふたをして弱中火で6分煮る。
③ うす口しょうゆ、コチュジャンで味を調え、仕上げににらを加え、溶き卵を回し入れる。
④ 器に盛り、ごまをかける。

@t.yumama 夏バテ防止に！！食欲がないときにこそピリ辛仕立てでサッといただけるスープにしてみました。

08/13

玉ねぎとパプリカの冷製豆乳スープ

20min

材料（2人分）

玉ねぎ…½個（100g）
赤パプリカ…½個
水…150mℓ
固形コンソメ…1個
ローリエ…1枚
無調整豆乳…200mℓ
塩…少々
こしょう…少々
オリーブ油…大さじ1

トッピング
きゅうりの角切り…大さじ1
赤パプリカの角切り…大さじ1
黄パプリカの角切り…大さじ1
チャービル…適量

下ごしらえ

玉ねぎ、パプリカ≫薄切り

作り方

① 鍋にオリーブ油を熱し、玉ねぎを中火で5分炒める。
② パプリカを加えて炒め、しんなりしたら、水、コンソメ、ローリエを加えてふたをして7〜8分ほど弱中火で煮る。
③ ローリエを取り出してボウルに移し、ブレンダーでなめらかになるまで撹拌する。
④ 鍋に戻して豆乳を加えて弱火で温め、塩、こしょうで味を調えて粗熱を取り、冷蔵庫で冷やす。
⑤ 器に盛り、角切りのきゅうりとパプリカ、チャービルをトッピングする。

@ety_rin09 夏にさっぱりいただけるよう、豆乳を使いました。華やかに見えるよう、野菜のトッピングも。

08/14

きゅうりとレンズ豆の冷製スープ

30min

材料（2人分）

きゅうり…1½本
レンズ豆水煮…50g
玉ねぎ…¼個
だし汁…300mℓ
無調整豆乳…100mℓ
塩麹…小さじ½
サラダ油…大さじ½

トッピング
くるみ…適量
アーモンド…適量
ピーナッツ…適量

下ごしらえ

きゅうり≫すりおろし、汁気をきる
レンズ豆≫水気をきる
玉ねぎ≫薄切り

作り方

① 鍋に油を熱し、玉ねぎを中火で炒め、油がなじんだら塩少々（分量外）を振ってさらに炒める。
② レンズ豆を加えて炒め合わせ、ふたをして6〜8分ほど蒸し煮にする。焦げそうになったら水（分量外）を少し足す。
③ だし汁を加えて煮立たせ、再度ふたをして弱火で15分ほど煮てボウルに移す。
④ ブレンダーで豆の粒が少し残る程度に撹拌し、豆乳ときゅうりを加えて混ぜる。塩麹で味を調え、冷蔵庫で冷やす。
⑤ 器に盛り、砕いたくるみ、アーモンド、ピーナッツを散らす。

@yururiyurami きゅうりの爽やかさとレンズ豆の旨みを活かすシンプルな味付けです。玄米にも合いますよ♪

08/15

鶏団子のトマトチーズスープ

材料（2人分）

- 鶏ひき肉…100g
- A おろしにんにく…小さじ½
- A おろししょうが…小さじ½
- A 塩…少々
- A 片栗粉…小さじ1
- 玉ねぎ…¼個
- まいたけ…¼パック
- じゃがいも…½個
- カットトマト缶…½缶
- 水…100㎖
- 固形コンソメ…1個
- ピザ用チーズ…適量
- オリーブ油…大さじ1

トッピング

- 粗びき黒こしょう…適量
- オリーブ油…適量
- パセリのみじん切り…適量

下ごしらえ

- 玉ねぎ≫薄切り
- まいたけ≫ほぐす
- じゃがいも≫角切り

作り方

① ボウルにAを入れ、よく混ぜ合わせる。
② 鍋にオリーブ油を熱し、玉ねぎ、まいたけ、じゃがいもを炒め、しんなりしたらカットトマトと水、コンソメを加えて中火でひと煮立ちさせる。
③ ①の肉だねをスプーンで丸く成形しながら加え、ふたをして10分ほど弱火で煮込む。
④ チーズを加えて、ふたをして溶かす。
⑤ 器に盛り、黒こしょう、オリーブ油、パセリをトッピングする。

@hanayuri34 忙しい毎日に手軽でおいしく、ボリュームのあるスープにしました。

08/16

明太子とエリンギの中華風豆乳スープ

材料（2人分）

- 明太子…1腹
- 小松菜…1株
- エリンギ…1本
- 中華スープ…200㎖
  （水…200㎖
  鶏ガラスープの素…少々）
- 無調整豆乳…200㎖
- 塩…少々
- こしょう…少々
- しょうゆ…小さじ1

トッピング

- 小ねぎの小口切り…適量
- 白いりごま…適量
- ごま油…適量

下ごしらえ

- 明太子≫薄皮に切れ目を入れ、4等分に切る
- 小松菜≫3㎝長さに切り、茎の部分と葉の部分に分ける
- エリンギ≫3㎝幅の短冊切り

作り方

① 鍋にスープを入れて中火にかけ、煮立ったらエリンギ、小松菜の茎の部分、豆乳を加えて弱火で沸騰直前まで温める。
② 小松菜の葉の部分、明太子を加えてサッと煮、塩、こしょう、しょうゆで味を調える。
③ 器に盛り、ねぎ、ごまを散らし、ごま油をたらす。

Point

■小松菜の葉と明太子は食感が残るように、最後に加えてサッと煮てください。

@emyyy116 明太子好きなわが家！ご飯のお供はもちろん、パンにも合うレシピは無際に思いつきます！

08/17

トムヤムクン風野菜スープ

20min

材料（2人分）

有頭えび…4尾
長ねぎ…30g
玉ねぎ…1/4個
ホワイトマッシュルーム…5個
ミニトマト…5個
さといも…6個（60g）
赤唐辛子の小口切り…2本分
水…400ml
A
トムヤムペースト…大さじ2
ナンプラー…大さじ1
砂糖…小さじ2
ココナッツミルク…大さじ1
パクチー…適量

下ごしらえ

えび≫頭と尾を残して殻をむき、背ワタを取る
長ねぎ≫5mm幅の斜め切り
玉ねぎ≫1.5cm角に切る
マッシュルーム≫4等分にする
ミニトマト≫半分に切る
さといも≫下ゆでしてひと口大に切る

作り方

① 鍋に水、長ねぎ、玉ねぎ、赤唐辛子を入れて火にかけ、煮立ったら2分ほど煮て、Aを加える。
② マッシュルーム、ミニトマト、さといもを加え、2～3分煮てえびを加え、えびに火が通ったら火を止める。
③ 器に盛り、パクチーをのせる。

Point
■えびは煮すぎるとかたくなってしまうので、サッと煮てくださいね。

@beautiful_kitchen_juri 身近な材料だけで立派なトムヤムクンになりました。アレンジを楽しんでいただきたいです。

08/18

なすとマッシュルームのポタージュ

25min

材料（2人分）

なす…2本
マッシュルーム…4個
固形コンソメ…1個
水…150ml
牛乳…100ml
生クリーム…50ml
オリーブ油…大さじ1
塩…少々
トッピング
パルメザンチーズ…少々
オリーブ油…適量
粗びき黒こしょう…少々

下ごしらえ

なす≫皮をむき、1cm角に切る
マッシュルーム≫5mm角に切る

作り方

① 鍋にオリーブ油を中火で熱し、なす、マッシュルームを入れて炒める。
② コンソメ、水を加え、沸騰したらふたをして15分煮て、ボウルに移す。
③ ブレンダーでなめらかになるまで撹拌し、鍋に戻す。
④ 牛乳、生クリーム、塩を加えて混ぜ合わせ、弱火で温める。
⑤ 器に盛り、チーズ、オリーブ油、黒こしょうをトッピングする。

@n3r.love 牛乳、生クリームを入れたあとは沸騰させないようにしてくださいね。

⏱20min

08/19

丸ごとトマトの冷製コンソメスープ

材料（2人分）

トマト…2個
水…320㎖
固形コンソメ…2個
トッピング
ベーコン…1枚
パセリのみじん切り…少々
粗びき黒こしょう…少々
オリーブ油…少々

下ごしらえ

ベーコン≫2等分にし、オーブントースターで5分焼き、キッチンペーパーの上でさます

作り方

①鍋に湯（分量外）を沸かし、トマトをそっと入れ、湯の中で7秒転がす。
②湯から引き上げて冷水にとってさまし、皮をむく。
③鍋に水、コンソメを入れて煮立て、トマトをそっと入れ、弱火で8分煮る。
④粗熱を取り、冷蔵庫でよく冷やす。
⑤器にトマトとスープを盛り、トマトの上にベーコン、パセリをのせ、黒こしょうを振ってオリーブ油を回しかける。

Point

- スープが濁るのを防ぐため、弱火で煮立たせないように煮込んでください。
- トマトは小鍋で煮たほうがスープに浸かりやすいです。スープから出ている部分には、ときどきスープをかけながら煮てください。

@ikura888 暑い夏に作り置ける冷たいスープに。ガラスの器で目からもひんやり気分を演出しています。

08/20

ソーセージとポテトのカレースープ

20min

材料（2人分）

玉ねぎ…½個（100g）
じゃがいも…1個
ソーセージ…4本
さやいんげん…4本
コーン缶…大さじ2
塩…少々
小麦粉…大さじ1
固形ブイヨン…1個
カレー粉…小さじ½
水…250㎖
オリーブ油…大さじ1
パセリのみじん切り…適量

下ごしらえ

玉ねぎ≫みじん切り
じゃがいも≫1.5〜2㎝の角切り
ソーセージ、さやいんげん≫1.5〜2㎝長さに切る

作り方

① 鍋にオリーブ油を中火で熱し、玉ねぎを入れて透き通るまで炒める。
② じゃがいも、ソーセージを加え、じゃがいもが透き通るまで炒めたらさやいんげん、コーン、塩を加え、サッと炒める。
③ 小麦粉を全体に振り入れ、炒め合わせる。粉がなじんできたら水、ブイヨン、カレー粉を加えてよく混ぜ、ふたをして弱火で10分煮込む。
④ 器に盛り、パセリを散らす。

Point
■小麦粉がしっかりとなじんでから水を加えてくださいね。

@la_bonbonniere.toyohashi と〜っても簡単にできちゃうのに家族に大人気！具材をかえて色々楽しめます♪

08/21

しゃきしゃきレタスの豆腐だんごスープ

20min

材料（2人分）

A ─鶏ひき肉…60g
　 もめん豆腐…100g
　─塩麹…大さじ½
春雨…40g
しめじ…60g
レタス…80g
塩麹…大さじ2
しょうゆ…小さじ1
水…400㎖
粗びき黒こしょう…少々

下ごしらえ

豆腐≫5分水切り
春雨≫熱湯に2分さらして水洗いし、水気を切る
しめじ≫ほぐす

作り方

① ボウルにAを入れて混ぜ合わせる。
② 鍋に水を入れて中火にかけ、煮立ったら①をスプーンで⅙量ずつ丸めながら加えて煮る。
③ 豆腐だんごに火が通ったら、春雨、しめじ、塩麹、しょうゆを加え、ふたをして弱火で5分煮る。
④ レタスをちぎりながら加えて20秒加熱し、火を止める。
⑤ 器に盛り、黒こしょうを振る。

Point
■豆腐だんごはやわらかいため、崩れないように注意してくださいね。

@ayako1003 レタスはサッと煮て食感を残すのがおすすめです。

08/22

セロリとミックスビーンズのトマトポタージュ

材料（2人分）

セロリ…50g
ベーコン…2枚
ミックスビーンズ水煮…30g
ホールトマト缶…½缶
水…200㎖
固形コンソメ…1個
トマトケチャップ…小さじ1
オリーブ油…大さじ1
粉チーズ…適量
セロリの葉…適量

下ごしらえ

セロリ≫薄切り
ベーコン≫1㎝幅に切る

作り方

① 鍋にオリーブ油を中火で熱し、セロリ、ベーコンを入れてサッと炒める。
② ホールトマト、ミックスビーンズ、水、コンソメ、ケチャップを加え、ふたをして中火で5分ほど煮てボウルに移す。
③ ブレンダーでなめらかになるまで撹拌して鍋に戻し、温める。
④ 器に盛り、粉チーズを振ってセロリの葉をのせる。

@akane.310 バタバタな朝でも栄養が摂れるスープをよく作ります。マカロニや焼いた餅を入れても◎。

08/23

鶏ひき肉と彩り野菜の豆乳コンソメスープ

材料（2人分）

鶏ひき肉…100g
しめじ…½パック
コーン缶…½缶
ズッキーニ…½本
ミニトマト…8個
レタス…1枚
固形コンソメ…1個
水…300㎖
無調整豆乳…100㎖
塩…少々
こしょう…少々

下ごしらえ

しめじ≫ほぐす
ズッキーニ≫5㎜厚さの輪切り

作り方

① 鍋にコンソメ、水を入れて中火にかけ、ひき肉、しめじ、コーン、ズッキーニ、ミニトマトを加え、混ぜ合わせて沸騰させる。
② 豆乳、ちぎったレタスを加えてサッと煮たら塩、こしょうで味を調える。

Point

■ レタスは煮すぎると食感がなくなるのでサッと煮て火を止めてくださいね。

@chisapeace 朝寝坊のくせに朝ご飯はちゃんと食べたい息子のために、野菜たっぷりの具だくさんスープです♡

08/24

焼きなすとマスカルポーネの冷製スープ

30min

材料（2人分）

なす…2本
玉ねぎ…1/2個
固形ブイヨン…1個
水…200mℓ
牛乳…100mℓ
マスカルポーネチーズ…大さじ1
ローリエ…1枚
塩・こしょう…少々
バター…15g
トッピング
パンチェッタ…2枚
パセリのみじん切り…適量
オリーブ油…適量
粗びき黒こしょう…適量

下ごしらえ

なす≫皮に縦の切り込みを入れる
玉ねぎ≫薄切り
パンチェッタ≫小さく切り、オリーブ油（分量外）でカリカリに焼く

作り方

① なすはグリルで15分ほど焼き、さめたら皮をむいて適当な大きさに切る。
② 鍋にバターを中火で溶かし、玉ねぎを入れて炒める。しんなりしてきたら①の焼きなすを加えて炒め、ブイヨン、水、ローリエを加えてふたをして5分煮る。
③ ローリエを取り出してボウルに移し、粗熱が取れたらブレンダーでなめらかに撹拌する。
④ マスカルポーネチーズ、牛乳を加えて混ぜ、塩、こしょうで味を調え、冷蔵庫で冷やす。
⑤ 器に盛り、パンチェッタ、パセリ、黒こしょう、オリーブ油をトッピングする。

@lipmomo230 旬のなすを使ったスープ。焼きなすにすることがポイントです。

08/25

ミックスビーンズともち麦のトマトスープ

20min

材料（2人分）
じゃがいも…1個
にんじん…50g
玉ねぎ…1/4個（50g）
ミックスビーンズ缶…1缶（110g）
コーン缶…50g
もち麦…50g
オリーブ油…大さじ1
水…400mℓ
顆粒コンソメ…大さじ1
トマトピューレ…大さじ2
パセリのみじん切り…適量

下ごしらえ
じゃがいも、にんじん、玉ねぎ≫1cmのさいの目切りにして、じゃがいもは水にさらす
もち麦≫5分ゆでる

作り方
① 鍋にオリーブ油を熱し、じゃがいも、にんじん、玉ねぎを中火で3〜5分炒める。
② 水、コンソメを加えてひと煮立ちさせ、ふたをして中火で3分煮る。
③ ミックスビーンズ、コーン、もち麦、トマトピューレを加えてひと煮立ちさせる。
④ 器に盛り、パセリを散らす。

Point
■もち麦は押し麦でも代用できます。
■もち麦は数回分をまとめてゆでて、冷凍しておくと便利です。

@k.lico 野菜をおいしくたっぷりとれるスープを心がけています。

08/26

長いものねばねば冷製梅スープ

15min

材料（2人分）
長いも…200g
だし汁…260mℓ
うす口しょうゆ…小さじ1
トッピング
小ねぎ…1本
梅干し…2個
粗びき黒こしょう…適量

下ごしらえ
小ねぎ≫小口切り
梅干し≫種を除いてたたく

作り方
① 長いもは皮をむいてすりおろし、10g程度はすりおろさずに残す。
② ①で残した長いもをビニール袋に入れ、小さな粒状になるまですりこぎ等でたたく。
③ 小鍋にだし汁、①、②、うす口しょうゆを入れてよく混ぜ合わせ、中火で温める。
④ 火を止め、粗熱を取って冷蔵庫で冷やす。
⑤ 器に盛り、小ねぎ、梅干し、黒こしょうをトッピングする。

Point
■長いもはお好みの大きさにたたいてください。

@rurumiki 食欲のない夏でもいただけるレシピを提案しました。火を使う時間も最小限なお手軽スープです！

08/27

にんじんとクミンのポタージュ

材料（2人分）
にんじん…150g
玉ねぎ…½個（100g）
水…100㎖
顆粒コンソメ…小さじ2
クミン…小さじ¼
牛乳…150㎖
塩…少々
こしょう…少々
バター…10g
生クリーム…適量
パセリのみじん切り…適量

下ごしらえ
にんじん≫さいの目切り
玉ねぎ≫薄切り

作り方
① 鍋にバターを溶かし、玉ねぎを炒めて表面が透き通ったらにんじんを加えて油が回るまで炒める。
② クミン、コンソメ、水を加えてひと煮立ちしたらふたをし、中火で5分煮込んでボウルに移す。
③ ブレンダーでなめらかになるまで撹拌し、鍋に戻して牛乳を加え、沸騰しないように弱火で温め、塩、こしょうで味を調える。
④ 器に盛り、生クリーム、パセリをトッピングする。

15min

@1120moe1120 牛乳は熱しすぎると分離しやすくなるので、弱火で沸騰しないように温めてください。

08/28

ズッキーニとなすの冷製ソイポタージュ

材料（2人分）
ズッキーニ…1本
なす…1本
玉ねぎ…½個（100g）
じゃがいも…1個
オリーブ油…大さじ1
A
調製豆乳…200㎖
生クリーム…50㎖
白だし…大さじ1
白みそ…小さじ2
塩…小さじ⅓
こしょう…少々
トッピング
白いりごま…適量
オリーブ油…適量

下ごしらえ
ズッキーニ≫トッピング用に2㎝ほど取り分け、5㎜角に切りラップをかけて電子レンジで20秒加熱。残りは薄切りにしてラップをかけてレンジで1分30秒加熱
なす≫皮をむき、切らずにラップをかけてレンジで1分30秒加熱し、そのまま5分放置
玉ねぎ、じゃがいも≫それぞれ薄切りにしてラップをかけてレンジで1分30秒加熱

作り方
① 鍋にオリーブ油を熱し、ズッキーニ、玉ねぎ、じゃがいもを3分ほど炒めてボウルに移す。
② なすを裂いて①に加え、Aを加えてブレンダーでなめらかになるまで撹拌し、冷蔵庫で冷やす。
③ 器に盛り、トッピング用のズッキーニをのせ、ごまを振ってオリーブ油をたらす。

15min

@kayon33m 白だし、白みその和風調味料がポイントです。温めてもおいしいですよ。

08/29

枝豆とモロヘイヤの冷製ポタージュ

15min

材料（2人分）

枝豆…50g
モロヘイヤ…¼束
じゃがいも…1個
玉ねぎ…½個（100g）
固形コンソメ…1個
水…100㎖
牛乳…200㎖
塩・こしょう…少々
トッピング
　生クリーム…適量
　ピンクペッパー…適量

下ごしらえ

枝豆≫ゆでてさやからはずし、トッピング用に3粒ほど粗く刻む
モロヘイヤ≫下ゆでし、茎を除く
じゃがいも≫ひと口大に切る
玉ねぎ≫くし形切りにする

作り方

① 鍋に水を入れ、じゃがいも、玉ねぎ、コンソメを加えてふたをして弱中火で5分煮込み、ボウルに移す。
② 枝豆、モロヘイヤ、牛乳、塩、こしょうを加えてブレンダーでなめらかになるまで撹拌し、冷蔵庫で冷やす。
③ 器に盛り、生クリーム、刻んだ枝豆、ピンクペッパーをトッピングする。

Point
■モロヘイヤは茎のかたい部分を除くと、なめらかな食感に仕上がります。

@emiyuto 大好きな食材を組み合わせたポタージュです。しっかり冷やして食べるのがオススメ！

08/30

鶏肉のレモンマリネスープ

20min

材料（2人分）

鶏もも肉…1枚
国産レモン…1個
A
　はちみつ…大さじ1
　オリーブ油…大さじ3
　塩…少々
タイム…適量
玉ねぎ…½個（100g）
白ワイン…大さじ1
水…400㎖
顆粒コンソメ…小さじ1
塩…小さじ¼
オリーブ油…小さじ2

下ごしらえ

鶏肉≫余分な筋を除き、塩、こしょう各少々（分量外）で下味をつける
レモン≫半分は5㎜厚さの輪切り残りは果汁を搾る
玉ねぎ≫5㎜厚さの薄切り

作り方

① フライパンにオリーブ油小さじ1を熱し、鶏肉の皮目を下にして入れ、皮がパリッとするまで焼き、裏返して中火で5分ほど焼く。半分に切る。
② ボウルにレモン汁、A、①の鶏肉を入れてなじませる。タイム、輪切りにしたレモンを加えて5分ほど置く。
③ 鍋に残りのオリーブ油を熱し、玉ねぎを透き通るまで炒め、白ワイン、水を加えて沸騰したらコンソメ、塩を加える。
④ ②を器に盛り、③のスープを注ぎ、輪切りレモンをのせる。

Point
■鶏肉の皮目は押さえながら焼くことでパリッと仕上がります。

@yukiistar 家族が食欲のないときに「あれ作ってー！」とリクエストされるスープです。

08/31

モッツァレラ入りガスパチョ

20min

材料（2人分）

ミディトマト…9個（450g）
ミニトマト…5個（50g）
玉ねぎ…½個
にんにくのみじん切り…1片分
オリーブ油…大さじ1
バジル…2枚
塩…小さじ½
レモン汁…小さじ1
トッピング
モッツァレラチーズ…適量
トマト…適量
きゅうり…適量
オリーブ油…適量
バジル…適量

下ごしらえ

ミディトマト、ミニトマト≫4等分に切る
玉ねぎ≫薄切り
モッツァレラチーズ≫3㎜角に切る
トッピング用のトマト、きゅうり≫3㎜角に切る

作り方

① 鍋にオリーブ油、にんにくを入れて弱火にかけ、香りが立ったら、玉ねぎを加えて焦げないように透き通るまで炒める。
② ミディトマト、ミニトマトを加え、つぶしながら炒める。煮立ったらアクを取り、塩、バジルを加え、2～3分煮る。
③ 火を止めて、ボウルに移し、粗熱が取れたらブレンダーでなめらかになるまで撹拌する。レモン汁を加えて、さらに撹拌する。
④ ざるに入れてヘラでこし、冷蔵庫で冷やす。
⑤ 器に盛り、モッツァレラチーズ、トマト、きゅうりをのせ、オリーブ油を回しかけ、バジルを添える。

Point

■玉ねぎとトマトは加熱することで甘みが出て、トマトが苦手な方でも食べやすくなります。
■ひと晩寝かせると味がなじみます。

@saoripan トマトが苦手な娘も、このスープはおいしい！とおかわりして食べてくれます。

Column

知っておくとちょっと便利！ ハーブとスパイスのはなし

ひと振りするだけで料理の仕上がりを大きく左右するハーブとスパイス。
香りがグンとよくなり、本格的な料理に仕上がります。

①バジル

イタリア料理によく使われ、乾燥したものでなく生のものでも親しまれているハーブ。パスタやピザに多く使われ、ペーストとしても活用できます。

②ローリエ

清涼感のある香りが特徴。シチューやポトフ、カレーなど煮込み料理に大活躍。時間が経つと苦みが出てしまうので、料理が完成したら必ず取り出します。

③クミン

カレーやエスニック料理には欠かせないスパイス。肉や野菜料理、煮込み料理から炒めものなどさまざまな料理との相性がいいので、スパイス初心者におすすめ。

④ナツメグ

ひき肉料理に欠かせないスパイス。においの強い食材の臭みを消してくれる働きを持ち、野菜の甘みを引き出してくれる性質を持ちます。

⑤山椒

口の中がしびれるような刺激が特徴のスパイスです。料理に刺激を加えたいときに、少量ずつ加えます。

⑥ターメリック

日本名は「うこん」で、土臭さを感じさせるほろ苦い風味が特徴。主に色みづけに使用され、カレー作りには必要不可欠なスパイスです。加熱をしないと独特な香りが残るので、必ず加熱を。

⑦ミント

スイーツやドリンクに多く使用されるハーブ。鼻を通るすっきりとした香りが特徴。料理のトッピングとして活用できるため、家庭菜園でミントを育てる方も多いです。

⑧コリアンダー

パクチーの種子の部分を指し、ほんのり甘い香りがするスパイス。クセは少ないため煮込み料理から炒めもの、お菓子にも活躍します。

⑨ピンクペッパー

料理を華やかに演出してくれる色鮮やかな赤みが特徴。ブラックペッパーと違い、刺激的な辛さはないため、トッピングとして活用されています。

⑩ローズマリー

葉は短い松葉のような形でスーッとした爽やかな香りが魅力のハーブ。殺菌作用もあり、肉料理や魚料理に使用されることが多いです。

⑪シナモン

甘みを引き立てる香りで、ドリンクやお菓子に使われることも多いスパイス。りんごやさつまいもなど甘みのある食材との相性が○。

秋

09/01

マッシュルームポタージュのカリカリベーコン添え

20min

材料（2人分）

ブラウンマッシュルーム
…10個（100g）
玉ねぎ…½個（100g）
牛乳…300mℓ
生クリーム…大さじ2
ブイヨン…50mℓ
（水50mℓ＋固形ブイヨン1個）
オリーブ油…大さじ1
塩・こしょう…少々
トッピング
ベーコン…4枚
オリーブ油…適量
粗びき黒こしょう…適量

下ごしらえ

マッシュルーム、玉ねぎ≫みじん切り
ベーコン≫オーブントースターで5分焼き、軽く焦げ目をつけてさます

作り方

① 鍋にオリーブ油を熱し、玉ねぎ、マッシュルームを中火で炒める。玉ねぎが透き通ったら塩、こしょうを加えて5分炒める。
② 牛乳、生クリームを加えて火を止めてボウルに移し、ブレンダーで撹拌する。
③ 鍋に戻し、ブイヨンを加えて弱火で温める。
④ 器に盛り、トッピングをする。

Point

■ベーコンは、焼いたあとにさますことでカリカリの食感になります。

@pepe39 マッシュルームと玉ねぎのシンプルなおいしさにベーコンをプラスしてボリュームUP。

09/02

アボカドの冷製ヨーグルトスープ

20min

材料（2人分）

アボカド…1個
レモン汁…大さじ1
玉ねぎ…½個
コンソメスープ…200mℓ
（水…200mℓ
顆粒コンソメ…小さじ2）
プレーンヨーグルト…150g
オリーブ油…大さじ1
塩・こしょう…少々
トッピング
ミニトマト…2個
オリーブ油…適量
粗びき黒こしょう…適量

下ごしらえ

アボカド≫ひと口大に切ってレモン汁と合わせる
玉ねぎ≫薄切り
ミニトマト≫粗みじん切り

作り方

① 鍋にオリーブ油を熱し、玉ねぎを加えて透き通るまで炒める。
② コンソメスープを加え、沸騰したら1〜2分中火で煮てボウルに移し、粗熱を取り、冷蔵庫で冷やす。
③ ②にアボカド、ヨーグルト、塩、こしょうを加え、ブレンダーでなめらかになるまで撹拌する。
④ 器に盛り、ミニトマト、オリーブ油、黒こしょうをトッピングする。

Point

■サラッとした食感がお好みの方は、コンソメスープの分量を増やしてみてくださいね。

@yukirichi119 ダイエッターにも気軽にヘルシーに、かつおいしくスープを味わってもらいたい！

09/03

カレー風味のガスパチョ

材料（2人分）
トマト…4個
きゅうり…1本
ズッキーニ…1/4本（50g）
玉ねぎ…1/4個（50g）
食パン（6枚切り）…1/2枚
オリーブ油…大さじ1 2/3
砂糖…小さじ1/2
塩…小さじ1/4
こしょう…少々
カレー粉…小さじ1/2
チャービル…適量

下ごしらえ
トマト≫湯むきして半分はひと口大に、もう半分は1cm角に切る
きゅうり≫皮をむき、さいの目切り
ズッキーニ≫さいの目切り
玉ねぎ≫薄切りにして耐熱ボウルに入れ、砂糖を加えてラップをかけ電子レンジで30秒加熱
食パン≫ひと口大にちぎる

作り方
① ボウルにひと口大に切ったトマト、きゅうり、玉ねぎ、食パン、カレー粉、オリーブ油大さじ1を入れ、ブレンダーでなめらかになるまで撹拌する。
② ラップをかけ、冷蔵庫で2〜3時間冷やす。
③ フライパンに残りのオリーブ油を熱し、ズッキーニ、角切りにしたトマトを加えて炒め、塩、こしょうで味を調える。
④ ②を器に盛り、③とチャービルをトッピングする。

@miki_______k トマト×カレーの組み合わせが好きなので。暑い夏にぴったりです♪

09/04

秋の根菜イタリアントマトスープ

材料（2〜3人分）
じゃがいも…2個
れんこん…50g
しめじ…1/2パック（50g）
ミニトマト…5個
ソーセージ…6本
にんにくのみじん切り…1片分
A
カットトマト缶…1缶
水…100mℓ
白ワイン…大さじ1
ローリエ…1枚
顆粒コンソメ…小さじ2
トマトケチャップ…小さじ2
オリーブ油…大さじ1
B
砂糖…小さじ1
ハーブソルト…小さじ1/4
粗びき黒こしょう…適量
オリーブ油…適量

下ごしらえ
じゃがいも≫乱切りにしてラップをかけ電子レンジで3分加熱
れんこん≫5mm幅のいちょう切りにして酢水にさらす
しめじ≫ほぐす
ミニトマト≫半分に切る
ソーセージ≫斜め半分に切る

作り方
① 鍋にオリーブ油、にんにくを熱し、香りが立つまで炒め、じゃがいも、れんこんを加えて中火で1〜2分炒める。
② Aを加えて混ぜ合わせ、ひと煮立ちさせる。
③ しめじ、ミニトマト、ソーセージ、コンソメ、ケチャップを加えて弱火で20分煮込む。Bを加えてひと煮立ちさせ、ローリエを取り除く。
※お好みで粉チーズを振る。

@hanyacoro 弱火でじっくり煮込むことで具材の旨みがしみ込んだスープに仕上がります。

09/05

具だくさんコーンクリームスープ

15min

材料（2～3人分）
とうもろこし…1本
玉ねぎ…1個
にんじん…½本（50g）
ソーセージ…6本
コーンクリーム缶…1缶（300g）
バター…30g
小麦粉…大さじ2
牛乳…600㎖
顆粒コンソメ…小さじ1
塩…少々
こしょう…少々

下ごしらえ
とうもろこし≫実をそぎ落とす
玉ねぎ、にんじん≫さいの目切り
ソーセージ≫1㎝幅に切る

作り方
① 鍋にバターを入れて弱中火で溶かし、とうもろこし、玉ねぎ、にんじん、ソーセージを加えて中火にし、玉ねぎが透き通るまで炒める。
② 小麦粉を振り入れて全体になじませ、牛乳を少しずつ加えて混ぜ合わせる。
③ コーンクリームを加え、混ぜながら弱火で5～6分煮込み、コンソメ、塩、こしょうを加える。
※お好みでパセリを振る。

Point
■牛乳は一気に入れるとダマになりやすいので、少しずつ加えてくださいね。

@maichiku3 大好きなコーンスープを野菜でカサ増しして、腹ペコちゃんたちも大満足の一品になります。

09/06

ピンクのラディッシュスープ

20min

材料（2人分）
ラディッシュ…16個
玉ねぎ…⅛個（20g）
バター…10g
水…200㎖
顆粒コンソメ…小さじ½
白みそ…10g
塩…少々
ピンクペッパー…適量

下ごしらえ
ラディッシュ≫トッピング用に1個分を薄切り、葉はみじん切りにする。残りは8等分に切る
玉ねぎ≫みじん切り

作り方
① 鍋にバターを溶かし、ラディッシュ、玉ねぎを加えて玉ねぎが透き通るまで弱中火で炒める。
② 水、コンソメを加えてひと煮立ちさせ、ふたをしてラディッシュがやわらかくなるまで5～8分ほど弱中火で煮込み、ボウルに移す。
③ ブレンダーでなめらかになるまで撹拌し、鍋に戻して弱火で温め、みそ、塩を加える。
④ 器に盛り、トッピング用のラディッシュ、ラディッシュの葉、ピンクペッパーを飾る。

Point
■スープに色がついてしまうので、玉ねぎ、ラディッシュは炒めすぎないでくださいね。

@lilac.01 優しい味、優しい色のスープが作りたくてラディッシュと白みそのスープを作りました。

09/07

トマトの酸辣湯《サンラータン》スープ

15min

材料（2人分）

トマト…1個
絹ごし豆腐…100g
しいたけ…2枚
溶き卵…1個分
鶏ガラスープ…400㎖
（水…400㎖
鶏ガラスープの素…小さじ1）
酢…大さじ2
しょうゆ…大さじ1
塩…少々
水溶き片栗粉…大さじ2
（水大さじ1＋片栗粉大さじ1）

下ごしらえ

トマト≫2〜3cmの乱切り
しいたけ≫薄切り

作り方

① 鍋にスープ、しいたけを入れてひと煮立ちさせ、中火で5分煮込む。
② トマトを加え、豆腐をヘラなどで崩しながら加え、酢、しょうゆ、塩で味を調える。
③ 弱火にして水溶き片栗粉を回し入れ、ひと煮立ちさせて溶き卵を加える。
※お好みでラー油をかける。

Point

■しいたけは水から煮ると旨みが出ますよ。
■酢、ラー油はお好みで量を調節してみてくださいね。

@tmytsm お酢のおかげで食欲のないときでもさらっと食べやすいのでよく作ります。

09/08

パセリとかぶの冷製ポタージュ

材料（2人分）
パセリ（葉の部分）…50g
かぶ…4個
玉ねぎ…¼個（50g）
にんにくのみじん切り…1片分
水…250㎖
無調整豆乳…100㎖
顆粒コンソメ…小さじ2
はちみつ…大さじ½
塩…少々
こしょう…少々
オリーブ油…大さじ1

下ごしらえ
パセリ》小房に分ける
かぶ》2㎝角に切る
玉ねぎ》みじん切り

作り方
① 鍋にオリーブ油、にんにくを熱し、香りが立つまで炒めて玉ねぎを加え、透き通ったらかぶを加えて3分ほど中火で炒める。
② パセリ、水を加えて煮立て、コンソメを加えて全体を混ぜながら中火で5分煮込み、ボウルに移す。
③ ブレンダーでなめらかになるまで撹拌し、豆乳、はちみつ、塩、こしょうを加える。粗熱を取れたら冷蔵庫で1～2時間ほど冷やす。
※お好みでオリーブ油をかける。

Point
■ミキサーを使用する場合は粗熱を取ってから撹拌してくださいね。

@keitamitsu 煮込むときは全体を何度か混ぜて、かぶにしっかり火が通るようにしてくださいね。

09/09

もち麦入りコロコロ野菜のミネストローネ

材料（2人分）
もち麦…大さじ1
玉ねぎ…¼個（40g）
にんじん…½本（40g）
しいたけ…1枚
ベーコン（ブロック）…40g
カットトマト缶…100g
にんにくのみじん切り…½片分
水…300㎖
顆粒コンソメ…小さじ2
オリーブ油…大さじ1
パルメザンチーズ…少々
パセリのみじん切り…適量

下ごしらえ
もち麦》サッと洗って水気をきる
玉ねぎ、にんじん、しいたけ、ベーコン》8㎜角に切る

作り方
① 鍋にオリーブ油、にんにくを入れて熱し、香りが立ったら、もち麦、玉ねぎ、にんじん、しいたけ、ベーコンを加えて軽く炒める。
② カットトマト、水を加えて煮立て、コンソメを加える。ふたをして弱火で20～25分煮込む。
③ 器に盛り、パルメザンチーズを振り、パセリを散らす。

Point
■お好みで黒こしょうやオリーブ油をかけるのもおすすめです♪

@petit_poco 朝パッと食べられて栄養もとれるよう具だくさんにし、腹持ちのよいもち麦をプラスしました。

09/10

かぼちゃの冷製ポタージュ

材料（2人分）

かぼちゃ…230g
塩…小さじ1/4
水…150mℓ
牛乳…80mℓ
かぼちゃの種（ロースト）…10粒

下ごしらえ

かぼちゃ≫皮をむいてひと口大に切る

作り方

① ボウルにかぼちゃを入れてふんわりラップをかけ、電子レンジで8分加熱する。
② 塩、水、牛乳を加え、ブレンダーでなめらかになるまで撹拌し、冷蔵庫で30分から1時間程度冷やす。
③ 器に盛り、かぼちゃの種をトッピングする。

Point

- かぼちゃの水分量によって出来上がりの濃度が違うので、牛乳の量で調節してください。
- かぼちゃが甘くない場合は、砂糖を小さじ1/2ほど加えてみてくださいね。

@masayo_san 冷たくしても温かくしてもおいしいスープです。

09/11

丸ごとトマトのクリームスープ

材料（2人分）

トマト…4個
玉ねぎ…1/4個
顆粒コンソメ…小さじ2
生クリーム…100mℓ
オリーブ油…大さじ2
ズッキーニ…20g
ベーコン…1枚
イタリアンパセリ…適量

下ごしらえ

トマト≫2個を湯むきし、残りの2個はざく切り
玉ねぎ≫みじん切り
ズッキーニ、ベーコン≫1cm角に切る

作り方

① フライパンにオリーブ油大さじ1を熱し、ズッキーニ、ベーコンを炒める。
② 鍋に残りのオリーブ油を熱し、玉ねぎを炒める。透き通ったら、ざく切りにしたトマトを加え、ヘラでつぶしながら炒めてコンソメを加えて溶かし、火を止める。
③ ボウルに移し、ブレンダーでなめらかになるまで撹拌し、鍋に戻して生クリームを加えて弱火で温める。
④ 器の中心に湯むきしたトマトを置き、③を注ぎ入れて①のズッキーニ、ベーコンを飾り、イタリアンパセリをのせる。

@hitomi_kawakami 見た目も味もこだわったクリーミーなスープです。

09/12

りんごの冷製デザートスープ

15min

材料（2人分）

りんご…½個
りんごジュース（果汁100%）…200㎖
白ワイン…大さじ1
生クリーム…30㎖
シナモンパウダー…適量
ミント…適量

下ごしらえ

りんご≫皮をむき、さいの目切り。トッピング用に皮はクッキー型などで丸くくりぬく

作り方

① 鍋にりんご、ジュース、白ワインを入れてひと煮立ちさせ、アクを取ってりんごに火が通るまで、中火で5~7分煮込み、ボウルに移す。
② ボウルごと氷水に浸けて粗熱を取り、ブレンダーでなめらかになるまで撹拌する。
③ 生クリームを加えて混ぜ合わせ、冷蔵庫で30分冷やす。
④ 器に盛り、りんごの皮、ミントを飾り、シナモンパウダーを振る。

Point

■熱い状態で生クリームを加えると分離しやすいので、スープの粗熱をしっかり取ってから加えてくださいね。
■りんごの皮は、薄くそいでからクッキー型でくりぬくと、きれいな丸形になりますよ。

@yutaokashi 見た目もかわいく仕上げたかったのでりんごを飾ってみました。

09/13

塩麹豚のじんわりポトフ

130min

材料（3~4人分）

豚もも肉（ブロック）…300g
塩麹…大さじ1
A
じゃがいも…3個（450g）
にんじん…½本（90g）
玉ねぎ…½個（100g）
トマト…1個
ひよこ豆水煮…120g
顆粒コンソメ…小さじ1
水…500㎖
酒…100㎖
塩・こしょう…少々
パセリのみじん切り…適量

下ごしらえ

じゃがいも≫皮をむく
にんじん、玉ねぎ≫縦半分に切る
トマト≫くし形に切る
豚肉≫塩麹を塗ってラップに包み、冷蔵庫で2日間寝かせる

作り方

① 鍋に水、酒、豚肉を入れて中火にかけ、ひと煮立ちさせ、アクを取って裏返し、弱火にしてふたをして1時間煮込む。
② Aを加えてさらに1時間煮込んで塩、こしょうで味を調える。
③ 豚肉を取り出して食べやすく切る。
④ ③を他の具材、スープと一緒に器に盛り、パセリを散らす。

Point

■塩麹の塩加減はそれぞれ異なるので、一度味見をしてから味を調節してください。
■塩麹に漬けて寝かせることでお肉がジューシーに。

@rosso___ 時間はかけても手はかけない、私の一番好きな調理方法で作りました。

09/14

素揚げ野菜の食べるトマトスープ

35min

材料（2人分）
玉ねぎ…½個（100g）
ブラウンマッシュルーム…2個
ベーコン…2枚
じゃがいも…1個（150g）
にんじん…½本（70g）
サラダ油…小さじ1
水…大さじ1
塩…少々
A ホールトマト缶…1缶
　顆粒コンソメ…小さじ2
　水…100mℓ
素揚げ野菜
　じゃがいも…½個（75g）
　ズッキーニ…¼本（65g）
　黄パプリカ…¼個
　オクラ…2本
　揚げ油…適量

下ごしらえ
玉ねぎ、マッシュルーム≫薄切り
ベーコン≫1cm幅に切る
じゃがいも≫ひと口大に切る
にんじん≫5mm幅のいちょう切り
素揚げ野菜≫オクラ以外は薄切り
オクラ≫斜め2等分

作り方
① 鍋に油を熱し、玉ねぎ、マッシュルーム、ベーコン、じゃがいも、にんじんを加えて炒める。
② 水大さじ1を加えて、弱中火で5〜8分蒸し焼きにする。
③ Aを加え、ひと煮立ちさせてふたをし、弱中火で20分煮込んで塩で味を調える。
④ 別の鍋に揚げ油を170℃に熱し、素揚げ野菜を加えて3分ほど揚げる。
⑤ 器にスープを盛り、④をのせる。

@nao_cafe_ 素揚げ野菜の歯ごたえがアクセントになりますよ♪

09/15

白みそ仕立てのピリ辛豆乳美肌スープ

25min

材料（2〜3人分）
豚肉（こま切れ）…50g
ズッキーニ…½本
赤パプリカ…½個（75g）
かぼちゃ…100g
ミックスビーンズ水煮…50g
水…300mℓ
鶏ガラスープの素…小さじ2½
白みそ…小さじ2
しょうゆ…小さじ1½
甘酒…小さじ2
無調整豆乳…150mℓ
塩…少々
サラダ油…小さじ2
小ねぎの小口切り…適量
ラー油…適量

下ごしらえ
ズッキーニ、パプリカ≫さいの目切り
かぼちゃ≫3cmの角切り

作り方
① 鍋に油を熱し、豚肉を加えて色が変わるまで炒める。
② ズッキーニ、パプリカを加えて炒め、水を加えてひと煮立ちさせてスープの素を加える。
③ かぼちゃ、ミックスビーンズ、みそ、しょうゆを加えて弱中火で15分煮込む。甘酒、豆乳を加えて火を止め、塩を加える。
④ 器に盛り、小ねぎを散らし、ラー油をかける。

Point
■甘酒と豆乳を入れたら煮込みすぎずに、温めるぐらいで火を止めてください。

@non_la_non かぼちゃは煮崩れしやすいので、少し大きめに切ってくださいね。

09/16

ひよこ豆のポタージュ

45min

材料（2人分）

ひよこ豆水煮缶…1缶（230g）
玉ねぎ…1個（200g）
ベーコン…2枚
にんにくのみじん切り…½片分
牛乳…100㎖
生クリーム…100㎖
水…100㎖
顆粒コンソメ…大さじ1
ローリエ…1枚
クミンパウダー…少々
塩・こしょう…少々
粗びき黒こしょう…適量
オリーブ油…大さじ2

下ごしらえ

ひよこ豆 ≫ 粗みじん切りにし、少量をトッピング用に取り分ける
玉ねぎ ≫ 薄切り
ベーコン ≫ みじん切り

作り方

① 鍋にオリーブ油、にんにくを入れて香りが立つまで熱し、玉ねぎ、ベーコンを加えて玉ねぎがあめ色になるまで弱火で20〜30分ほど炒める。
② ひよこ豆、水、コンソメ、ローリエを加えてひと煮立ちさせてふたをし、弱火で5〜7分煮る。
③ ローリエを除いてボウルに移し、ブレンダーで豆の粒が少し残る程度まで撹拌する。
④ 鍋に戻して生クリーム、牛乳、クミンパウダーを加え、塩、こしょうで味を調えて、弱火で混ぜながら沸騰しないように温める。
⑤ 器に盛り、トッピング用のひよこ豆、黒こしょうをトッピングする。

@himawari_emi 栄養満点の豆を一度に摂取したい時に便利！急いでる朝でもさっと食べれるのが嬉しい。

09/17

ベーコンと野菜の和風コンソメスープ

15min

材料（2人分）

ベーコン…2枚
にんじん…15g
玉ねぎ…40g
キャベツ…80g
しめじ…20g
オリーブ油…小さじ1
水…300㎖
A しょうゆ…小さじ½
A 顆粒コンソメ…小さじ1
A 塩…少々
A こしょう…少々
パセリのみじん切り…少々

下ごしらえ

ベーコン、にんじん ≫ 1cm幅の短冊切り
玉ねぎ ≫ 1cm幅のくし形切り
キャベツ ≫ ざく切り
しめじ ≫ ほぐす

作り方

① 鍋にオリーブ油を熱し、ベーコン、玉ねぎを入れて玉ねぎが透き通るまで炒める。
② にんじん、キャベツ、しめじを加えて油が回るまで炒め、水を加えてひと煮立ちさせ、Aを加える。
③ 器に盛り、パセリを散らす。

Point

■ベーコンから脂が出るので、オリーブ油は少なめでOKです。
■具材からもうま味がたっぷり出るので、コンソメの量はお好みで加減してみてください♪

@mikishi7283 我が家のスープはサラッとしたものが多いです。家にある野菜でサッと作ります。

09/18

なすとトマトのドライカレースープ

30min

材料（2人分）

なす（太いもの）…2本
ズッキーニ…¼本
玉ねぎ…20g
あいびき肉…50g
トマトジュース…200mℓ
顆粒コンソメ…小さじ½

A
- しょうゆ…小さじ½
- ウスターソース…小さじ1
- トマトケチャップ…小さじ1
- カレーフレーク…小さじ1

塩・こしょう…少々
サラダ油…大さじ1
パセリのみじん切り…適量
粉チーズ…適量
オリーブ油…適量

下ごしらえ

なす≫ヘタと底を平行に切り、周囲1cm残して器状になるように中をくりぬく。中身は1cm角に切り水にさらす
ズッキーニ≫5mm角に切る
玉ねぎ≫みじん切り

作り方

① 多めのサラダ油（分量外）を170℃に熱し、器状のなすを入れて縁がきつね色になるまで揚げる。
② スープを作る。鍋にトマトジュースを入れて中火で温め、コンソメ、塩、こしょうを加えて味を調える。
③ ドライカレーを作る。フライパンにサラダ油を熱し、ひき肉を入れて色が変わるまで炒める。
④ ③に玉ねぎを加えて透き通るまで炒め、ズッキーニ、角切りにしたなすを加えてしんなりするまで炒め、Aを加えてからめる。
⑤ 器に①のなすを盛り、中に④を詰めてまわりに②のトマトスープを注ぎ入れる。
⑥ 粉チーズ、パセリを散らし、オリーブ油を回しかける。

@en.ym1021 汁物、主菜、副菜が1つになったようなスープにしたくて作りました。

09/19

野菜たっぷりエスニックカレースープ

材料（2人分）

- 鶏もも肉…1枚（300g）
- A
  - ナンプラー…小さじ2
  - しょうゆ…小さじ1
- なす…½本
- 玉ねぎ…¼個
- しめじ…½パック
- ヤングコーン…2本
- ししとうがらし…3本
- 赤パプリカ…¼個
- しょうが…1片
- にんにく…1片
- B
  - 水…200㎖
  - ココナッツミルク…½缶（200㎖）
  - 鶏ガラスープの素…小さじ1
  - 塩…小さじ¼
- カレー粉…大さじ1
- ナンプラー…小さじ½
- イタリアンパセリ…適量
- サラダ油…大さじ1

下ごしらえ

- 鶏肉》ひと口大に切りAに漬ける
- なす》半月切りにして水にさらす
- 玉ねぎ》薄切り
- しめじ》ほぐす
- ヤングコーン》2等分にする
- ししとう》ヘタを除く
- パプリカ》乱切り
- しょうが、にんにく》せん切り

作り方

1. 鍋に油、しょうが、にんにくを入れて弱火で香りが立つまで熱し、鶏肉を加えて中火で表面に焼き色がつくまで焼く。
2. Bを加えて煮立たせ、なす、玉ねぎ、しめじ、ヤングコーンを加えて中火で10分煮込む。
3. カレー粉を加えて全体をなじませ、ししとう、パプリカを加えて再度中火で5分煮込み、ナンプラーを加える。
4. 器に盛り、イタリアンパセリを散らす。

Point

■カレー粉がない場合は、塩と鶏ガラスープの素を半分に減らし、カレールー1片で味を調えてみてくださいね。唐辛子を入れて辛くするのもおすすめです。

@ya.takaco.ba 一見凝っているように見えるけど、実は簡単。食卓をおしゃれな雰囲気にしてくれます。

09/20

明太子とかぶのクリームスープ

材料（2人分）

むきえび…10尾
じゃがいも…1個（150g）
玉ねぎ…½個（100g）
しめじ…½パック（50g）
かぶ…小1個
明太子…1腹
酒…小さじ1
水…100㎖
A 無調整豆乳…100㎖
A 牛乳…100㎖
A めんつゆ（3倍濃縮）…小さじ½
A 顆粒コンソメ…小さじ1
バター…10g
オリーブ油…小さじ½

下ごしらえ

じゃがいも≫ラップで包んで電子レンジで2分30秒加熱。裏返して1分加熱して皮をむき、つぶす
玉ねぎ≫薄切り
しめじ≫ほぐす
かぶ≫8等分し、葉は1㎝長さに切る
明太子≫薄皮を除く

作り方

1. 鍋にオリーブ油を熱し、玉ねぎを入れてあめ色になるまで弱火で20分ほどじっくり炒める。
2. しめじ、えび、酒を加えて中火で1～2分炒め、かぶ、水を加えてひと煮立ちさせる。
3. じゃがいも、かぶの葉、Aを加えて弱火にし、ふたをして10分煮る。
4. 火からおろして5分ほど置き、明太子、バターを加えて器に盛る。
※お好みで青じそ、明太子をのせる。

@c_chan0118 明太子好きの夫のために考えたレシピ。クリーム系かつ具材が多めで満足感があります。

09/21

ビーツとじゃがいものポタージュ

材料（2人分）

ビーツ…25g
玉ねぎ…¼個
じゃがいも…1個
バター…15g
顆粒コンソメ…小さじ1
塩…少々
水…200㎖
無調整豆乳…300㎖

下ごしらえ

ビーツ≫皮ごとかぶるくらいの水と酢少々（分量外）で、30分ほど煮て、皮をむきひと口大に切る
玉ねぎ≫みじん切り
じゃがいも≫さいの目切り

作り方

1. 鍋にバターを溶かし、玉ねぎを入れてサッと炒め、じゃがいもを加えて玉ねぎがしんなりするまで炒める。
2. 水を加え、煮立ったらコンソメを加えてふたをし、じゃがいもがやわらかくなるまで弱中火で15分ほど煮てアクを取る。
3. ビーツを加え混ぜて火を止め、ボウルに移す。ブレンダーでなめらかになるまで撹拌して鍋に戻し、豆乳を加えて弱火で温め、塩を加える。
※お好みでパセリや生クリームをトッピングする。

@akokaricafe 栄養豊富なビーツと相性のよいじゃがいもを加えることでよりおいしく仕上がります。

20min

09/22

えびのトマトクリームスープ

材料（2人分）

むきえび…8尾
玉ねぎ…1/4個（50g）
なす…1/2本（40g）
にんにく…1片
カットトマト缶…1缶
A
牛乳…100㎖
顆粒コンソメ…小さじ2
水…100㎖
塩・こしょう…少々
オリーブ油…大さじ3
生クリーム…100㎖
バジル…適量

下ごしらえ

玉ねぎ、にんにく»みじん切り
なす»乱切り

作り方

1. 鍋にオリーブ油、にんにくを入れて香りが立つまで熱し、玉ねぎを加えて透き通るまで炒める。
2. えび、なすを加え、えびに火が通り始めたらAを加えてふたをし、弱火で10分ほど煮込む。
3. 塩、こしょうで味を調え、生クリームを加えて混ぜる。
4. 器に盛り、バジルを飾る。

Point
■牛乳は強火で熱すると分離しやすいので、弱火で煮込んでください♪

@meguhanasora にんにくは焦げやすいので、鍋に入れてから火をつけてくださいね。

25min

09/23

お豆ときのこのこっくり豆乳スープ

材料（2人分）

乾燥金時豆…50g
乾燥大豆…40g
ベーコン（ブロック）…40g
玉ねぎ…1/4個（50g）
しめじ…40g
まいたけ…40g
バター…10g
水…100㎖
無調整豆乳…200㎖
白みそ…大さじ1
粗びき黒こしょう…適量

下ごしらえ

金時豆、大豆»水で戻し、かためにゆでる
ベーコン、玉ねぎ»1㎝角に切る
しめじ、まいたけ»ほぐす

作り方

1. 鍋にバターを中火で溶かし、ベーコン、玉ねぎ、しめじ、まいたけを加えて玉ねぎが透き通るまで炒める。
2. 金時豆、大豆、水を加えてふたをし、弱火で15分ほど煮込む。
3. 白みそを溶かし入れ、豆乳を加えて弱火で沸騰しないように混ぜながら温める。
4. 器に盛り、黒こしょうを振る。

Point
■金時豆、大豆に火が通ったことを確認してからみそを加えてください。

@tukadakk お疲れ気味のときにも食べられるよう栄養満点でお腹に優しい具だくさんのスープです。

09/24

豆乳と白菜のほっこりスープ

材料（2人分）
白菜…200g
にんじん…1/4本（50g）
しめじ…1/2パック（50g）
玉ねぎ…1/2個（100g）
ソーセージ…3本
グリーンアスパラガス…2本
バター…10g
無調整豆乳…200ml
牛乳…100ml
鶏ガラスープの素…小さじ1/2
合わせみそ…小さじ2
塩…少々
こしょう…少々

下ごしらえ
白菜≫ざく切り
にんじん≫5mm幅のせん切り
しめじ≫ほぐす
玉ねぎ≫粗みじん切り
ソーセージ≫乱切り
アスパラ≫根元を切り落とし、下3cmほどをピーラーでむいて斜め切り、サッとゆでる

作り方
① 鍋にバターを溶かし、玉ねぎが透明になるまで炒める。
② 白菜、にんじん、しめじ、ソーセージを加え、バターが全体に回るまで炒めて豆乳、牛乳を加え、弱火で10分煮込む。
③ スープの素、みそ、塩、こしょうを加えて味を調え、アスパラを加える。

@kuromamebiyori 豆乳は分離しやすいので弱火で加熱してください。

09/25

濃厚魚介のアメリケーヌスープ

材料（2～3人分）
有頭えび…6尾
ムール貝（冷凍）…8個
にんにく…1片
セロリ…1/3本（40g）
玉ねぎ…1/2個（100g）
オリーブ油…大さじ1
白ワイン…100ml
アメリケーヌソース缶…1缶（290ml）
水…80ml
牛乳…80ml
塩・こしょう…少々
ローズマリー…適量

下ごしらえ
えび≫殻つきのまま、背ワタを取る
ムール貝≫解凍
にんにく、セロリ、玉ねぎ≫みじん切り

作り方
① 鍋にオリーブ油、にんにくを中火で熱し、香りが立ったらセロリ、玉ねぎを加えて玉ねぎが透き通るまで炒める。
② えび、ムール貝、白ワイン、塩、こしょう、ローズマリーを加えてふたをして5分中火で煮込む。
③ アメリケーヌソース、水を加えてひと煮立ちさせ、火を弱め、牛乳を加えて混ぜる。

Point
■市販のソースの状態にあわせて味やとろみを見ながら水や牛乳の量を調節してくださいね。

@mizukudasai 本来手間のかかるメニューですが、市販のアメリケーヌソースを使えばとっても簡単に。

09/26

クミン香る豆乳かぼちゃスープ

⏱25min

材料（2人分）

かぼちゃ…300g
玉ねぎ…½個（100g）
ベーコン（ブロック）…70g
顆粒コンソメ…小さじ1½
塩…少々
水…150mℓ
無調整豆乳…200mℓ
クミンパウダー…小さじ¼
オリーブ油…小さじ2

下ごしらえ

かぼちゃ≫半量は皮をむいて2cm角に切る。残りはまばらに皮をそぎ、ひと口大より大きめに切り、面取りをする
玉ねぎ≫薄切り
ベーコン≫5mm幅の細切り

作り方

① 鍋にオリーブ油を熱し、かぼちゃすべて、玉ねぎ、ベーコンを入れて玉ねぎがしんなりするまで中火で炒める。
② 水を加えひと煮立ちさせてコンソメを加え、大きいかぼちゃがやわらかくなるまで中火で10〜15分ほど煮込む。
③ へらでひと混ぜして火を止め、豆乳、クミン、塩を加えて混ぜ、弱火で5分ほど煮込む。
※お好みで黒こしょう、パセリのみじん切りを飾る。

@hiro71111 具だくさんにして野菜をたっぷりとれるようにしています。

09/27

ごぼうの和風ポタージュ

⏱25min

材料（2人分）

ごぼう…1本（150g）
玉ねぎ…½個（100g）
オリーブ油…大さじ1
あごだし汁…250mℓ
（水…250mℓ
あごだしの素…小さじ½）
牛乳…150mℓ
白みそ…大さじ1
白練りごま…小さじ1
塩…少々
トッピング
―オリーブ油…適量

下ごしらえ

ごぼう≫トッピング用に先の細い方を10cmほど取り分け、揚げ油（分量外）で素揚げ。残りは斜め薄切りにして5分水にさらす
玉ねぎ≫薄切り

作り方

① 鍋にオリーブ油大さじ1を熱し、ごぼう、玉ねぎを入れて玉ねぎがしんなりするまで炒める。
② だし汁を加えてふたをし、ごぼうがやわらかくなるまで弱中火で10〜15分煮込みボウルに移す。
③ ブレンダーでなめらかになるまで撹拌し、白みそ、練りごまを加えてよく混ぜ、牛乳、塩を加えて鍋に戻して弱火で温める。
④ 器に盛り、オリーブ油を回しかけ、素揚げしたごぼうをトッピングする。

Point
■ごぼうを煮るときに、だし汁が少なかったら②でだし汁か水を50mℓほど足して、様子を見てみてくださいね。

@ururun_u.u ポイントは隠し味的に使った白みそと練りごまです。

09/28

鮭とほうれん草のミルクスープ

25min

材料（2人分）

生鮭…1切れ
じゃがいも…1個
玉ねぎ…½個（100g）
しめじ…½パック（50g）
ほうれん草…½束（100g）
コーン缶…20g
にんにく…1片
水…250mℓ
牛乳…150mℓ
顆粒コンソメ…小さじ2
小麦粉…大さじ1
塩…少々
こしょう…少々
オリーブ油…大さじ1

下ごしらえ

鮭≫ひと口大に切って塩、こしょう、小麦粉各少々（分量外）をまぶす
じゃがいも≫ひと口大に切り、水にさらす
玉ねぎ≫くし形切り
しめじ≫ほぐす
ほうれん草≫ラップをかけ電子レンジで30秒加熱して水にさらし、3cm長さに切る
にんにく≫つぶす

作り方

1. 鍋にオリーブ油を熱し、にんにくを入れて香りが出るまで炒め、取り出す。
2. 鮭を加えて両面に焼き色をつけて取り出し、じゃがいも、玉ねぎ、しめじを加えてじゃがいもの表面が透き通るまで炒める。
3. 小麦粉を振り入れ、粉気がなくなるまで炒めて、水を少しずつ加えながら混ぜ合わせる。
4. コンソメを加えてひと煮立ちさせ、アクを取って具材に火が通るまで弱火で15分煮込む。
5. 鮭を戻し入れ、ほうれん草、コーン、牛乳を加えて沸騰直前まで温め、塩、こしょうで味を調える。

Point

■牛乳を入れたあとは、沸騰させると分離することがあるので、沸騰させないようにしてくださいね。

@aya_m08 相性のよい鮭とほうれん草の組み合わせです。ミルクベースで仕上げました！

09/29

ほっこりきのこのビーフスープ

30min

材料（2人分）

牛肉（こま切れ）…160g
粗びき黒こしょう…少々
片栗粉…大さじ½
玉ねぎ…½個（100g）
まいたけ…1パック
しめじ…½パック（50g）
エリンギ…1本
バター…10g
サラダ油…小さじ½
赤ワイン…150㎖
A
─トマトジュース…230㎖
ウスターソース…小さじ1
─トマトケチャップ…小さじ1
─はちみつ…小さじ2
顆粒コンソメ…小さじ1

下ごしらえ

牛肉≫黒こしょう、赤ワイン大さじ1（分量外）で10分漬け込み、水気を取り、片栗粉をまぶす
玉ねぎ≫横に薄切り
まいたけ、しめじ≫ほぐす
エリンギ≫2㎝幅の短冊切り
赤ワイン≫ラップをせず電子レンジで30〜40秒加熱して煮切る

作り方

① 鍋にバターを弱中火で溶かし、玉ねぎを入れてふたをし、3分蒸し焼きにする。
② きのこ類を加えてしんなりするまで炒め、水大さじ1（分量外）を加えてふたをし、弱中火で3分蒸し焼きにして取り出す。
③ ②の鍋に油を入れて熱し、牛肉を入れ色が変わったら赤ワインを加え、強火で煮詰める。
④ A、②を加えて15分ほど煮込み、器に盛る。
※お好みで生クリーム、ブロッコリーをトッピングする。

@akarispmt 心も体も温まってくれたらいいなと思って作りました。

09/30

さつまいもと玉ねぎのポタージュ

25min

材料（2人分）

さつまいも…150g
玉ねぎ…¼個（50g）
バター…15g
水…300㎖
顆粒コンソメ…小さじ2
生クリーム…大さじ1
牛乳…100㎖
塩・こしょう…少々
クラッカー…2枚

下ごしらえ

さつまいも≫皮をむいて5㎜幅のいちょう切りにし、水にさらす
玉ねぎ≫薄切り

作り方

① 鍋にバターを溶かし、玉ねぎを入れて透き通るまで炒める。
② さつまいも、水、コンソメを加えてひと煮立ちさせ、アクを取る。ふたをして、さつまいもがやわらかくなるまで弱火で15分煮込み、ボウルに移す。
③ ブレンダーでなめらかになるまで撹拌し、鍋に戻す。牛乳、生クリームを加えて塩、こしょうで味を調え、再び沸騰直前まで弱火で温める。
④ 器に盛り、クラッカーを砕いてトッピングする。

@koron.n 温・冷どちらもおいしいさつまいものスープはいも好きのわが家に欠かせないスープです。

スープを格上げ！

かんたん手作りトッピング

トッピングをのせるだけで、スープの雰囲気が変わります。
かんたんだけどおいしいトッピングでさらにおいしいスープをどうぞ。

カリカリベーコン

① ベーコンを適当な大きさに切る。
② 耐熱皿にキッチンペーパーを敷き、その上にベーコンを並べ、さらにキッチンペーパーをのせる。
③ ラップをかけずに電子レンジで1分加熱し、キッチンペーパーごと裏返してもう一度1分加熱する。

＊加熱しすぎると発火のおそれもあるので、1分以上連続で加熱しないでください。

チーズガレット

① スライスチーズを4等分する。
② 耐熱皿の上にクッキングシートを敷き、チーズをのせてラップをかけずに電子レンジで1分30秒加熱する。

＊ピザ用チーズでも同様に作ることができます。

れんこんチップ

① れんこんを3～4㎜厚さの輪切りにし、酢水にさらす。
② 水気を切り、オリーブ油であえる。
③ クッキングシートを敷いた耐熱皿に並べ、ラップをかけずに電子レンジで3分加熱、れんこんを裏返してさらに2～3分加熱する。塩をふる。

10/01

グリルトマト入りのオニオンスープ

25min

材料（2人分）

玉ねぎ…1個
トマト…½個
ベーコン…1枚
セロリ…10cm
オリーブ油…大さじ1
水…300mℓ
塩…小さじ½
粗びき黒こしょう…少々
パセリのみじん切り…適量

下ごしらえ

玉ねぎ≫縦2等分にする
トマト≫横1cm幅に切る
ベーコン≫細切り
セロリ≫横に薄切り

作り方

1. フライパンにオリーブ油大さじ½を熱し、トマトを並べ、焼き色がつくまで焼き、取り出す。
2. 残りのオリーブ油をフライパンに足し、玉ねぎ、ベーコンを加え、玉ねぎに焼き色がつくまで焼く。
3. 鍋に②、セロリ、水、塩を加えてひと煮立ちさせ、アクを取る。ふたをして弱火で15分煮込む。玉ねぎに竹串を刺してスーッと通れば火を止める。
4. 器に盛り、①のトマトをのせ、黒こしょう、パセリを散らす。

Point
■トマトは厚めに切ると崩れにくいです。

@happyriechan ポイントはトマトを焼くところです。香ばしさがスープの味をひきたてます。

10/02

えびとうにの濃厚スープ

15min

材料（2人分）

無頭えび…10尾
瓶詰めうに…大さじ2
バター…20g
牛乳…400mℓ
小麦粉…大さじ1
ピザ用チーズ…30g
パセリのみじん切り…適量

下ごしらえ

えび≫殻をむき、背ワタを除いて塩水（分量外）で洗う

作り方

1. 鍋にバターを溶かし、えびを加えて色が変わるまで炒め、小麦粉を振り入れて炒める。うにを加え、焦げないように全体を混ぜ合わせる。
2. 牛乳を数回に分けて混ぜ合わせながら、ふつふつとするまで中火で温める。
3. チーズを加え、溶けたら器に盛り、パセリを散らす。

Point
■瓶詰めうには、メーカーによって塩分が異なるので、味を見ながら調節してくださいね。

@estyle1010 家族の好みはクリーム系。瓶詰めうにを使ったら大好評！パスタソースとしても♪

10/03

トマトときのこのカレースープ

材料（2人分）
鶏もも肉…1枚（250g）
A カレー粉…小さじ½
塩…少々
こしょう…少々
玉ねぎ…½個
じゃがいも…1個
しめじ…½パック
トマト…1個
水…300㎖
顆粒コンソメ…小さじ2
カレー粉…小さじ2
塩・こしょう…少々
オリーブ油…小さじ3
イタリアンパセリ…少々

下ごしらえ
鶏肉≫ひと口大に切り、Aをもみ込む
玉ねぎ≫薄切り
じゃがいも≫2cm角に切る
しめじ≫ほぐす
トマト≫乱切り

作り方
1. 鍋にオリーブ油小さじ2を熱し、鶏肉を入れて焼き色がつくまで焼き、取り出す。
2. 残りのオリーブ油を足し、玉ねぎ、じゃがいもを加えて玉ねぎが透き通るまで炒めて塩、こしょうを加える。
3. ①の鶏肉を戻し、水を加えて煮立て、コンソメを加えてふたをし、中火で5分ほど煮込む。
4. カレー粉、しめじを加えて中火で3分ほど煮込み、トマトを加えて2分ほどサッと煮る。
5. 器に盛り、イタリアンパセリを飾る。

@nayoko054 朝カレーは体によい！きのことトマトで簡単に作れて味もさっぱりしています。

10/04

カリフラワーの真っ白ポタージュ

材料（2人分）
カリフラワー…½株
玉ねぎ…½個
バター…20g
水…150㎖
顆粒コンソメ…小さじ1
ローリエ…1枚
牛乳…250㎖
塩…少々
粗びき黒こしょう…適量
パセリのみじん切り…適量

下ごしらえ
カリフラワー≫粗みじん切り
玉ねぎ≫薄切り
ローリエ≫半分に折る

作り方
1. 鍋にバターを溶かし、カリフラワー、玉ねぎを入れて玉ねぎがしんなりするまで中火で炒める。
2. 水、コンソメ、ローリエを加え、沸騰してから中火で2〜3分煮込む。
3. ローリエを取り除いてボウルに移し、牛乳を加えてブレンダーでなめらかになるまで撹拌する。
4. 鍋に戻して弱火で沸騰しないように温め、塩で味を調える。
5. 器に盛り、黒こしょう、パセリをトッピングする。

Point
■真っ白なポタージュに仕上げるため、カリフラワーと玉ねぎは焦がさないように炒めてください。

@xmizukax じゃがいも、小麦粉なし！糖質控えめでも旨みたっぷりな満足スープ♪

10/05

大豆とチョリソーのチリビーンズ

25min

材料（2人分）

乾燥大豆…50g
ソーセージ（チョリソー）…4本
玉ねぎ…½個
にんにくのみじん切り…1片分
オリーブ油…大さじ1
ホールトマト缶…½缶
A 水…220mℓ
固形ブイヨン…1個
ローリエ…1枚
オレガノ…少々
赤唐辛子…1本
塩…小さじ½

下ごしらえ

大豆≫ひと晩水に浸け、弱火で10分ほどゆでる
チョリソー≫3等分に切る
玉ねぎ≫みじん切り
ホールトマト≫種を除く

作り方

① 鍋にオリーブ油、にんにく、赤唐辛子を入れて香りが立つまで熱し、赤唐辛子を取り出す。
② 玉ねぎを加えて透き通るまで炒め、チョリソーを加えて軽く炒めてホールトマトを加え、へらでつぶしながら炒める。
③ A、取り出した赤唐辛子を加えてひと煮立ちさせ、ふたをして弱火で10分ほど煮込む。
④ 大豆を加えて中火で5分ほど煮込み、塩を加える。ローリエ、赤唐辛子を取り除き、器に盛る。
※お好みでパクチーをトッピングする。

Point

■にんにくは焦げやすいので、オリーブ油を熱する前に入れてください。

@thinkofadream_2 辛いのが苦手な方はチョリソーをウインナーソーセージにしてもおいしく召し上がれますよ。

10/06

れんこんミートボールとじゃがいものスープ

30min

材料（2人分）

ミートボール
豚ひき肉…200g
玉ねぎ…¼個
れんこん…50g
溶き卵…1個分
ベーコン…1枚
塩・こしょう…少々
じゃがいも…1個
ホワイトマッシュルーム…5個
顆粒コンソメ…小さじ2
塩・こしょう…少々
水…200mℓ
牛乳…200mℓ
バター…15g
オリーブ油…小さじ2

下ごしらえ

玉ねぎ、れんこん、ベーコン≫みじん切り
じゃがいも≫2.5cm角に切る
マッシュルーム≫半分に切る

作り方

① ボウルにミートボールの材料を入れて、粘りが出るまでこね、6等分にして丸める。
② フライパンにバターを溶かし、マッシュルームの切った面を下にして入れ、焼き色をつける。
③ 鍋にオリーブ油を熱し、じゃがいもを加えて全体に油が回るまで炒め、水を加えてひと煮立ちさせたら火が通るまで弱中火で10分ほど煮込む。
④ ①を重ならないように入れ、ふたをして弱火で10分ほど煮込み、アクを取る。
⑤ コンソメ、塩、こしょう、牛乳を加えて煮込み、②を加える。
※お好みで生クリーム、パセリをトッピングする。

@rei_nyanz 豚肉は粘りが出るまでしっかり混ぜることによって、形が崩れにくくなりますよ。

10/07

チキンときのこのクリームスープ

20min

材料（2人分）

鶏もも肉…1枚
玉ねぎ…1/4個
しめじ…1/2パック
バター…15g
小麦粉…大さじ1
水…150㎖
顆粒コンソメ…小さじ1
牛乳…200㎖
塩…少々
こしょう…少々
パセリのみじん切り…適量

下ごしらえ

鶏肉≫ひと口大に切る
玉ねぎ≫薄切り
しめじ≫ほぐす

作り方

① 鍋にバターを溶かし、鶏肉を入れて表面の色が変わるまで炒める。
② 玉ねぎ、しめじを加えて炒め、玉ねぎの表面が透き通ったら小麦粉を振り入れて粉気がなくなるまで炒める。
③ 水を加えて全体をなじませ、コンソメを加えてひと煮立ちさせる。牛乳を加えてふたをし、弱火で5分煮たら塩、こしょうで味を調える。
④ 器に盛り、パセリを散らす。

Point

■牛乳は加熱しすぎないようにしてください。
■牛乳を減らして生クリームを加えても、コクが増しておいしく仕上がりますよ。

@mizuki_31cafe ホワイトソースなしで手軽に作れるレシピに。食べごたえがあるのでメインにもなります♪

10/08

ミックスビーンズとれんこんのトマトスープ

材料（2人分）
ミックスビーンズ水煮…50g
れんこん…50g
ベーコン…2枚
トマトジュース（無塩）…200mℓ
水…100mℓ
顆粒コンソメ…小さじ2
オリーブ油…小さじ1
パセリのみじん切り…適量

下ごしらえ
れんこん»さいの目切りにして水に5分さらす
ベーコン»1cm幅に切る

作り方
1. 鍋にオリーブ油を熱し、ベーコンを入れて脂が出るまで炒める。
2. れんこんを加えて中火で1〜2分ほどサッと炒め、水、トマトジュース、コンソメを加えてひと煮立ちさせる。
3. ミックスビーンズを加え、煮立ったら中火で2〜3分煮込む。
4. 器に盛り、パセリを散らす。

@akanesora39 ベーコンの脂が出るまで炒めることで旨みが増します。

10/09

酒粕とみそとチーズのスープ

材料（2人分）
白菜…120g
しめじ…30g
まいたけ…½パック
しいたけ…2枚
厚揚げ…50g
にんにくのみじん切り…1片分
ベーコン（ブロック）…60g
水…500mℓ
合わせみそ…大さじ1½
酒粕…大さじ4
だしの素…小さじ2
サラダ油…大さじ½
トッピング
ピザ用チーズ…60g
糸唐辛子…適量
かいわれ大根…適量

下ごしらえ
白菜»ひと口大に切る
しめじ、まいたけ»ほぐす
しいたけ»薄切り
厚揚げ»さいの目切り
ベーコン»1cm幅の拍子木切り
酒粕»常温に戻す
かいわれ大根»根を除く

作り方
1. 鍋に油、にんにくを熱し、弱火で香りが立つまで炒める。ベーコン、白菜を加えて白菜が透き通るまで炒め、厚揚げを加えて油が回るまで炒める。
2. 水、しいたけを加えてひと煮立ちさせ、だしの素を加える。
3. ボウルに酒粕、みそを入れ、お玉1杯分のスープを加えて溶く。
4. ③を②に加え、しめじ、まいたけを加えて弱火で5分煮込む。
5. 器に盛り、チーズ、糸唐辛子、かいわれ大根をトッピングする。

@kyokoba_ba スープは具だくさんに作ります。それはもはやスープを超えた一品料理です。

10/10

鶏ミートボールの具だくさんトマトスープ

材料（2人分）

にんじん…1/3本
玉ねぎ…1/2個
ベーコン…2枚
ブロッコリー…6房
ミートボール
　鶏もも肉…100g
　玉ねぎ…1/4個（50g）
　片栗粉…小さじ1/2
　塩・こしょう…少々
ブイヨン…250ml
（水…250ml
固形ブイヨン…1個）
ホールトマト缶…1/2缶
塩・砂糖…各小さじ1/2

下ごしらえ

にんじん、玉ねぎ»ひと口大に切る
ベーコン»1cm幅の短冊切り
ブロッコリー»小房に分ける
鶏肉»ひと口大に切る
ミートボール用の玉ねぎ»2cm角に切る
ホールトマト»種を除く

作り方

① フードプロセッサーにミートボールの材料を入れ、10秒ほど撹拌して4等分に丸める。
② 鍋にブイヨン、ホールトマトを入れて熱し、トマトをつぶし、ひと煮立ちさせて①を加え、ふたをして弱中火で10分ほど煮込む。
③ にんじん、玉ねぎ、ベーコン、塩、砂糖を加えてときどき混ぜながらにんじんがやわらかくなるまで中火で7～10分ほど煮込む。
④ ブロッコリーを加え、3分煮込む。

@hiropon0201 満足感が味わえるようスープは具だくさんで作ります。ミートボールは冷凍ストックしてます。

10/11

焼きなすの和風ポタージュ

材料（2人分）

なす…4本
長ねぎ…1本
あごだし汁…300ml
（水…300ml
あごだしの素…小さじ1）
牛乳…100ml
塩…少々
こしょう…少々
しょうゆ…小さじ1
サラダ油…大さじ1/2
おろししょうが…適量
小ねぎの小口切り…適量

下ごしらえ

なす»ヘタにぐるっと切り込みを入れ、直火で焼く。皮をむき、ヘタを切って縦に2等分。半量はさらに斜め半分に切ってトッピング用に取り分け、残りはひと口大に切る
ねぎ»2cm幅に斜め切り

作り方

① 鍋に油を熱し、ねぎを焦げないように弱火で5分ほど炒める。
② ひと口大のなすを加えてサッと炒め、だし汁を加え混ぜボウルに移す。ブレンダーでなめらかになるまで撹拌する。
③ 鍋に戻して弱火で温め、牛乳、塩、こしょう、しょうゆを加える。
④ 器に盛り、トッピング用のなす、しょうが、小ねぎを添える。

Point

■なすの皮をむく際はやけどをしないように十分に気をつけてください。なすを焼いたあと水につけてしまうと、甘みと香ばしさが逃げてしまうため、水につけずに皮をむいてくださいね。

@wappadegohann 焼いたなすの香ばしさがプラスされた、少し大人のポタージュになっています。

40min

10/12

ゴロゴロ野菜と骨つき肉のカレースープ

材料（2人分）

スペアリブ（骨つき）…250g
A
—塩・こしょう…少々
—小麦粉…適量
オリーブ油…大さじ2
玉ねぎ…1/2個
なす…1/4本
ズッキーニ…1/4本
トマト…1/2個
しいたけ…2枚
まいたけ…1/4パック
B
—トマトケチャップ…小さじ1
—ウスターソース…小さじ1
—はちみつ…小さじ1/2
—カレー粉…小さじ1
—カットトマト缶…1/2缶
水…150mℓ
塩…少々

下ごしらえ

スペアリブ≫Aを振る
玉ねぎ≫みじん切り
なす、ズッキーニ≫乱切り
トマト、しいたけ≫さいの目切り
まいたけ≫ほぐす

作り方

1. フライパンにオリーブ油大さじ1を熱し、スペアリブを並べて両面こんがりと焼き色をつけるように焼く。
2. 鍋に残りのオリーブ油を熱し、玉ねぎを入れて透き通るまで炒め、トマト、しいたけを加えて中火で1～2分サッと炒める。
3. まいたけ、なす、ズッキーニを加えて油が回るまで炒め、Bを加えて全体を混ぜ合わせ、水を加えてひと煮立ちさせる。
4. ①を加え、弱中火で15～20分煮込み、塩を加える。

@jun.saji 骨つきのまま肉を煮込むことで、スープの旨みが増しますよ。

15min

10/13

セロリとひよこ豆のクミンスープ

材料（2人分）

セロリ…50g
玉ねぎ…1/4個（50g）
ベーコン（ブロック）…50g
ひよこ豆水煮…100g
オリーブ油…小さじ1
クミンシード…小さじ1/2
ローリエ…1枚
ブイヨン…400mℓ
（水…400mℓ
固形ブイヨン…1個）
塩…少々
粗びき黒こしょう…少々

下ごしらえ

セロリ、玉ねぎ、ベーコン≫粗みじん切り
ひよこ豆≫サッと水洗い

作り方

1. 鍋にオリーブ油、クミンシードを入れて弱火にかけ、香りが立つまで炒める。
2. セロリ、玉ねぎ、ベーコンを加えて玉ねぎが透き通るまで炒め、ひよこ豆を加え、サッと炒めてブイヨン、ローリエを加える。
3. アクを取り、ふたをして弱中火で10分ほど煮込み、塩、黒こしょうで味を調える。
4. ローリエを取り除き、器に盛る。

Point

■クミンシードは焦げやすいため、弱火で炒めてください。最初にクミンを炒めることで油にクミンの香りがしっかりと移り、香り高いスープに仕上がりますよ。

@gucci.tckb クミンシードの香りとベーコンの風味が食欲がないときにも最高ですよ！

10/14

あさりとあおさの明太クリームスープ

材料（2人分）

あさり…200g
酒…大さじ2
玉ねぎ…½個（100g）
じゃがいも…1個（150g）
小麦粉…大さじ2
水…200㎖
オリーブ油…大さじ1
A 牛乳…200㎖
昆布茶…小さじ1
塩…少々
こしょう…少々
明太子…1腹
あおさ…適量

下ごしらえ

あさり≫砂抜きをしてよく洗う
玉ねぎ、じゃがいも≫さいの目切り
明太子≫ほぐす

作り方

① フライパンにあさり、酒を入れてあさりの口が開くまで加熱し、あさりと煮汁に分ける。
② 鍋にオリーブ油を熱し、玉ねぎ、じゃがいもを加え、玉ねぎが透き通るまで炒める。
③ 火を止めて、小麦粉を振り入れ、粉気がなくなるまで混ぜ合わせ、あさりの煮汁、水を少しずつ加え、ダマにならないように混ぜ、じゃがいもがやわらかくなるまで弱火で5～8分煮込む。
④ Aと明太子を加え、あさりを加えてひと混ぜする。
⑤ 器に盛り、あおさをトッピングする。

15min

@yuka_cm_cafe 明太子とあさりとの相性バッチリなあおさがポイント♡魚介の旨みたっぷりです！

10/15

鶏肉と根菜のみそバタースープ

材料（2人分）

鶏もも肉…1枚
じゃがいも…1個
にんじん…¼本
玉ねぎ…¼個
ごぼう…40g
ホワイトマッシュルーム…2個
オリーブ油…大さじ1
水…350㎖
鶏ガラスープの素…小さじ1
合わせみそ…25g
バター（無塩）…適量
パセリのみじん切り…適量

下ごしらえ

鶏肉≫ひと口大に切る
じゃがいも≫大きめのひと口大に切り、水にさらす
にんじん≫乱切り
玉ねぎ≫くし形に3等分
ごぼう≫斜め薄切りにし、水に5分さらす
マッシュルーム≫2等分に切る

作り方

① 鍋にオリーブ油を熱し、鶏肉を皮目を下にして並べ、焼き色がつくまで焼く。
② 玉ねぎを加えてしんなりするまで炒め、じゃがいも、にんじん、ごぼう、マッシュルームを加えて油が回るまで炒め、水を加えてふたをし、じゃがいもに火が通るまで10分ほど弱中火で煮る。
③ アクを取り、スープの素、みそを溶かし入れる。
④ 器に盛り、バター、パセリをトッピングする。

20min

Point
■バターは最後に入れることで香りが際立ちますよ。

@rietty1211 具材を大きめに切ることで食べごたえ満点のスープになります。

10/16

丸ごと玉ねぎのトマトスープ

70min

材料（2人分）

玉ねぎ…2個（400g）
にんじん…½本（80g）
じゃがいも…1個
ベーコン…2枚
塩…少々
こしょう…少々
カットトマト缶…½缶
顆粒コンソメ…小さじ2
水…200㎖
サラダ油…大さじ½
トッピング
ブロッコリー…4房
パセリのみじん切り…適量
粉チーズ…適量

下ごしらえ

玉ねぎ»根の部分に十字の切り込みを入れる
にんじん、じゃがいも»さいの目切り
ベーコン»1cm幅に切る
ブロッコリー»塩水（分量外）で洗い、熱湯で2分ほどゆでる

作り方

① 鍋に油を熱し、ベーコン、にんじんを入れて中火で1〜2分炒める。
② 玉ねぎ、カットトマト、コンソメ、水を加えてひと煮立ちさせてふたをし、弱火で40分煮込む。
③ じゃがいもを加え、ふたをして弱火で20分煮込み、塩、こしょうで味を調える。
④ 器に盛り、ブロッコリーをのせ、粉チーズを振ってパセリを散らす。

Point

■玉ねぎは竹串を刺してスーッと通るまで煮込んでくださいね。時間のないときは玉ねぎをぬらしてラップに包み、電子レンジで3〜5分加熱してから加えてみてください。

@mayumi_photo 見た目も可愛い丸ごと玉ねぎ。やわらかくなるのでぺろっと食べられます。

10/17

オニオングラタン風スープ

材料（2人分）

玉ねぎ…1個（200g）
水…400㎖
顆粒コンソメ…小さじ2
塩…少々
こしょう…少々
バター…15g
ピザ用チーズ…適量

下ごしらえ

玉ねぎ≫薄切り

作り方

① 鍋にバターを溶かし、玉ねぎを入れてあめ色になるまで弱火で20～30分ほど炒める。
② 水、コンソメを加えてひと煮立ちさせ、塩、こしょうで味を調える。
③ 器に盛り、チーズをトッピングする。

@israbonita 玉ねぎはあめ色になるまで時間がかかりますが、焦げやすいので混ぜながらじっくり炒めてくださいね。

10/18

マンハッタンクラムチャウダー

材料（2～3人分）

あさり…200g
白ワイン…20㎖
水…450㎖
A 玉ねぎ…½個
A にんじん…30g
A セロリ…30g
A ベーコン（ブロック）…50g
じゃがいも…1個
トマトピューレ…200g
にんにく…1片
塩・こしょう…少々
バター…10g
オリーブ油…大さじ½

下ごしらえ

あさり≫砂抜きをしてよく洗う
A、じゃがいも≫さいの目切り
にんにく≫薄切り

作り方

① フライパンにあさり、白ワイン、水150㎖を入れて中火で熱し、あさりの口が開くまで加熱して煮汁とあさりに分ける。
② 鍋にバターを溶かし、にんにくを入れて香りが立つまで炒める。Aを加えてしんなりするまで炒めて、じゃがいもを加え、中火で1～2分炒める。
③ 残りの水、トマトピューレ、あさりの煮汁を加えてふたをし、じゃがいもがやわらかくなるまで中火で5分ほど煮込む。
④ あさりを加えて塩、こしょうで味を調え、器に盛り、オリーブ油をかける。

@twins36 「スープ」は味や種類が千差万別。滋養豊かな料理だと思います。

10/19

キャベツとベーコンのトマトチーズスープ

材料（2人分）

キャベツ…1/6個
玉ねぎ…1/4個（50g）
ベーコン…1枚
しめじ…1/4パック（25g）
にんにく…1片
オリーブ油…大さじ1
水…200mℓ
顆粒コンソメ…小さじ2
ローリエ…1枚
塩…小さじ1/4
A 砂糖…大さじ1/2
カットトマト缶…1/2缶
トマトケチャップ…大さじ1/2
粉チーズ…大さじ1
スライスチーズ…1枚
パセリのみじん切り…適量

下ごしらえ

キャベツ » ざく切り
玉ねぎ » 薄切り
ベーコン » 短冊切り
しめじ » ほぐす
にんにく » 薄切り

作り方

① 鍋にオリーブ油、にんにくを入れて弱火にかけ、香りが立つまで炒め、玉ねぎ、ベーコンを加えて、玉ねぎがしんなりするまで中火で炒める。
② キャベツ、しめじを加えてひと混ぜし、ふたをして弱中火で3分ほど蒸し焼きにし、水を加えてひと煮立ちさせる。
③ Aを加えてふたをし、弱火で20分ほど煮込み、チーズを加えてひと混ぜする。
④ 器に盛り、パセリを散らす。

Point
■初めに野菜を蒸し焼きにすることで、野菜の旨みを引き出します。

@aya_aya1128 にんにくは焦がさないように弱火で炒め、香りを出しましょう。

10/20

さつまいものスイート豆乳ポタージュ

20min

材料（2人分）

さつまいも…1本
玉ねぎ…¼個
バター…10g
ブイヨン…250㎖
（水…250㎖
固形ブイヨン…1個）
無調整豆乳…100㎖
生クリーム…50㎖
砂糖…小さじ1
塩…少々
サラダ油…適量

下ごしらえ

さつまいも»トッピング用に4枚スライスし、170℃の油で揚げ焼きにする。残りは皮をむきひと口大に切って、水にさらす
玉ねぎ»薄切り

作り方

① 鍋にバターを溶かし、玉ねぎを入れてしんなりするまで炒め、ひと口大に切ったさつまいも、ブイヨンを加えてふたをし、さつまいもがやわらかくなるまで中火で8～10分煮込む。
② ボウルに移し、ブレンダーでなめらかになるまで撹拌する。鍋に戻して豆乳、生クリーム、砂糖、塩を加えて弱火で温める。
③ 器に②を盛り、揚げ焼きにしたさつまいもをトッピングする。
※お好みで生クリームをたらす。

@aymswmr さつまいもの甘さを活かしたポタージュです。揚げたさつまいもが食感のアクセントに。

10/21

麹仕立ての雑穀スープ

15min

材料（2人分）

雑穀（お好みのもの）…大さじ2
紫玉ねぎ…¼個（50g）
しょうがのみじん切り…½片分
にんにくのみじん切り…½片分
水…300㎖
塩麹…大さじ1
無調整豆乳…100㎖
オリーブ油…大さじ1
パセリのみじん切り…適量
粗びき黒こしょう…適量

下ごしらえ

紫玉ねぎ»みじん切り

作り方

① 鍋にオリーブ油、しょうが、にんにくを入れてから火にかけて炒め、香りが立ったら紫玉ねぎを加えて中火で2分ほど炒める。
② 一度火を止め、雑穀、水を加える。火にかけ、ひと煮立ちさせてふたをし、中火で8分ほどゆでて火を通す。
③ 塩麹、豆乳を加えて弱火で温め、器に盛り、パセリ、黒こしょうをトッピングする。

Point

■にんにく、しょうがは焦げやすいので、火にかける前に鍋に入れてくださいね。
■豆乳は熱しすぎると分離しやすくなるので、沸騰しないように温めてくださいね。

@rawfoodhaccolab 麹や雑穀を毎日！簡単にできて、栄養もしっかりととれる理想の一品にしました。

10/22

きのこのポタージュ 根菜チップス添え

材料（2人分）

マッシュルーム…4個
まいたけ…1/2パック
しいたけ…2枚
玉ねぎ…1/2個
にんにく…1/4片
牛乳…50ml
生クリーム…100ml
チキンブイヨン…250ml
（水250ml＋固形ブイヨン1個）
白ワイン…小さじ2
ローリエ…1枚
バター…5g
オリーブ油…小さじ1
塩・こしょう…適量
根菜チップス（薄切り）
ごぼう…1/3本分
さつまいも…1/3本分
れんこん…1/3節分

下ごしらえ

マッシュルーム≫トッピング用に1個は薄切り。残りは粗みじん切り
まいたけ、しいたけ≫粗みじん切り
玉ねぎ、にんにく≫薄切り
根菜チップス≫ごぼう、れんこんは酢水、さつまいもは水にさらす。塩、こしょうを振り、乾かす

作り方

① 根菜チップスを作る。170℃に熱したサラダ油（分量外）で、ごぼう、さつまいも、れんこんを揚げ焼きにする。
② 鍋にバターを溶かし、オリーブ油、にんにくを加えて香りが立つまで弱火で炒める。
③ 玉ねぎを加えてしんなりするまで炒め、きのこ類、塩少々を加えてしんなりするまで中火で炒める。
④ 白ワインを加えて沸騰させ、ブイヨン、ローリエを加えてひと煮立ちさせ、アク、ローリエを取り除きボウルに移す。
⑤ ブレンダーでなめらかになるまで撹拌して鍋に戻し、牛乳、生クリーム、塩、こしょうを加えて弱火で温める。
⑥ 器に盛り、①、マッシュルームを添える。
※お好みでホイップした生クリーム、オリーブ油、粗びき黒こしょう、ピンクペッパーを飾る。

@flit_21 秋の滋養たっぷりのきのこをおいしく食べるには、スープが一番かなと思い作りました。

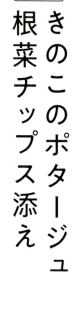

10/23

魚介のムケッカ風ココナッツスープ

材料（2人分）

生だら…2切れ
マリネ液
- にんにくのみじん切り…1片分
- ライムの搾り汁…大さじ3
- 白ワイン…大さじ3

無頭えび…6尾
玉ねぎ…1個
トマト…2個
黄パプリカ…1/2個
パクチー…1株
ココナッツミルク…1缶（400mℓ）
赤唐辛子…1本
オリーブ油…大さじ1
塩・こしょう…少々
ライム…1/4個

下ごしらえ

たら≫2等分にし、マリネ液に浸け冷蔵庫で30分寝かせる
えび≫殻をむき、背ワタを除いて塩（分量外）を振る
玉ねぎ、パプリカ≫5mm幅に細切り
トマト≫8等分にくし形切り
パクチー≫葉、茎、根に分け、茎と根は2cm幅に切る
ライム≫2等分にくし形切り

作り方

① 鍋にオリーブ油を熱し、玉ねぎを入れてしんなりするまで炒める。トマト、パプリカ、パクチーの根、茎を加えて中火で1〜2分炒める。
② えび、たらをマリネ液ごと、赤唐辛子を順に入れ、ココナッツミルクを加えてふたをし、弱火で5〜7分煮込む。
③ たらを崩さないよう軽くかき混ぜ、塩、こしょうで味を調える。
④ 器に盛り、パクチーの葉、ライムをトッピングする。

@nwoszk ブラジル南部の郷土食「ムケッカ」を、日本でも簡単に作れるようアレンジしました！

10/24

キヌアとお豆のミネストローネ

材料（2人分）

A
- ミックスビーンズ水煮…50g
- キヌア…15g
- ソーセージ…3本
- 玉ねぎ…1/2個
- にんじん…1/4本
- セロリ…1/4本

にんにくのみじん切り…1片分
オリーブ油…大さじ1

B
- カットトマト缶…1/2缶
- 水…200mℓ
- ハーブソルト…小さじ1/4
- 顆粒コンソメ…小さじ1
- ローリエ…1枚

下ごしらえ

キヌア≫30mℓの熱湯（分量外）で20分ほどゆでて10分蒸らす
ソーセージ≫1cm幅の輪切り
玉ねぎ、にんじん≫さいの目切り
セロリ≫縦半分に切って薄切り

作り方

① 鍋にオリーブ油、にんにくを入れて香りが立つまで炒め、Aを加えて玉ねぎが透き通るまで炒める。
② Bを加え、ひと煮立ちさせてふたをし、弱火で20分煮る。
③ 火を消してふたをしたまま20分置き、再度温める。
※お好みで粉チーズ、パセリをトッピングする。

Point
■ふたをしたまま置くことで全体に味がなじみ、おいしく仕上がります。

@donpintan 野菜嫌いの娘にたくさんのお野菜の栄養をとってもらいたくて作りました。

10/25

栗とかぼちゃのクリームポタージュ

材料（2人分）
かぼちゃ…150g
栗…100g
玉ねぎ…½個
顆粒コンソメ…小さじ2
バター…15g
牛乳…300mℓ
生クリーム…100mℓ
トッピング
　シナモン…少々
　アーモンド…2粒
　生クリーム…適量

下ごしらえ
かぼちゃ≫皮をむき、ひと口大に切ってラップをかけ電子レンジで3分加熱
栗≫皮をむいて10分ゆでる
玉ねぎ≫薄切り
アーモンド≫粗く刻む

作り方
① フライパンにバターを溶かし、玉ねぎを入れてあめ色になるまで弱火で炒める。
② フードプロセッサーに①、かぼちゃ、栗を入れ、なめらかになるまで撹拌する。
③ 鍋に②、牛乳、生クリームを入れ、コンソメを加えて沸騰しないように弱火で温める。
④ 器に盛り、シナモン、アーモンド、生クリームをトッピングする。

@fukahono 玉ねぎは焦がさないようにじっくり炒めてくださいね。

10/26

ブラウンマッシュルームのクリームスープ

材料（2人分）
マッシュルーム…180g
玉ねぎ…½個（100g）
牛乳…250mℓ
生クリーム…50mℓ
小麦粉…大さじ1
顆粒コンソメ…大さじ½
塩…少々
こしょう…少々
バター…10g
オリーブ油…大さじ½
マヨネーズ…少々

下ごしらえ
マッシュルーム≫6個をトッピング用に取り分け、残りは薄切り
玉ねぎ≫薄切り

作り方
① 鍋にバターを中火で溶かし、玉ねぎ、マッシュルームを加えてしんなりするまで炒める。
② 小麦粉を振り入れ、粉気がなくなるまで全体になじませる。牛乳を数回に分けて加え、ダマにならないよう混ぜ合わせ、生クリーム、コンソメを加えて弱中火で8分煮てボウルに移す。
③ ブレンダーでマッシュルームの食感が残る程度に撹拌して鍋に戻し、塩、こしょうで味を調え弱火で温める。
④ フライパンにオリーブ油を中火で熱し、トッピング用のマッシュルームを5分ほど炒める。粗熱を取り、マヨネーズを飾りつける。
⑤ スープを器に盛り、④をトッピングする。

@tetuo_06 スープってどんなときも気持ちがほっこりします。

10/27

長いものポタージュ

⏱10min

材料（2人分）

長いも…200g
ベーコン…2枚
牛乳…150㎖
水…250㎖
顆粒コンソメ…小さじ2
オリーブ油…小さじ1
塩…少々
こしょう…少々
粗びき黒こしょう…適量
ピンクペッパー…適量

下ごしらえ

長いも≫皮をむき、すりおろす
ベーコン≫短冊切り

作り方

① 鍋にオリーブ油を熱し、ベーコンを焦げないように弱火で炒める。
② 長いも、牛乳、水、コンソメを加えて沸騰しないように弱火で温め、鍋の縁がふつふつとしてきたら塩、こしょうで味を調える。
③ 器に盛り、黒こしょう、ピンクペッパーを振る。

Point

■牛乳は熱しすぎると分離しやすくなるので、弱火で沸騰しないように温めてくださいね。

@mariko_lifestyle 子どもも食べられる優しい味のスープ。忙しい朝やおもてなしにも作れるのがお気に入り。

10/28

丸ごとかぶのみそバタスープ

⏱15min

材料（2人分）

かぶ…2個
ベーコン（ブロック）…50g
バター…10g
合わせみそ…大さじ1½
無調整豆乳…200㎖
水…300㎖

下ごしらえ

かぶ≫葉と分け、皮をむいてラップをかけ電子レンジで3分加熱。葉は2㎝長さに切る
ベーコン≫1㎝角の棒状に切る

作り方

① 鍋にバターを溶かし、ベーコン、かぶの葉を入れて葉がしんなりするまで中火で炒めてベーコンと葉を取り出す。
② ①の鍋に水、かぶを加えて沸騰させ、ふたをして弱火で5分煮込む。
③ 豆乳を加えて弱火で温め、①のかぶの葉、ベーコンを戻し入れ、みそを溶き入れる。

Point

■かぶの大きさによって火の通り方が異なる可能性があるので、加熱時間は調整してください。

@misa_enomoto みそを入れて和風に。豆乳でまろやかに仕上がり、パンとの相性も抜群です。

10/29

チキンのトマトクリームスープ

20min

材料（2人分）

鶏もも肉…1枚
玉ねぎ…½個
にんにくのみじん切り…1片分
カットトマト缶…½缶
牛乳…130mℓ
生クリーム…大さじ2
バター…10g
水…50mℓ
砂糖…小さじ½
塩…少々
こしょう…少々
顆粒コンソメ…小さじ2
オリーブ油…大さじ½
ブロッコリー…4房

下ごしらえ

鶏肉≫ひと口大に切り、塩、こしょう各少々（分量外）を振る
玉ねぎ≫薄切り
ブロッコリー≫ゆでる

作り方

1. ボウルにカットトマトを入れ、ブレンダーでピューレ状にする。
2. 鍋にオリーブ油、にんにくを入れて熱し、香りが立ったら玉ねぎを加えて透き通るまで炒め、鶏肉を加えて表面の色が変わるまで炒める。
3. ①、水、コンソメ、砂糖を加えてひと煮立ちさせ、ふたをして弱中火で10分煮込む。
4. 火を弱め、牛乳、塩、こしょう、バター、生クリームを加えて混ぜ、ブロッコリーを加える。

※お好みで生クリーム、パセリをトッピングする。

Point

- にんにくは焦げやすいので、鍋に入れてから火をつけてください。
- 牛乳、生クリームは分離しやすいので、火を弱めて沸騰させないように温めてくださいね。

@nicosacco_021 存在感、食べごたえのあるスープが好きで、このスープはお気に入りの一品です。

10/30

かぶとねぎのすり流し

20min

材料（2人分）
かぶ…4個
長ねぎ…½本
だし汁…300㎖
塩…適量
オリーブ油…小さじ3
トッピング
アーモンド…適量
くるみ…適量
オリーブ油…適量
粗びき黒こしょう…適量

下ごしらえ
かぶ≫トッピング用に½個を茎つきのまま4等分のくし形切り。残りは葉を除き、8等分にくし形切り
かぶの葉≫トッピング用に1個分をみじん切りにし、塩もみ
ねぎ≫1㎝幅の小口切り
アーモンド、くるみ≫粗めに刻む

作り方
① フライパンにオリーブ油小さじ1を熱し、トッピング用のかぶに両面焼き色をつけ、取り出す。
② 鍋に残りのオリーブ油を中火で熱し、かぶ、ねぎを焦がさないように5分ほど表面が透き通るまで炒める。
③ だし汁を加えてふたをし、かぶがやわらかくなるまで中火で10分煮てボウルに移し、ブレンダーでなめらかになるまで撹拌する。
④ 鍋に戻して塩で味を調え、温めたら、器に盛り、トッピングをする。

@decokei ベースはシンプルなすり流しですが、ナッツやスパイスを加えることで2度楽しめます。

10/31

パンプキンクリームスープ

25min

材料（2人分）
かぼちゃ…¼個
しめじ…½パック
まいたけ…½パック
ベーコン（ブロック）…40g
塩…少々
こしょう…少々
牛乳…300㎖
顆粒コンソメ…小さじ2
にんにくのみじん切り…1片分
オリーブ油…大さじ1

下ごしらえ
かぼちゃ≫皮をむきラップをかけ電子レンジで3分加熱
しめじ、まいたけ≫ほぐす
ベーコン≫拍子木切り

作り方
① 鍋にオリーブ油、にんにくを入れて熱し、香りが立つまで炒め、ベーコン、しめじ、まいたけ、塩、こしょうを加えて炒める。
② 油が回ったら牛乳、コンソメ、かぼちゃをへらなどでつぶしながら加える。ふたをして弱火で10～15分煮込み、さらにかぼちゃをつぶして混ぜ合わせる。
※お好みで生クリームをたらす。

Point
■煮込み時間を長くするとさらに濃厚になります。さらりとした食感がお好みの方は、牛乳を足して調整してくださいね。

@ouchigohan_ojisan ちょっとしたひと手間で、おいしくなるスープが好きです！ほっこりしますよね！

Column

あまったスープが大変身！

おいしいリメイクアイデア

ちょっとだけ昨日のスープがあまっちゃった、
そんなときにチャレンジしてみてほしいリメイクレシピ。
いつもとちがう食卓が楽しめるはず！

和風スープ

炊き込みご飯に！

炊飯器の内釜に洗った2合分のお米を入れ、スープを2合の目盛りまで入れて炊飯します。

トマトスープ

カレーに！

カレー粉、クミンパウダー、コリアンダーを加えてカレーにリメイク！スープにカレールウを加えてもOK。お好みでチーズをトッピングするのもおすすめです。

韓国風スープ

クッパに！

スープを温めて溶き卵を流し入れます。熱々のご飯にかけたらすぐに完成です。

中華スープ

天津飯やあんかけチャーハンに！

あんかけチャーハンはスープに水溶き片栗粉を加え、とろみをつけてチャーハンの上にかけるだけ！ご飯にのせたとろとろ卵焼きとあんかけをかけるだけで天津飯に！

ミルクスープ

グラタンに!

水溶き片栗粉でスープにとろみをつけて耐熱容器に入れ、チーズをかけてトースターで焦げ目がつくまで加熱して完成!

コンソメスープ

リゾットに!

フライパンにオリーブ油を熱し、米を洗わず炒めたら、温めたスープを少しずつ加えながら20分ほどふたをせずに炊きます。最後にバター、粉チーズを混ぜ合わせて完成!

洋風ポタージュ

ドリアに!

耐熱容器にご飯とポタージュを入れてチーズをかけてトースターで焦げ目がつくまで焼くだけ。

和風ポタージュ

冷やしそばに!

スープにだし汁を加えてのばし、冷蔵庫で冷やします。ゆでたそばのつけだれにして召し上がれ。

デザートスープ

ムースに!

スープを温め、水でふやかしたゼラチンを入れたらよく混ぜ合わせて、耐熱容器に流し入れ、冷やし固めて完成。

カレースープ

カレーうどんに!

スープにめんつゆを少量加え、ゆでたうどんや冷凍うどんを入れたら水溶き片栗粉でとろみをつけて完成。お好みでチーズをかけて召し上がれ。

11/01

キャベツとじゃがいものポタージュ

材料（2人分）

キャベツ…100g
じゃがいも…½個（80g）
玉ねぎ…½個
ベーコン…1枚
バター（無塩）…10g
水…250㎖
顆粒コンソメ…小さじ1
牛乳…150㎖
塩…少々
こしょう…少々
パセリのみじん切り…適量
サラダ油…大さじ½

15min

下ごしらえ

キャベツ≫せん切り
じゃがいも≫さいの目切り
玉ねぎ≫横に薄切り
ベーコン≫5㎜幅に切る

作り方

① フライパンに油を熱し、ベーコンを中火でカリカリに焼く。
② 鍋にバターを溶かし、キャベツ、じゃがいも、玉ねぎを加えてしんなりするまで炒める。
③ ②に水、コンソメを加えてひと煮立ちさせ、ふたをして中火で5分煮込み、ボウルに移す。
④ ブレンダーでなめらかになるまで撹拌して鍋に戻し、牛乳、塩、こしょうを加えて弱火で温める。器に盛り、①とパセリをトッピングする。

Point

■ミキサーを使う場合、粗熱を取ってから撹拌してください。
■牛乳は熱しすぎると分離しやすくなるので、弱火で沸騰しないように温めてくださいね。

@wasure_nagusa 地元の名産・キャベツを取り入れました。体にも優しい味になっています。

11/02

かぼちゃとトマトのポタージュ

材料（2人分）

かぼちゃ…⅙個
玉ねぎ…¼個
A カットトマト缶…½缶
A 水…150㎖
A 顆粒コンソメ…小さじ2
A 砂糖…大さじ1
A 塩…ひとつまみ
牛乳…150㎖
生クリーム…適量
パセリのみじん切り…適量
オリーブ油…小さじ1

20min

下ごしらえ

かぼちゃ≫皮をむき、ひと口大に切る
玉ねぎ≫薄切り

作り方

① 鍋にオリーブ油を熱し、玉ねぎを加えて透き通るまで中火で炒め、かぼちゃを加えてサッと炒める。
② Aを加え、かぼちゃがやわらかくなるまで中火で5〜7分煮込み、ボウルに移す。
③ ブレンダーでなめらかになるまで撹拌して鍋に戻し、牛乳を加えて弱火で温める。
④ 器に盛り、生クリームを回しかけ、パセリを散らす。

@natsumi_sweets 定番のかぼちゃポタージュにトマトを加えることで、濃厚なのにあっさり仕上がります。

11/03

きのこと鮭の豆乳みそスープ

15min

材料（2人分）

生鮭…1切れ
しめじ…½パック
玉ねぎ…½個
にんじん…½本
長ねぎ…½本
枝豆（冷凍）…20g
だし汁…300㎖
無調整豆乳…100㎖
合わせみそ…大さじ1

下ごしらえ

鮭≫4等分
しめじ≫ほぐす
玉ねぎ≫ひと口大に切る
ねぎ≫斜め薄切り
枝豆≫解凍し、さやから出す
にんじん≫適量を花形の飾り切り。残りは厚めのいちょう切り

作り方

① 鍋にだし汁、しめじ、玉ねぎ、にんじん、ねぎを加え、ひと煮立ちさせる。
② 鮭を加えてふたをし、中火で5分ほど煮込む。
③ 火を弱めて枝豆、みそ、豆乳を加えて混ぜる。
④ 器に盛り、花形にしたにんじんを飾る。

Point

■みそは沸騰させると風味が飛んでしまうので、火を弱めてから加えてください。

@erina.taoka 魚もきのこもおいしく食べられる味付けにしています。

11/04

長ねぎとじゃがいものスープ

25min

材料（2人分）
長ねぎ…2本
じゃがいも…2個
にんにくのみじん切り…1片分
水…250㎖
牛乳…250㎖
顆粒コンソメ…小さじ2
塩…少々
こしょう…少々
バター…20g

下ごしらえ
ねぎ≫1㎝幅の小口切り
じゃがいも≫ひと口大に切る

作り方
① 鍋にバターを溶かし、にんにくを加えて香りが立つまで炒める。
② ねぎ、じゃがいもを加えてねぎがしんなりするまで炒め、水、コンソメを加えてじゃがいもがやわらかくなるまで中火で15分煮込む。
③ 火を弱め、へらなどでじゃがいもを軽くつぶし、牛乳、塩、こしょうを加える。
※お好みでパセリや生クリームをトッピングする。

Point
■じゃがいもはお好みの大きさにつぶしてください。
■牛乳は沸騰させないよう火を弱めてから加えてくださいね。

@freeride_cooking クリーミーでお子様にもオススメ！へらでつぶすので調理もお手軽です。

11/05

チーズ風味の柿ポタージュ

20min

材料（2人分）
柿…1個
玉ねぎ…1/6個（30g）
にんじん…1/4本（40g）
白ワイン…大さじ2
バター…15g
水…200㎖
牛乳…200㎖
顆粒コンソメ…小さじ1
ピザ用チーズ…30g
クリームチーズ…25g
塩…少々
こしょう…少々

下ごしらえ
柿≫ひと口大に切る
玉ねぎ、にんじん≫みじん切り

作り方
① 鍋にバターを溶かし、玉ねぎ、にんじんを加えて玉ねぎが透き通るまで炒める。
② 柿を加えて1〜2分ほど中火でサッと炒め、水、コンソメ、白ワインを加えてひと煮立ちさせる。アクを取り、ふたをして柿が崩れるまで中火で10分ほど煮込み、ボウルに移す。
③ ブレンダーでなめらかになるまで撹拌して鍋に戻し、牛乳、ピザ用チーズ、クリームチーズを加えて弱火にかけ、塩、こしょうで味を調える。
※お好みでローズマリーをトッピングする。

Point
■柿の食感を残したい場合の撹拌時間は20秒ほどが目安です。

@iitomogram 汁物が欠かせないわが家ですが、旬の食材などを使用してマンネリ化を防いでいます。

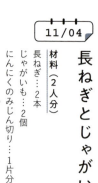

11/06

ごま油香るトマトとレタスのふんわり卵スープ

10min

材料（2人分）

トマト…1個
レタス…2枚（60g）
ズッキーニ…½本（100g）
ソーセージ…4本
卵…1個
水…400㎖
顆粒コンソメ…小さじ2
塩…少々
こしょう…少々
ごま油…適量
パセリのみじん切り…適量

下ごしらえ

トマト≫湯むきしてくし形に6等分
レタス≫ひと口大にちぎる
ズッキーニ≫薄切り
ソーセージ≫斜め半分
卵≫溶く

作り方

① 鍋に水を入れて熱し、ひと煮立ちしたらコンソメ、ソーセージを加えてふたをし、中火で3分煮る。
② トマト、ズッキーニ、レタスを加えてひと煮する。
③ 塩、こしょうで味を調え、溶き卵を回し入れる。ごま油を加えて器に盛り、パセリを飾る。

Point

■トマト、レタス、ズッキーニは生でも食べられる食材なので、サッと手早く仕上げると、食感も楽しめますよ。

@okapii.703 わが家の定番の朝スープ。冷蔵庫にある食材で手軽にパパッとできます。

11/07

シーフードのトマトスープ

25min

材料（2人分）
シーフードミックス（冷凍）…150g
玉ねぎ…½個（100g）
にんじん…⅓本（50g）
グリーンアスパラガス…2本
ミニトマト（黄）…3個
にんにくのみじん切り…1片分
塩・こしょう…少々
オリーブ油…大さじ2
A ─カットトマト缶…300g
　 水…100mℓ
　─顆粒コンソメ…小さじ2
タバスコ…適量
粉チーズ…適量
粗びき黒こしょう…適量
パセリのみじん切り…適量

下ごしらえ
シーフードミックス≫解凍
玉ねぎ、にんじん≫さいの目切り
アスパラ≫根元を切り落とし、下から3cmほどピーラーでむいて3cm長さに切る
ミニトマト≫縦半分

作り方
1. 鍋にオリーブ油、にんにくを入れて香りが立つまで炒め、シーフードミックスを加えて中火で表面の色が変わるまで炒める。
2. 玉ねぎ、にんじんを加えて玉ねぎが透き通ったら、Aを加えてふたをして弱火で10分煮込む。
3. アスパラ、ミニトマト、塩、こしょうを加えて、ふたをして弱火で5分煮込む。
4. 器に盛り、タバスコ、粉チーズ、黒こしょう、パセリを振る。

@noriko0o ポイントはタバスコです。仕上げにぜひ入れてください。

11/08

れんこんときのこのポタージュ

20min

材料（2人分）
れんこん…150g
まいたけ…½パック
しめじ…½パック
玉ねぎ…½個
無調整豆乳…150mℓ
水…250mℓ
顆粒コンソメ…小さじ2
塩…少々
こしょう…少々
オリーブ油…大さじ1

下ごしらえ
れんこん≫乱切り
まいたけ≫ほぐしてトッピング用に半量取り分ける
しめじ≫ほぐす
玉ねぎ≫薄切り

作り方
1. フライパンにオリーブ油大さじ½を熱し、トッピング用のまいたけに焼き色をつけて取り出す。
2. 鍋に残りのオリーブ油を熱し、玉ねぎが透き通るまで炒める。れんこん、きのこ類を加え、しんなりするまで炒める。
3. 水、コンソメを加えてひと煮立ちさせる。ふたをしてれんこんがやわらかくなるまで中火で10分ほど煮込み、ボウルに移す。
4. ブレンダーでなめらかになるまで撹拌して鍋に戻し、豆乳、塩、こしょうを加えて弱火で温める。
5. 器に注ぎ、①を飾る。
※お好みで黒こしょう、パセリ、オリーブ油をトッピングする。

@himeee_0418 豆乳は沸騰させないように、弱火で温めてくださいね。

11/09

豆乳カレースープ

材料（2人分）
玉ねぎ…1/4個
にんじん…1/2本
さつまいも…1/3本
ソーセージ…2本
コーン缶…20g
卵…2個
水…250ml
顆粒コンソメ…小さじ2
調製豆乳…150ml
カレー粉…小さじ1
塩・こしょう…少々
サラダ油…大さじ1 1/2
パセリのみじん切り…適量

下ごしらえ
玉ねぎ、にんじん≫さいの目切り
さつまいも≫さいの目切りにして水にさらす
ソーセージ≫1cm幅の輪切り

作り方
① 鍋に油大さじ1/2を熱し、玉ねぎ、にんじん、さつまいもを加えて玉ねぎが透き通るまで炒める。
② 水、コンソメ、コーン、ソーセージを加えてふたをし、中火で5分煮込む。
③ 火を弱め、カレー粉、塩、こしょうを加え、豆乳を注いで混ぜ合わせる。
④ フライパンに油大さじ1を熱し、卵を割り入れて目玉焼きを作る。
⑤ 器に③を盛り、④をのせてパセリを飾る。

@yutazakawa470203 忙しい朝に野菜やたんぱく質が手軽にとれる簡単スープです。

11/10

参鶏湯《サムゲタン》風スープ

材料（2人分）
鶏手羽元…6本
A ┌酒…大さじ1
　└塩…少々
白菜…2枚
長ねぎ…1本
しょうが…1片
にんにく…1片
ごま油…大さじ1
水…400ml
鶏ガラスープの素…小さじ1
塩…少々
クコの実…適量
松の実…適量
糸唐辛子…適量

下ごしらえ
手羽元≫骨の両側に切り込みを入れてAをもみ込み10分置く
白菜≫3cm幅に切る
ねぎ≫斜め薄切り
しょうが、にんにく≫せん切り

作り方
① 鍋にごま油、しょうが、にんにくを入れて香りが立つまで炒める。ねぎを加えてしんなりするまでサッと炒める。
② 手羽元、白菜、水、スープの素を加えてひと煮立ちさせ、アクを除く。ふたをして弱火で30分煮込む。
③ 塩で味を調えて器に盛り、クコの実、松の実、糸唐辛子をトッピングする。

Point
■手羽元に切り込みを入れておくことで、だしが出やすく食べるときも骨離れがよくなります。

@hime.hana1222 お肉はほろほろ、野菜もトロトロな体の芯から温まる優しいスープです♪

⏱30min

11/11

豚肉と根菜のソイスープ

材料（2人分）

豚肉（こま切れ）…200g
大根…5cm
にんじん…¼本
ごぼう…¼本
れんこん…45g
長ねぎ…⅓本
さといも…4個
さつまいも…¼本
だし汁…200mℓ
無調整豆乳…200mℓ
合わせみそ…大さじ2
しょうゆ…小さじ1
サラダ油…大さじ1

下ごしらえ

大根、にんじん、さつまいも≫5mm厚さのいちょう切り
ごぼう≫斜め薄切りにし、水に5分さらす
れんこん≫乱切りにし、酢水にさらす
ねぎ≫小口切り
さといも≫皮をむき、4等分にして5分ほど下ゆで

作り方

① 鍋に油を熱し、豚肉を加えて色が変わるまで炒める。
② さといも、さつまいも以外の野菜を加えてサッと炒め、だし汁を加えてひと煮立ちさせる。アクを除き、ふたをして中火で10分煮込む。
③ さといも、さつまいもを加え、ふたをして中火でさらに5～8分煮込む。
④ 弱火にし、豆乳を加えてみそを溶き入れ、しょうゆで味を調える。

@satomi614 豆乳は熱しすぎると分離しやすくなるので、弱火で沸騰しないように温めます。

⏱15min

11/12

ひよこ豆と鶏肉の酒粕豆乳スープ

材料（2人分）

鶏もも肉…1枚
玉ねぎ…¼個
しめじ…½パック
酒粕…40g
ひよこ豆水煮…55g
だし汁…200mℓ
無調整豆乳…200mℓ
合わせみそ…小さじ1½
塩…小さじ½
バター…10g
レモン汁…小さじ1
オリーブ油…大さじ1

下ごしらえ

鶏もも肉≫ひと口大に切って塩、こしょう少々（分量外）を振る
玉ねぎ≫ひと口大に切る
しめじ≫ほぐす

作り方

① 鍋にオリーブ油を熱し、鶏肉を入れて両面焼き色がつくまで焼く。
② だし汁、玉ねぎを加えて酒粕を溶かし入れ、ひと煮立ちさせる。しめじ、ひよこ豆を加えてふたをし、弱火で5分煮込む。
③ 火を止め、豆乳、塩、みそを加える。バターを加えて余熱で溶かし、レモン汁を加える。
※お好みでパセリを散らす。

@kokochiyoi 和風とも洋風ともいえるスープを作りました。酒粕で体の芯からあったまりますよ。

11/13

カレー風味ポトフ

材料（2人分）

じゃがいも…1個
にんじん…1/3本
キャベツ…2枚
ソーセージ…4本
顆粒コンソメ…小さじ2
カレー粉…小さじ1/2
水…400㎖
粗びき黒こしょう…適量

下ごしらえ

じゃがいも≫ひと口大に切り、10分ほど水にさらす
にんじん≫5㎜厚さの輪切り
キャベツ≫ひと口大に切る
ソーセージ≫斜めに数カ所切り込みを入れる

作り方

① 鍋に水、コンソメ、カレー粉を入れてひと煮立ちさせる。
② じゃがいも、にんじん、キャベツ、ソーセージを加えてふたをし、弱中火で20分煮る。
③ 器に盛り、黒こしょうを振る。

Point

■じゃがいもは煮崩れしやすいので、沸騰させてから加えて煮込みます。

@alice_xx0519 飽きた〜と言われたポトフをカレー味に♪お子様も食べやすいかと思います！

11/14

ピンクのボルシチ風スープ

材料（2人分）

牛バラ肉…70g
ビーツ…1/4個
にんじん…1/2本
玉ねぎ…1/4個
セロリ…1/4本
じゃがいも…1/2個
水…200㎖
牛乳…200㎖
塩・こしょう…少々
バター…10g
生クリーム…適量
イタリアンパセリ…適量

下ごしらえ

牛肉≫ひと口大に切る
ビーツ≫よく洗い、皮つきのままアルミホイルに包んで180℃のオーブンで40分焼き、皮をむいて角切り
野菜類≫さいの目切り

作り方

① 鍋にバターを溶かし、牛肉を加えて色が変わるまで炒める。
② にんじん、玉ねぎ、セロリを加えてさらに炒め、全体に油が回ったら水を加えてひと煮立ちさせる。
③ じゃがいも、ビーツを加えてふたをし、中火で5〜8分煮込む。
④ 火を弱め、牛乳、塩、こしょうを加えて器に盛り、生クリーム、イタリアンパセリを飾る。

Point

■ビーツは煮込みすぎると色がオレンジっぽくなるので、オーブンでまるごと焼いてから煮ます。

@snow_bell95 子どもも食べやすいようミルクを入れ、見た目が映えるようピンク色に仕上げました。

11/15

ほっこりかぼちゃの具だくさんスープ

15min

材料（2人分）
かぼちゃ…100g
玉ねぎ…½個
ベーコン…2枚
しめじ…½パック
ミックスビーンズ（水煮）…50g
顆粒コンソメ…小さじ2
水…200㎖
牛乳…200㎖
塩…少々
こしょう…少々
サラダ油…大さじ1

下ごしらえ
かぼちゃ≫1.5㎝角に切る
玉ねぎ≫粗みじん切り
ベーコン≫1㎝幅に切る
しめじ≫ほぐす

作り方
① 鍋に油を熱し、玉ねぎ、ベーコンを加えて玉ねぎが透き通るまで炒める。
② 水、コンソメ、しめじを加えて中火で5分煮込み、ミックスビーンズ、かぼちゃ、牛乳を加えて弱火で5〜7分煮る。
③ 塩、こしょうで味を調え、器に盛る。
※お好みでパセリを飾る。

@noripetit パンに合う朝食をテーマに、簡単＆時短にできることを意識しました。

11/16

にんじんのライスポタージュ

30min

材料（2人分）
にんじん…1本
玉ねぎ…¼個
ごはん…20g
水…250㎖
牛乳…100㎖
生クリーム…50㎖
バター…20g
顆粒コンソメ…小さじ1½
ローリエ…1枚
塩…少々
こしょう…少々
サラダ油…適量

下ごしらえ
にんじん≫トッピング用にピーラーで4枚スライスし、残りは薄い半月切り
玉ねぎ≫薄切り

作り方
① 油を170℃に熱し、スライスしたにんじんを素揚げにする。
② 鍋にバターを溶かし、半月切りのにんじん、玉ねぎを加えてしんなりするまで炒める。
③ 水、コンソメ、ローリエを加えてひと煮立ちさせ、アクを除く。ごはんを加えてふたをし、弱火で20分煮込む。
④ ローリエを除いてボウルに移し、ブレンダーでなめらかになるまで撹拌する。
⑤ 鍋に戻し、牛乳、生クリームを加えて弱火で温め、塩、こしょうで味を調える。
⑥ 器に盛り、①を飾る。
※お好みで生クリーム、イタリアンパセリをトッピングする。

@riebento 生クリーム、牛乳は熱しすぎると分離しやすくなるので、弱火で沸騰しないように温めてくださいね。

11/17

根菜ごろごろ和風コンソメスープ

15min

材料（2人分）

ベーコン（ブロック）…50g
にんじん…½本
れんこん…75g
ごぼう…⅙本
大根…3cm
じゃがいも…½個
玉ねぎ…¼個
オリーブ油…大さじ1
水…400mℓ
顆粒コンソメ…小さじ2
粉チーズ…適量
パセリのみじん切り…適量
粗びき黒こしょう…適量

下ごしらえ

ベーコン»5mm幅の短冊切り
にんじん、れんこん、ごぼう»5mm厚さの輪切りにし、れんこんは酢水に、ごぼうは水にさらす
大根»5mm厚さのいちょう切り
じゃがいも、玉ねぎ»4等分に切り、じゃがいもは水にさらす

作り方

① 鍋にオリーブ油、ベーコンを入れ、焼き色がつくまで弱火でじっくり焼く。
② 野菜類を加えて油が回るまで炒める。
③ 水を加えてひと煮立ちさせる。アクを取り、ふたをして野菜に火が通るまで弱中火で5分煮込み、コンソメを加えて弱中火でさらに5分煮込む。
④ 器に盛り、粉チーズ、パセリ、黒こしょうをトッピングする。

Point

■ベーコンは焦げやすいため、弱火でゆっくり火を入れてくださいね。

 @coioui 体に優しくて心がほっこりする、そんな「おうちスープ」が作れたらといつも思っています。

11/18

きのこを詰めた手羽先クリームスープ

35min

材料（2人分）
鶏手羽先…6本
かぶ…1個
玉ねぎ…½個
しいたけ…2枚
しめじ…½パック
えのきだけ…⅓パック
塩…適量
バター…15g
小麦粉…大さじ2
おろししょうが…大さじ½
水・牛乳…各200mℓ
しょうゆ・みりん・サラダ油
…各大さじ1

下ごしらえ
手羽先》関節部分を折る。骨の間をキッチンばさみで切り離し、身と骨の部分に切り込みを入れながら肉をこそげ取り、骨をはずして袋状にする
かぶ》8等分のくし形切り
玉ねぎ》薄切り
しいたけ》5mm角に切る
しめじ、えのき》5mm幅に切る

作り方
1. フライパンに油大さじ½を熱し、きのこ類、塩少々を加えて炒め、粗熱を取る。手羽先に詰めて爪楊枝で留める。
2. フライパンに残りの油を熱し、①を入れて両面焼き色をつける。
3. 鍋にバターを溶かし、かぶ、玉ねぎを入れてしんなりするまで炒める。小麦粉を加えて粉っぽさがなくなるまで炒める。
4. 水を数回に分けて加え、みりん、しょうゆ、②の手羽先を加えてふたをし、弱火で15分煮込む。
5. 牛乳、しょうが、塩少々を加え、沸騰しないように温める。

@asanyan617 栄養バランスを意識したおかずスープにしてみました♪

11/19

ひらひら野菜とポーチドエッグのスープ

15min

材料（2人分）
玉ねぎ…½個
大根…70g
にんじん…50g
ソーセージ…2本
卵…2個
顆粒コンソメ…小さじ2
塩・こしょう…少々
水…400mℓ
バター…10g
タイム…1枝
粗びき黒こしょう…適量

下ごしらえ
玉ねぎ》薄切り
大根、にんじん》ピーラーでスライス
ソーセージ》放射状に切り込みを6本入れ、1cm幅の輪切り
卵》ポーチドエッグにする（P.178参照）

作り方
1. 鍋にバターを溶かし、玉ねぎを加えて透き通るまで炒める。
2. 大根、にんじん、ソーセージを加えてサッと炒め、水、コンソメ、タイムを加えてひと煮立ちさせる。ふたをし、弱火で5分煮込み、塩、こしょうを加えて味を調える。
3. 器に盛り、ポーチドエッグをのせて黒こしょうを振り、タイム（分量外）を飾る。

@mekkoja_valo 大根、にんじんは炒めすぎると食感がなくなってしまうので、サッと炒めてくださいね。

11/20

落とし卵の具だくさんみそ汁

15min

材料（2人分）

大根…3cm
キャベツ…1枚
しめじ…¼パック
もやし…20g
かに風味かまぼこ…4本
卵…2個
だし汁…400mℓ
合わせみそ…大さじ1
長ねぎの小口切り…適量

下ごしらえ

大根、キャベツ》太めのせん切り
しめじ》ほぐす
かにかま》ほぐす

作り方

① 鍋にだし汁、大根、キャベツ、しめじ、かにかまを入れてひと煮立ちさせる。ふたをし、弱火で5分煮込む。
② 火を止め、みそを溶き入れる。もやしを加え、卵を割り入れてふたをして弱火で5〜7分煮込む。
③ 器に盛り、ねぎを飾る。

Point
■野菜をせん切りにすることで、火が通りやすくなり味がよくしみます。

@mana_56107 みそは熱しすぎると風味が飛んでしまうので、火を止めてから加えてくださいね。

11/21

カレー風味のパンプキンポタージュ

25min

材料（2人分）

かぼちゃ…200g
玉ねぎ…¼個
エリンギ…½本
水…180mℓ
牛乳…70mℓ
生クリーム…30mℓ
顆粒コンソメ…小さじ1
カレー粉…小さじ½
バター…5g
オリーブ油…適量

トッピング
　生クリーム…適量
　粗びき黒こしょう…適量

下ごしらえ

かぼちゃ》ひと口大に切る
玉ねぎ》薄切り
エリンギ》縦に細切り

作り方

① フライパンにオリーブ油を熱し、エリンギを加えてきつね色になるまで揚げ焼きにする。
② 鍋にバターを溶かし、玉ねぎを加えて透き通るまで炒める。
③ かぼちゃを加えてサッと炒め、水、コンソメ、カレー粉を加えてふたをして中火で10分煮込み、ボウルに移す。
④ ブレンダーでなめらかになるまで撹拌して鍋に戻し、牛乳、生クリームを加えて弱火で温める。
⑤ 器に盛り、トッピングをする。

Point
■エリンギは揚げ焼き後、少し置くとパリッとした食感になります。

@en93kitchen カレー風味のかぼちゃスープとカリカリのエリンギのトッピングがポイントです＊

11/22

ベーコンとほうれん草のミルクチーズスープ

材料（2人分）

ほうれん草…3株
玉ねぎ…½個
ベーコン（ブロック）…60g
しめじ…½パック
小麦粉…大さじ1
顆粒コンソメ…小さじ2
水…200mℓ
牛乳…200mℓ
スライスチーズ…1枚
オリーブ油…大さじ1

下ごしらえ

ほうれん草≫よく洗い、水気をきらずに耐熱容器に入れ、ラップをかけて電子レンジで1分加熱。水にさらして水気を切り、3cm長さに切る
玉ねぎ≫薄切り
ベーコン≫細切り
しめじ≫ほぐす

作り方

① 鍋にオリーブ油を熱し、玉ねぎを加えてしんなりするまで炒める。ベーコン、しめじを加えてサッと炒める。
② 小麦粉を振り入れ、粉っぽさがなくなるまで混ぜ合わせ、コンソメを加えて水を数回に分けてダマにならないように混ぜ入れながら加熱する。沸騰したら3分ほど中火で煮る。
③ 火を弱め、牛乳、ほうれん草を加える。チーズをちぎって加え、混ぜ合わせて器に注ぐ。
※お好みで粗びき黒こしょうを振る。

@ayakos_kitchen チーズ好きな私と娘♡家族が喜ぶスープにしたくてみんなが好きなものを詰め込みました！

11/23

かぶとひき肉のスープ

材料（2人分）

かぶ…1個
玉ねぎ…⅛個
あいびき肉…50g
水…400mℓ
顆粒コンソメ…小さじ2
粉チーズ…大さじ1
塩…少々
こしょう…少々
オリーブ油…小さじ1
パセリのみじん切り…適量

下ごしらえ

かぶ≫皮をむき、8等分にし、葉の部分はみじん切り
玉ねぎ≫さいの目切り

作り方

① 鍋にオリーブ油を熱し、ひき肉を加えて色が変わるまで弱火で炒める。
② かぶ、かぶの葉、玉ねぎを加えてかぶの表面が透き通るまで炒める。
③ 水を加えてひと煮立ちさせ、コンソメを加えてふたをし、中火で10分煮込む。
④ 粉チーズ、塩、こしょうを加えて器に盛り、パセリを散らす。

Point
■ひき肉は焦げないように弱火で炒めてください。

@chaoriii_0703 簡単でお腹が満たされるスープが好きです！

11/24

シーフードの豆乳スープ

材料（2人分）

玉ねぎ…1個
無頭えび…6尾
ベビー帆立…6個
あさり水煮缶…1缶
キャベツ…1/8玉

A
調製豆乳…400mℓ
顆粒コンソメ…小さじ1 1/2

にんにく…1片
バター…10g
塩…少々
こしょう…少々

トッピング
オリーブ油…適量
パセリのみじん切り…適量
粗びき黒こしょう…適量

下ごしらえ

玉ねぎ≫2cm角に切る
えび≫殻をむき、背ワタを除く
キャベツ≫ざく切り
にんにく≫みじん切り

作り方

1. 鍋にバターを溶かし、にんにくを加えて香りが立つまで炒める。玉ねぎを加え、透き通るまで炒める。
2. Aを加えてふたをし、弱中火で5〜8分煮込む。
3. 塩、こしょうで味を調える。
4. 器に盛り、オリーブ油、パセリ、黒こしょうをトッピングする。

Point
■にんにくを炒めるときは焦がさないように注意してください。

20min

@__k.a.n.a 水煮缶は汁ごと使うので、シーフードの旨みをたっぷり味わえるスープになっています。

11/25

秋野菜と手羽先のほっこりソイスープ

材料（2人分）

鶏手羽先…4本
玉ねぎ…1/2個
れんこん…45g
さといも…2個
にんじん…1/2本
さつまいも…1/4本
かぼちゃ…50g
栗…3個
もめん豆腐…50g
酒…50mℓ
塩…小さじ1/4
水…200mℓ
調製豆乳…200mℓ
合わせみそ…大さじ1
サラダ油…大さじ2

下ごしらえ

手羽先≫関節部分を切り落とす
玉ねぎ≫さいの目切り
れんこん≫皮をむき、乱切りにして酢水にさらす
さといも≫8mm厚さに切る
にんじん≫8mm厚さのいちょう切り
さつまいも≫8mm厚さの輪切りにし、水にさらす
かぼちゃ≫8mm厚さに切る
栗≫皮をむき、2等分に

作り方

1. 鍋にサラダ油を熱し、手羽先を入れて両面に焼き色をつける。野菜をすべてと栗を加え、サッと炒める。
2. 酒、水、塩を加えてひと煮立ちさせ、ふたをして20分弱火で煮込む。
3. 豆腐を崩し入れて豆乳を加え、沸騰しないように温める。最後にみそを溶き入れる。

35min

@lynnesmeal いろんな食材の旨みが共演したおいしくて体にも嬉しい具だくさんなスープです。

11/26

スモークサーモンのクリームスープ

材料（2人分）
スモークサーモン…100g
じゃがいも…1個
玉ねぎ…½個
バター…20g
水…300mℓ
牛乳…100mℓ
生クリーム…100mℓ
顆粒コンソメ…小さじ2
塩…少々
粗びき黒こしょう…適量
ピンクペッパー…適量
オリーブ油…適量
ディル…適量

下ごしらえ
スモークサーモン≫飾り用に4枚取り分ける
じゃがいも、玉ねぎ≫薄切りにし、じゃがいもは水にさらす

作り方
① 鍋にバターを溶かし、玉ねぎを加えて透き通るまで炒める。
② じゃがいもを加えてサッと炒め、水、コンソメを加えてひと煮立ちさせてふたをし、中火で5分煮込み、ボウルに移す。
③ スモークサーモンを加えてブレンダーでなめらかになるまで攪拌し、鍋に戻す。
④ 牛乳、生クリームを加えて弱火で温め、塩で味を調える。
⑤ 器に盛り、飾り用のスモークサーモン、黒こしょう、ピンクペッパー、オリーブ油、ディルをトッピングする。

Point
■牛乳、生クリームは熱しすぎると分離しやすくなるので弱火で沸騰しないように温めてくださいね。

@akichamxxx 冷製にしてもおいしく、たんぱく質もとれてスープだけで満足できるものにしました。

11/27

さつまいもとブロッコリーの肉だんごスープ

材料（2人分）
肉だんご
　鶏ひき肉…100g
　片栗粉…小さじ½
　塩・こしょう…少々
さつまいも…½本
玉ねぎ…½個
ブロッコリー…¼株
ブイヨン…400mℓ
（水…400mℓ
固形ブイヨン…1個）
バター…15g
タイム…1枝
塩・こしょう…少々

下ごしらえ
玉ねぎ≫さいの目切り
さつまいも≫さいの目切りにして水にさらす
ブロッコリー≫小房に分けて1分ほどゆでる

作り方
① ボウルに肉だんごの材料を入れて粘り気が出るまで混ぜ、6等分に丸める。
② 鍋にバターを溶かし、さつまいも、玉ねぎを加えて玉ねぎが透き通るまで炒める。
③ タイム、ブイヨンを加えてひと煮立ちさせ、アクを取る。
④ ①を加えてふたをし、中火で10分煮込む。
⑤ ブロッコリーを加えて、塩、こしょうで味を調える。

@cocoapan4 肉だんごは沸騰してから加えると煮崩れしにくいです。

11/28

根菜とスペアリブのポトフ

60min

材料（2人分）

スペアリブ…4本
ベーコン（ブロック）…80g
玉ねぎ…1/4個
クローブ…1本
長ねぎ…1/2本
セロリ…1/2本
にんじん…1/3本
れんこん…90g
じゃがいも…1個
グリーンアスパラガス…4本
ブイヨン…400ml
（水400ml＋固形ブイヨン1/2個）
塩・こしょう…少々
パセリのみじん切り…適量
ブーケガルニ…1個

下ごしらえ

玉ねぎ、長ねぎ、にんじん、じゃがいも》2等分に
セロリ》筋を除いて2等分に
れんこん》1.5cm厚さの輪切りにし、酢水にさらす
アスパラ》根元を切り落とし、2等分に
ベーコン》3cm幅に切る

作り方

① 鍋にスペアリブ、ベーコン、じゃがいも以外の野菜、クローブ、ブーケガルニ、ブイヨンを入れてひと煮立ちさせる。アクを除き、ふたをして弱中火で40分煮込む。
② ブーケガルニ、クローブを除いてじゃがいもを加え、ふたをして弱中火で15分煮込む。
③ 塩、こしょうを加えて器に盛り、パセリを散らす。

@mari6260707 10年以上作り続けているレシピで、子供の成長と共に思い出があります。

11/29

鮭と白菜のミルクスープ

15min

材料（2人分）

生鮭…2切れ
白菜…2枚
しめじ…1/2パック
玉ねぎ…1/4個
塩・こしょう…少々
顆粒コンソメ…小さじ2
水…200ml
牛乳…200ml
バター…10g
小麦粉…大さじ2
白だし…小さじ1
みりん…大さじ1

下ごしらえ

鮭》4等分にし、白ワインまたは酒大さじ1（分量外）をかけて20分置く
白菜》ざく切り
しめじ》ほぐす
玉ねぎ》1cm幅のくし形切り
みりん》耐熱容器に入れ、ラップをせずに電子レンジで50秒加熱

作り方

① 鮭に塩、こしょうを振り、小麦粉大さじ1をまぶす。
② 鍋にバターを溶かし、①を並べ入れ、両面に焼き色をつけて取り出す。
③ 玉ねぎ、白菜、しめじを加えてしんなりするまで炒め、残りの小麦粉を振り、粉っぽさがなくなるまでなじませる。
④ 水を分けて入れ、ダマにならないように混ぜて、コンソメ、②を加える。
⑤ 牛乳、白だし、みりんを加えて弱火で温める。
※お好みでパセリ、粗びき黒こしょうをトッピングする。

@maimaimai_kumako 子どもたちは牛乳が苦手ですが、魚が好きなので鮭と旬の野菜を入れるようにしてます。

11/30

キューブな根菜のみそバタースープ

40min

材料（2人分）

玉ねぎ…¼個
にんじん…¼本
れんこん…45g
ごぼう…½本
大根…5cm
さつまいも…⅓本（100g）
ベーコン（ブロック）…50g
だし汁…350mℓ
鶏ガラスープの素…小さじ½
塩・こしょう…少々
牛乳…50mℓ
合わせみそ…大さじ2
バター…10g
サラダ油…大さじ1
小ねぎの小口切り…適量

下ごしらえ

玉ねぎ、にんじん、大根、ベーコン≫さいの目切り
ごぼう≫1cm厚さのいちょう切りにして水にさらす
れんこん≫トッピング用に4枚薄切りにし、残りはさいの目切りにして水にさらす
さつまいも≫さいの目切りにして水にさらす

作り方

① 耐熱皿にオーブンシートを敷いて、薄切りにしたれんこんを並べる。塩、こしょうをふって電子レンジで4分加熱する。
② 鍋にバター5gと油を熱し、バターが溶けたらさつまいも以外の野菜、ベーコンを加えて油が回るまで炒める。
③ だし汁、スープの素を加えてひと煮立ちさせてふたをし、弱中火で10分煮込む。
④ さつまいもを加えて再び沸騰したらふたをして弱中火でさらに10分煮込む。
⑤ 火を弱め、牛乳を加えてみそを溶き入れ、弱火で2分ほど煮込む。
⑥ 火を止めてバター5gを加えてひと混ぜし、器に盛って小ねぎ、①をのせる。

@cafe_mako 体にいい根菜を食べやすい味で！の思いでみそバタースープにしました。

ミルク

ポタージュ

トマト

みそ

カレー

和風

中華

韓国風

デザート

エスニック

洋風

Epilogue

365日のスープ、いかがでしたか？
お気に入りのスープは見つかりましたか？

家事に仕事にと忙しい毎日。
時にはパンとスープだけの日があってもいいのでは？
そんな“レスキューごはん”を広めるべく生まれた
「365日のパンとスープ」の
人気連載(2018年9月1日〜2019年8月31日)を
まとめた1冊です。
*本にまとめるにあたり、表記や作り方を一部変更している箇所があります。

春夏秋冬、いろいろなスープを楽しんでくださいね。

macaroni［マカロニ］

「食からはじまる、笑顔のある暮らし。」がテーマのライフスタイルメディア。
献立作りに役立つ料理レシピ動画、注目のテーブルウェアや
キッチングッズ情報、人気インスタグラマーのコラムなど、
食と暮らしに役立つ情報を毎日お届けしている。
また、5,500人以上*が登録している
インスタグラマーコミュニティ「マカロニメイト」や、
食と暮らしのセレクトストア「macaroni store（マカロニストア）」を運営。
ホームページ https://macaro-ni.jp
*2019年10月現在

デザイン
大橋千恵（Yoshi-des.）

レシピ整理
細川潤子

撮影
macaroni

DTP
株式会社三光デジプロ

校正
麦秋アートセンター

撮影協力
株式会社スタイルブレッド Pan&（パンド）
https://stylebread.com/pand/

ル・クルーゼ ジャポン株式会社 Le Creuset Japon K.K.
https://www.lecreuset.co.jp/

株式会社チェリーテラス
http://www.cherryterrace.co.jp/

365日《にち》のスープ
365人《にん》の「とっておきレシピ」をあつめました

2019年11月28日　初版発行
2025年 2 月25日　22版発行

著者／macaroni《マカロニ》

発行者／山下 直久

発行／株式会社KADOKAWA
〒102-8177　東京都千代田区富士見2-13-3
電話 0570-002-301(ナビダイヤル)

印刷所／TOPPANクロレ株式会社

●お問い合わせ
https://www.kadokawa.co.jp/（「お問い合わせ」へお進みください）
※内容によっては、お答えできない場合があります。
※サポートは日本国内のみとさせていただきます。
※Japanese text only

定価はカバーに表示してあります。

ISBN 978-4-04-604534-8 C0077